지명이 품은 한국사

두 번째 이야기

지명이 품은 한국사 두 번째 이야기

초판 1쇄 인쇄 | 2010년 10월 3일
초판 2쇄 발행 | 2011년 5월 27일

지은이 | 이은식
펴낸이 | 최수자

주 간 | 고수형
디자인 | 디자인곤지
인 쇄 | 우성아트피아
제 본 | 은정제책사

펴낸곳 | 도서출판 타오름
주 소 | 서울시 은평구 녹번동 38-12 2층 (122-827)
전 화 | 02)383-4929
팩 스 | 02)3157-4929
전자우편 | taoreum@naver.com

값 | 15,000원
ISBN 978-89-94125-08-4 04900
　　　978-89-94125-07-7 (세트)

이 도서의 국립중앙도서관 출판시도서목록(CIP)은 e-CIP 홈페이지(http://www.nl.go.kr/ecip)에
서 이용하실 수 있습니다.(CIP제어번호: CIP2011001933)

『지명이 품은 한국사』서울 · 경기도 편
2010 문화체육관광부 우수교양도서 · 올해의 청소년 도서 선정에 이은 전국의 지명 유래

지명이 품은 한국사

두번째 이야기

이은식 지음

타오름

제1부 지명地名이란 무엇인가

제2부 지명이 품은 한국사

서울 지역의 지명 유래

세상 우주 만물은 존재하면서부터 이름을 갖게 되었다. 그중 사람은 물론 산천초목, 짐승에게까지 각 이름이 부여된 연유는 독특하리만큼 다양하며 기이하다. 특히 우리가 발붙이고 살고 있는 땅의 이름은 그냥 얻어진 것이 아니며 반드시 그 원인이 있었다.

한 나라의 영토가 국민의 생활 무대라면 지명은 그 생활 무대에 붙여진 향토 문화유산의 종합체이며 고유 지명만이 갖고 있는 향취와 멋이라고도 하겠다. 역사적으로 지명은 한 고장의 생활상을 나타내는 특징이나 지리적, 역사적, 민속학적 특성에 의해 명명되어 왔기 때문에 오랜 역사의 흔적이 그대로 반영되어 있고 지질과 산업, 풍수지리에 이르기까지 지리학적 특성은 물론 유물이나 유적, 제도와 인물 등 지명에 얽힌 전설과 함께 한 시대의 역사가 숨 쉬고 있으며 사라진 풍속이나 생활 습관도 살필 수가 있다.

뿐만 아니라 지명에 담긴 이야기는 그대로 설화 문학의 모태가 되며, 또한 설화 자체만으로도 자신이 태어나고 자란 고향의 정신적 향수가 될 수 있다. 또한 지명은 그 이름이 가지고 있는 향토적 배경과 보수성으로 인하여 한번 생성되면 보통 새로운 지명으로 바뀌지 않는다. 때문에 그 안에 내재된 고어古語와 각 고장의 독특한 방언이 투영되어 있는 등 실로 고유 지명이 지닌 역사적 의의는 매우 크다고 하지 않을 수 없다.

이처럼 지명은 소중한 우리 민족문화 유산의 체험적 근거임에도 불구하고 급격한 산업화 추세에 따른 도시 개발로 인하여 고유한 지명과 뜻이 인멸되고 있는 실정이다.

필자가 전국을 찾아다니며 얻은 것은 지명의 변천사를 꼭 밝혀야 되겠다는 깨달음으로서, 지난 『지명이 품은 한국사』 서울·경기도 편을 발간하였으며 이번 전국의 지명 유래를 담은 두 번째 이야기를 펴내기에 이르렀다. 아름답고 유서 깊은 우리나라 어느 곳을 살펴보아도 그냥 지나치고 밝히지 않아도 그만인 곳은 없었다. 각 지역의 지명과 연계한 역사를 끄집어내며 필자 자신을 반추할 수 있었음을 개인적으로 무척 다행스럽게 생각하며 또한 크나큰 보물을 한 아름 안겨준 신의 지혜를 가르침으로 받은 것 같다.

선현들께서는 우리나라를 금수강산이라 했고, 그렇게 말과 기록을 남김은 분명 허언이 아니었음을 우리 후세인들은 알고 있어야 할 대목인 듯하다. 그리고 금수강산 가는 곳곳에 켜켜이 쌓인 잊어서는 안 될 역사의 흔적과 함께 살아온 지명地名은 단순히 생각하고 해석하기란 어리석기까지 하다는 생각을 지울 수 없다.

국토 북변 함경도에서부터 남쪽 해남의 땅 끝, 그리고 해로를 거쳐 우리 민족의 보배 제주에 이르기까지 피로 얼룩진 사연과 고통의 역사가 없는 곳은 없었다. 이제 그곳들을 빠짐없이 찾아다니며 필자의 마음과 땀을 뿌리는 것을 필생의 보람이라 다짐하며 반드시 후세인들에게 남겨 줘야 하는 소중한 유산으로 알고 쉼 없는 답사는 이어질 것이다.

이번에 펴내는 『지명이 품은 한국사』 두 번째 이야기는 이제까지 전승되어 온 고유한 지명을 총체적으로 정리하여 전통 지명의 고유성을 유지하고 지명에 얽힌 선조들의 생활상과 애환을 비롯하여 내가 살고 있는 터전의 역사를 분리시켜 받아들이지 않게 되기를 바라는 마음에서 집필하게 되었다. 덧붙여 각각의 지역이 갖고 있는 연혁, 역사, 언어, 민속, 산업, 자연 등 종합적인 지명 연구의 계기를 마련하고 지역 개발의 참고 자료로 전승되고 보존되었으면 하는 목적도 있음을 밝힌다.

이번 두 번째 이야기에 마저 싣지 못한 지명이 품은 한국사는 아쉽지만 다음 편을 기약하기로 하고, 아무쪼록 이 책이 내 고장과 우리나라를 근원적으로 이해하고 내 고장 사랑의 길잡이가 되었으면 하는 바람이다.

2010년 9월

신선이 노니는 동네 삼선동에서

제1부

지명地名이란 무엇인가

지명이란 무엇인가

지명의 개념

사람에게 있어서 각기 저마다의 이름이 있듯이 땅에는 땅의 이름, 즉 지명地名이 있다. 인류가 지명을 언제부터 사용하였는지는 정확히 알 수 없다. 그러나 지명은 인류의 생활이 시작되면서부터 그 생활의 터전이 되는 곳의 지형地形과 지물地物을 다른 지점과 구분하려는 생활의 필요에 의해 자연 발생적으로 명명된 사회적 계약물인 특수한 언어기호이다.

지명은 인류의 사회생활과 더불어 자연 발생적으로 나타났으며 문화, 환경 등 인간을 둘러싸고 있는 주위 환경과 이에 대한 인간의 의미 부여 등 여러 가지 요인에 의해 실로 복잡다양하게 명명되어 왔다.

때문에 지명은 그렇게 불리기까지의 과정에 있어서 여러 가지 독특한 기연機緣을 가지고 있는 경우가 보통이며 반드시 어떤 의미를 내포하고 있다.

지명은 조상이 과거 문화 발달의 자취를 잘 남겨 놓은 귀중한 역사적 문화유산이다. 여기에는 온갖 전설과 역사, 풍속, 문화 등의 향기가 서려 있고 그 지방의 독특한 자연경관 및 생활 풍습과도 밀접한 관계를 갖고 있다. 따라서 고대적 세계관의 요소인 종교 관념, 즉 샤머니즘이나 도교, 유교, 불교의 영향으로 지어진 지명, 특수한 개인을 미화하기 위해 지어진 지명 등 이 세상에 투영된 모든 지명은 지역 문화사 및 정신사적 자료로 이용될 수 있다. 뿐만 아니라 과거 생활의 민중적 기록인 동시에 지금까지 우리들 생활의 총화를 투영한 종합유물인 것이다.

또한 지명은 그 지역을 상징하는 심상을 표현하고 있기 때문에 무한한 향수의 대상이 되며, 지명 풍토적 감각이 장구한 역사 속에서 자연적으로 배양되었다. 지명의 명명 동기를 보면, 지형지물이 하나밖에 없을 때에는 이것을 식별하는 2개의 이름을 붙일 필요가 없기 때문에 높은 산, 뒷산, 건넛마을, 아랫말과 같이 보통명사를 써도 누구나 분별 가능한 기호로 통용될 수 있었다.

그러나 인구의 증가와 거주 범위, 생활공간이 확대되면서 단순히 보통명사로 이루어진 지명은 그 통용이 한계에 부딪치게 되었고, 장구한 세월과 복잡한 사회의 양상 속에서 지명은 저절로 그 명명의 동기나 숨은 뜻을 내포하는 것이 보통이다.

지명의 성격과 그 의의

지명은 문자가 존재하던 이전 시대부터 불리었기 때문에 처음에는 순수한 고유어로서 명명되었다. 그러던 것이 한자가 들어오게 됨에 따라 고유어로서의 지명이 점차 한자로 대체되어 갔으며, 일부 지방에서는 고유어 지명과 한자어 지명이 병존함을 볼 수 있다.

그러나 한자어 지명이 국가 공인公認 지명이라는 우위성을 점하며 전파력이 강해졌고, 점차 고유어 지명을 압도하기에 이르렀다. 따라서 현재 고유어 지명은 속명俗名으로 전락한 경우가 대부분이며 다만 향토민들의 애착을 받으며 명맥을 유지해 오고 있는 실정이다.

그러므로 지명에 대해 관심을 가지면 애향심을 북돋을 수 있게 되고, 그것이 더욱 발전하여 우리 역사에 대한 관심으로 자연스럽게 확대될 것이다. 그것은 내가 사는 나라와 그곳에 사는 겨레에 대한 깊은 관심으로 확장되는 것으로 인생에 대한 깊은 통찰력을 가져다주는 계기를 마련해 줄 수 있다. 그러므로 지명에 대해 역사적 이해를 하는 일은 단순한 흥미를 충족시켜 주는 차원을 넘어서게 되는 것이다.

어릴 때 고향 마을 이름을 듣는 순간, 그 시절이 회상되고 날로 삭막해지는 세상인심이 야속하게 느껴질 때가 있다. 우리말로 된 지명 속에는 우리 조상들의 숨결과 체온, 따뜻한 인정과 소박한 생활상이 그대로 담겨 있다.

지명은 오래된 것일수록 돌연히 생기거나 어느 한 개인에 의해 갑자기 명명되는 경우보다는, 토착 원주민들의 생활의 반영이자 철학의 표현이라는 역사성을 지닌다. 그 명명자도 개인이 아니라 집단으로서, 긴 시간을 두고 집단 사이에서 자연스럽게 발생한 것이기에 시간을 초월한 대중들의 의사와 감정이 최대치로 집약된 상태에서 이루어진 것이다. 그러므로 상당한 시간적 경과와 공간적 전파를 요하는 '지명'이야말로 역사적 풍토를 보존하여 후세에 전해 주는 결과가 되는 것이다.

갖가지 사건만이 정치적 역사의 전체가 아니며 묵묵한 산천, 전답, 촌락 등에도 역사에 언급되지 않은 인간 생활의 자취가 스며 있는 것이다. 지명은 자연과 역사의 흐름에 따라 변화하는 살아 있는 유기체와도 같다. 생활의 변천, 문화의 변천, 국어 음운의 변천, 시대사조와 주위 환경에 따라 개칭되거나 소멸하는 타율적 변천성이 있다고 하겠다. 따라서 지명의 변천 과정을 거슬러 올라가 보면 그 원형原型의 역사를 재구성해 낼 수 있는 것이다.

그 고장 사람들의 입에 익고 향토미가 깃든 지명은 한 사회 내의 무언의 계약으로서, 일단 이름이 붙여지면 시대가 변화해도 그대로 답습하여 사용되는 성질이 있다. 지명은 한 지역이나 지점에서 정착하려 하며 우리의 기억에 남아서 존속하려는 성격이 있는 일종의 사회, 문화적 현상으로 파악될 수 있다.

그래서 지명은 옛 사람들이 명명한 대로 존속되고자 하는 자주성을 갖고 있다. 지명은 본래 지어진 이름의 동기와 이유가 명확했지만, 오랜 세월을 거쳐 사용해 오는 동안 지명을 나타내던 언어의 의미가 망각되는 경우가 많다. 지명은 언어로 명명되는 까닭에 그중에는 명칭이 변천되는 것도 적지 않지만 전체와 비교해 본다면 소수이며, 오히려 원형으로 오늘날까지 전해 오는 것이 허다하다.

즉, 지명은 방언보다도 고착성이 강한 민족 고유어의 저층으로 비교적 외래어의 침식에서 벗어나 잘 보존되어 있기에, 방언 연구에도 대단히 중요한 자료가 된다. 또한 고유어를 소리 나는 대로 적은 음차音借 또는 뜻을 새겨 붙여 훈차訓借한 예가 많아 한자와 국어와의 차이, 한자를 받아들이던 선주민의 태도, 이두吏讀와 향찰鄕札 연구에 있어서도 산 자료가 될 것이다.

지명은 산물로서 상징되기도 하지만 그 밖에 사회성을 띠므로, 우리는 어떤 지명을 생각하면서 그와 함께 어떤 의미를 곁들여 떠올리게 된다. 지명은 일정한 지역이나 경관을 언어로 상징하기도 하여 귀로 듣는 지명과 문자로 표기된 지명은 사회적 경험에 따라 다른 정서와 개념을 느끼게 하고, 정감과 이지를 아울러 내포한 고유명사임에 틀림없다. 그리고 지명은 속담과 민요를 낳고 독특한 지방색이 깃든 여러 속담에 인용되기도 한다. 지명에서 비롯된 민요는 겨레의 생활과 사상, 전통, 풍속 따위를 솔직하게 나타내기도 하고 특히 지역사회의 특징을 짧은 표현으로 잘 나타내 주기도 한다.

지명은 대중의 생활공동체 속에서 누구나 저절로 특정한 장소를 나타내는 것으로 인식되어, 그 지역을 명확히 구분해 주고 세부적으로도 고유한 특성을 지닌다. 지명은 위와 같은 성격과 의의를 지니고 있으므로 선조의 문화유산임을 깊이 인식하여 함부로 파괴하거나 변경하지 말고, 세대마다 이를 잘 보존하여 다음 세대에 물려주어야 할 것이다.

일제 강점기 때의 지명 개칭처럼 두 마을 지명의 앞 글자나 가운데 자를 따서 이름을 짓고 본래의 고유한 의미를 상실케 하는 식민 정책의 사례를 거울삼아 이런 식의 지명 제정은 피해야 할 것이다.

지명은 사회적 산물이므로 한번 지명으로 정착되면 그것은 특정 개인이나 주민만의 소유가 아니라 국민, 나아가 전 세계인이 모두 사용하는 만인의 공유물이 되는 사회성을 지닌다. 그러므로 지명은 주민의 의사만으로 가볍게 변경할 수 있는 성질의 것이 아니다. 그럼에도 날로 격변해가는 요즈음 옛 지명은 점점 잊혀가고 있다.

지명의 변화 과정

지명은 부근에서 사는 사람이 많아짐에 따라 그 주변 일대의 이름으로 확충되고 마을 이름으로까지 형성되어 나가게 되고 접두사와 접미사 등 파생어를 만들어 쓰게 된다. 즉 산, 하천, 마을 이름 등이 미분화된 채 사용되는 것으로 동일 지점의 지명이 여러 겹으로 중첩되어 사용되는 경우가 있다. 즉 산악, 전답, 지소池沼의 이름 같은 경우는 가장 세부적이며 기본적인 지명으로 제1단계적인 것이다. 그리고 각 마을은 제2단계적인 것으로 그 위에 중첩되어 있고 자연마을은 제3단계로 중첩되었으며, 행정 리와 동명은 제4단계로서 이렇게 면, 군,

시, 도의 이름이 중첩되어 있다.

특히, 지명은 해당 지역의 자연적 조건과 지형 등을 고려하여 필요에 따라 호칭한 것으로 처음부터 일관된 의식을 가지고 불린 것이 아니다. 어떤 확정된 기준이나 범위 등을 미리 정하고 명명한 것이 아니므로 지명을 공식적이며 논리적으로 설명하기란 매우 어려운 것이다. 지역 주민의 인식이 높아지고 국토 개발 사업이 가속화되어 생활권이 변동되고 자연조건이 변화됨에 따라 새로운 호칭의 필요성이 생겼고, 같은 지역에 새로운 지명과 옛 지명이 병존하게 되는 예가 있어 때로는 같은 지역을 다른 명칭으로 일컫게 되는 경우가 있다. 이러한 현상은 개념이 분화되고 전문화되는 과정에서 초래되는 필연적인 결과로서, 오히려 이러한 사실 등을 통해 지명의 발전 과정을 엿볼 수 있는 매우 중요한 일이라 하겠다.

지명은 고유명사의 범주에 들지만 때로는 보통명사인 듯한 지명들도 있다. 『지명이 품은 한국사』 서울·경기도편에 실린 서울의 왕십리往十里를 예로 들어보자. 무학無學 대사가 조선 태조太祖의 명을 받들어 도읍할 터전을 전국 각처를 다니며 고를 때의 일이다. 무학 대사는 힘들게 터전을 찾다 쉬던 중 한 농부가 "무학이 같이 미련하다"는 소리와 함께 "서쪽으로 10리쯤 더 가면 도읍할 곳이 있다"는 가르침을 받았다고 하여 붙여진 명칭이다.

요즘 속어로는 왕십리가 엉덩이를 가리키게 되어 버렸는데, 왕십리는 40여 년 전만 해도 온통 채소밭이 널려 있던 곳으로 서울의 인분 집결지였다. 봄날 훈풍에 실려 오는 냄새는 온통 채소밭에 깔려 있는 오물에서 풍겼으므로 그것이 엉덩이에서 나온다고 하여 그렇게 불렸던 것이다.

지명이 우합하는 사례도 있다. 우합은 지명이 우연히 그 글자 뜻과 현실에서 맞아 들어가는 일을 말한다. 본래 불리던 이름이 후세에 이상하게도 그 뜻대로 되는 경우, 그 사실을 처음과 다르게 해석하는 일이 많다. 태조가 서울에 도읍을 정한 다음 자신이 묻힐 곳을 찾지 못해 답답해하던 차에 양주군陽州郡 검암산儉岩山(현 경기도 구리시 동구릉)에 장지를 정하고서 돌아오는 길이었다. 중간에 한 고개에 이른 태조가 그의 무덤 쓸 자리를 되돌아보며 "이제야 모든 근심을 잊겠노라"고 했다는 데서 그 고개 이름이 망우리忘憂里 고개가 되었는데, 오늘날 공동묘지가 되었으니 거기 묻힌 사람들은 근심을 잊어버린 것이다.

한편 한양으로 도성을 옮긴 뒤 정도전鄭道傳은 서울의 마을, 거리 등의 이름을 거의 다 지었다. 마침내 그는 수진방壽進坊(훗날 수중방壽重坊)이라고 스스로 이름 지은 동네에 살면서 비명의 죽음을 당하게 되었는데, '나아갈 진進'은 '다할 진盡' 자와 음이 같으니 그것을 끌어다 붙여 지명과 그의 수명이 관계성을 띤 듯이 말한 예도 있다.

지명의
유형과 소재

지명 발생의 기원과 변천 방식

지명은 그 수도 많고, 역사적으로도 여러 단계의 변천을 겪어 왔으므로 유형이 복잡하다. 더구나 한자가 본래 뜻대로 사용되고 있지 않다든지 본뜻과는 관계없이 음音이나 훈訓을 따서 한자를 붙여 이루어진 것은 명명 당시의 원형을 복원하기가 매우 어렵다. 그러므로 지명의 올바른 성립을 알기 위해서는 지명의 현재 표현 방식에만 매달리지 말고 지명의 언어와 역사를 연관 지어 많은 유래를 비교함으로써 지명의 기원과 변천의 법칙성을 발견해 나가야 한다. 그리고 그 유형과 법칙성 속에서 각각의 지명을 생각하고 그 기원과 변천 과정을 밝혀야 할 것이다.

옛날 우리 조상들이 유랑하던 시기를 지나 한 지점에 정착하면서부터 그들 나름의 여러 가지 기준에 따라 지명의 명명이 시작되었을 것이다. 지명은 그들의 혈통을 일컫는 이름일 수도 있겠고 한 집단의 대표적 인물일 수도 있다. 그러나 우리 선조들은 남향으로 산을 등진 물가에서 따뜻한 기후와 기름진 토지를 생활 근거지로 하여 정착한 이래 그 산천과 평야의 지형지세를 따라 이름을 지었을 것이다. 이러한 과정에서 붙여졌을 마을 이름이 후세에는 집단의 뭉침과 흩어짐, 행정구역상의 통합과 분할에 따라 숱한 지명이 명멸하였다.

비록 고유문자로 표현된 지명은 아니더라도 우리말의 음차音借나 훈차訓借임을 분석할 수 있는 지명도 많다. 그리고 우리 선현들의 지명 짓는 방법, 그 형태와 정신의 밑바닥을 지배하던 사고방식, 그리고 원시 신앙이나 우리말의 원시적 기원의 단서 역시 지명에서 찾을 수 있다.

마을 이름은 대체로 각 마을의 특색을 최대한 나타내고 있는데 기원과 변천과정을 살피기 위해서는 마을의 발생 및 발달의 흔적을 알고 아울러 민족의 분포, 문화의 발달, 도덕적 생활, 신앙과 미신, 정치의 변화 경향, 사회의 변천 등을 살펴야 한다.

지명 유래에는 전설과 설화가 깃들기도 한다. 지명 전설에는 자연적인 소재를 가지고 설명하는 것과 역사적인 사건을 가지고 설명하는 것이 있다. 이것은 사실인 것, 사실에 허구가 덧붙여진 것, 순전히 상상력을 통해 이루어진 것이 있다. 이러한 지명 전설을 통해 그 지역 주민들의 상상력과 그들의 꿈, 그리고 자연과 역사와 생활상을 엿볼 수 있다. 우리 조상들은 생활 주변에서 그 지역의 땅 모양, 위치, 색상, 하천과의 관계 그리고 풍토, 기후, 산물, 교통 관계, 천체, 동물, 수목, 바위, 유물과 유적, 미담이나 신비 관념 등을 따서 지명을 붙였다.

지명의 기원과 변천의 법칙성을 발견하여 그 유형 분석을 시도할 수 있고, 지리학적 관점에서 지명의 발생을 다음과 같이 유형 구분을 할 수도 있겠다. ① 자연환경을 단적으로 표현한 지형어, ② 토지제도, 세제, 정치, 군사 등에 관련하여 지어진 정치적 의미의 법제어, ③ 수렵, 어로, 농경, 교환경제, 공동생활 등 주민의 생산과 유통에 관련하여 발생한 사회 · 경제사적인 의미의 사회어, ④ 신앙, 민속, 구비 전승, 의식주 등 소박한 생활 속에서 생긴 생활어의 4가지로 구분된다.

한편 지명을 명명한 형태의 근거와 기준을 대략적으로 살펴보도록 하자.

① 지형 : 산山, 현峴, 암岩, 석石, 등嶝, 치峙, 잠岑, 항項, 평坪, 도島, 강江, 하河, 수水, 천川, 계溪, 정井, 제堤, 지池, 천泉, 연淵, 갑岬, 소沼, 택澤, 포浦, 관串

② 관아 : 성곽城廓, 진수鎭戍, 창고倉庫, 마참馬站, 재실齋室

③ 유적 : 서원書院, 사찰寺刹, 탑파塔婆, 비석碑石, 정자亭子, 당우堂宇, 교량橋梁, 주막酒幕, 입석立石, 지석支石, 요지窯址, 장승, 치소治所, 제조소製造所

④ 위치 : 동서남북, 상중하, 내외, 음양, 고평저高平低, 너머, 건너

또한 우리나라 지명에 많이 쓰이는 한자를 차례대로 보면 산山, 곡谷, 신新, 대大, 송松, 현峴, 석石, 상上, 내內, 남南, 암岩, 동東, 수水, 하

下, 포浦, 촌村, 정井, 장長, 용龍, 월月 등이다. 이중에서도 산, 곡, 천, 현, 석, 암, 수와 같이 자연에 대한 지명이 많이 쓰이고 있고 불교에 관계되는 탑, 사寺, 금강 등의 지명이나 충忠, 효孝, 인仁, 의義, 예禮, 지智, 신信 등 오륜에 관한 한자가 지명으로 많이 쓰이고 있는 것도 우리의 역사적 배경을 설명해 준다.

지명의 유래에 관한 연구는 빈약한 문헌이나 구전 등에 의해 추리된 경우가 많으므로 모두가 다 정확하다고 할 수 없고, 또 지명에 따라서는 가끔 이설異說이 있다는 것을 잊지 말아야 한다. 지명의 유래를 조사하려고 주민들을 만나 물으면 역사적 안목이 없는 사람들에게서는 거의 겉으로 드러난 글자가 가지고 있는 상식적인 풀이에 치우쳐 오류를 범하기 일쑤이고, 마을의 유지라 해서 내력을 물으면 모른다는 말은 못하고 적당히 창작해서 말을 하는 경우도 많으니 진실과 다른 결과가 나오는 사례가 많다는 사실도 상기할 필요가 있다.

지명을 지은 배후에는 지리 환경이라든가 그 지방의 특수한 여러 현상에서 어느 하나의 특징을 포착해 일컫게 된 관련성을 생각할 수 있다. 지명이 지어진 연유에는 실제 주위의 자연환경이나 지형, 지세 등의 특수성에 기인되는 바도 있고 또는 사회, 경제, 문화, 역사적 관계에 의존하기도 한다. 또 그 지역 특유의 민속이나 전설 등과 결부되는 예가 있는가 하면 이런 것과는 하등의 인연이 없이 유추나 추상에 의해 붙여지는 경우도 있다. 현대의 한자 지명은 새로운 행정구역의 개편과 동시에 고대의 지명에서 볼 수 있는 주위의 자연환경이나 지형, 지세에 관련된 지명은 감소되고 추상적이거나 형이상학적 지명, 사회·경제·역사적인 지명이 상대적으로 증가하고 있다.

지명에는 우리 조상들의 생활 의식과 입김이 서려 있다. 수천 년을 두고 살아오면서 자신들이 사는 고장에 알맞게 이름을 붙여 놓았기 때문에 각각의 이름에 얽힌 여러 가지 사연들을 더듬을 수 있다.

세월의 흐름에 따라 지형이 바뀌고 주민들의 유동으로 처음의 옛 모습을 찾아볼 수 없게 된 고장일지라도 전해 내려오는 지명의 뜻을 자연환경이나 민속학적인 견지에서 풀이하면 각 고장의 내력을 알아 낼 수가 있다.

지명 선택의 바탕이 되는 소재

산소山所를 소재로 한 지명

우리 국토의 70퍼센트는 산지이고, 따라서 고대의 우리 민족은 특히 산골짜기나 산자락을 배경으로 하여 의식주 해결을 비롯한 경제생활을 영위하기가 편리하였다. 때문에 그곳에 마을을 형성하였던 역사적 사실과 이에 따라 생긴 우리 민족의 원시 신앙 중 산악숭배 사상이 산지와 관련한 지명을 많이 낳게 한 원인이 된 것으로 보인다. 한자 지명은 '산山' 자의 사용 빈도가 가장 높고, 실제 산 이름이 아닌 마을이나 골짜기의 지명이 '산' 의 본뜻을 벗어나 지명 접미사의 형태로 굳어진 경우이다.

고구려의 고어에서 '산山'이나 '고高'를 뜻하는 '~달達'과 ㄷ(등等), 돌(진珍), 돌突, ㄷ(월月)은 산의 고어이며, 한자의 '산山'은 그 훈인 '뫼', '모로'와 같은 계통이다. 산 이름에는 산山, 봉峰, 악嶽, 악岳 등이 붙여져 있으나 이외에도 '덕德'은 큰 산의 뜻으로 평탄 산정에 잘 붙여지고, '등嶝'은 산릉의 뜻으로 낮은 동산이나 사주紗洲에 붙는다. 또 '단壇'은 높은 위치에 있는 평탄한 면에 이따금 붙여지고, 흙이 쌓인 상태에는 더미(덤), 퇴미退眉, 산을 뫼라고 하는 데서 매(응鷹)로 발음되어 만들어진 산지 지명도 있다. 특히, 산이 일반적인 '뫼'를 의미하는 글자라면, 악岳은 그 산들 중에서도 높고 큰 것이나 진호鎭護하는 신령이 있는 산을 의미한 것이었다.

생활 도구가 이름으로 된 산 이름도 많이 보인다. 그것은 대개 산의 모양이 키, 등잔불, 장구, 동이, 바리, 병, 독, 저울, 채롱, 삿자리, 병풍, 닻, 배꼬리, 가마, 솔발 따위같이 보이는 데에서 얻어진 이름이 대개다. 위와 같은 도구 이름으로 불리는 산은 대개 높거나 큰 산이 아니고 비교적 아담한 산들이다.

그 외에 '응鷹' 자가 붙은 명칭 중 옛날 매 사냥을 할 때, 산이나 봉우리 위에서 매 부리는 사람이 매를 받치고 기다리다가, 몰이꾼들이 주위에서 꿩을 몰아 날리면 매를 놓아 잡게 하던 데에서 유래된 이름이라고 전해지는 경우도 있다. 지금도 지방 여러 곳에서 매봉 또는 매봉재로 불리는 비교적 높은 봉우리의 이름이 많이 있는데 그 유래는 대개 같은 내용이다.

'산'과 '골(곡谷)'은 서로 표리의 관계가 있는 지리적 조건으로서,

산골에 있는 마을에서 흔히 찾아 볼 수 있는 골을 의미하는 데서 연유된 지명이다. 동시에 '동洞'의 뜻인 '고을'이 '골'로 되어 생긴 지명이기도 하다. '실'은 '골'을 의미한 옛말 지명인데 산골짜기의 작은 내를 말한다. '골'은 도서나 내륙 지방에 두루 깔려 있으나 '실'은 내륙산간 지방에 훨씬 많이 분포되어 있음은 그 때문이다. '한실'을 '대곡大谷'으로 표기하는 것을 예로 들 수 있겠다.

고구려어의 '홀忽'은 촌락, 시, 주, 군의 집단 또는 성읍의 뜻으로 신라어의 '화火'(불/ㅂ=벌伐 · 불弗 − 평坪의 뜻)는 백제어의 '~부리夫里'라는 지명과 같은 계통이며 굴屈, 골(동洞), 골骨 등도 고구려 말의 홀과 같은 유형이다.

그리고 재는 성城, 치峙, 현峴, 안岸, 령嶺, 령峇 등을 뜻하는 말로 산이나 골의 경우와 같이 지리적인 환경의 특수성이 그대로 지명에 반영된 예이다. 성城은 주로 읍성이나 산성의 축조 지역과도 관계가 있으나 '재', 즉 고개를 뜻하기도 한다. 산성은 높고 험하여 적을 방위하기 쉬우므로 위급할 때 피난처로 사용하였고, 성내에는 유사시에 밀어닥칠 피난민과 부인들을 위한 우물이 있었다. 현峴은 재의 지경 또는 지세가 험악한 곳에 존재하며 이곳은 사람들이 모이는 관문으로서의 중요성과 원우院宇*나 봉화 등을 설치하는 경우도 있었다. 또 현峴 부근에 마을이 생김으로써 지명에 '현'자를 취하는 곳이 많

＊ 원우院宇 : 고려 중기 이후 서원書院, 사우祠宇, 정사精舍, 영당影堂 따위를 통틀어 일컫는 말이며 조선 시대에 관원이 공무로 다닐 때에 숙식을 제공하던 곳을 말하기도 한다.

았다.

한편 고개(령嶺)는 교통량이 많고 높은 고개의 양측 산기슭에 마을이 발달하여 교통, 생산, 방위의 3가지 기능을 갖고 있었다. 한편 도적떼가 들끓어 행인이 많이 모인 다음 비로소 고개를 넘었던 지명으로 대관령大關嶺, 조령鳥嶺, 육십령六十嶺 등도 있다.

한편 우리나라를 가리켜 삼천리금수강산이라고 한다. 옛 선조들이 남겨 놓은 시가나 시조 등을 보면 울창한 자연의 모습을 그린 것이 많은데, 이는 자연을 가꾸고 아낀 우리 민족의 삶의 철학을 살필 수 있는 것이다. 한편 나무 숭배는 고대의 원시 신앙에서도 있었고 특별한 종류의 수림, 초목, 화초가 그 고장의 주위에 무성하게 자라고 있을 때 또는 신목神木, 당간幢竿(짐대) 같은 것이 지명의 소재가 되는 경우도 많았다. 부소갑扶蘇岬은 개성, 부사달夫斯達은 함경남도 송산현의 옛 이름인데 부소와 부사는 '솔(송松)'을 뜻하며 고구려 말로 추측된다.

물을 소재로 한 지명

물은 인류가 잠시도 떨어져 살 수 없는 필수 불가결한 생명의 요소이다. 마실 것에서 시작해 농사나 인간 실생활에 필요한 동력 등을 위해서도 물이 많이 쓰이고 또 기본적으로 수해나 습지에 대한 방수, 배수 등도 물과 관련한 중요한 문제이다.

물을 뜻하는 단어로는 강江, 천川, 계溪, 지池, 천泉, 정井, 호湖 등이 있다. 옛 고구려어 또는 백제어에서 매買와 미米, 미彌는 수水, 천川,

정#과 대응하는 단어이고 잉仍(또는 내乃)은 '나리', '누르'(천川, 진津) 등의 옛말이며, 저渚도 물가를 뜻하는 것으로 추측된다.

마시는 물에는 정#, 천川의 지명이 붙고, 하천의 합류점에는 합合, 병並, 구口 등의 지명이 많다. 하천의 상류를 나타내는 전라북도 장수군 장수읍의 수분리水分里(물뿌랭이)는 금강과 섬진강의 분수령이자 근원이며, 경기도 남양주군 와부읍의 양수리兩水里는 남한강과 북한강이 합류하는 지점이라서 붙여진 지명이다.

곡류천曲流川에는 곡曲, 회回, 구배仇排('구비'의 뜻), 돈敦('돈다'의 뜻), 석石('돌다'의 뜻)과 유로의 형태를 나타내는 궁弓, 을乙, 지之 자가 많이 쓰인다. 온천 지역에는 온천, 온정溫井, 온양溫陽 등의 지명이 많고 강물을 그냥 식수로 사용하던 옛날에는 달내(달천達川)라는 표현도 많이 사용되었는데 이는 달다는 뜻으로, 감甘자도 사용되었다.

수량이 많은 곳에서는 수풍水豊, 수여水餘, 수해리水海里라 하고 수해를 입은 지역에서는 물금勿禁(수금水禁)이라고 하여 물을 금기시하는 지명도 생겨났다.

또한 옛날 포浦는 주로 해안 지대에 있어서 어량漁梁, 염분, 관방關防, 긴관緊關, 봉화烽火 등의 소재지나 두 지역을 가르는 강 근처에도 사용됐는데, 이 지역에 마을이 형성될 때는 그 포의 이름을 취하여 지명으로 삼는 경우가 많았다.

도渡와 진津이 붙은 지명은 주로 하천 연안 지역에 사용되었는데 도로나 하천 또는 해협이 교차하는 지점으로 삼량진, 노량진, 삼전도 등이 있다. 한편 우리나라 해안 지명, 하천이나 호반湖畔의 지명에는 '곰'

계系 지명이 많이 분포하는데 옛날의 신앙과 관계하는 것으로 신神, 웅熊 등의 옛말과 관계되는 지명으로 보인다.

즉 구미九味, 고막古幕, 갈마葛馬, 고마古馬, 가막駕莫에서 '곰' 한자로 표시되는 금金, 감甘, 금錦, 금今, 금禽, 또 뜻이 똑같이 되는 혈穴, 부釜, 웅熊, 흑黑 등이 많다. 해안 가까이에 있는 섬이 모래에 의하여 육지와 연결된 육계도陸繫島는 목도木島, 항도項島 그리고 우리말로 목섬이라 하여 그대로 지명이 된 곳이다.

또한 반도 끝을 나타내는 갑岬, 곶, 고지의 곶串, 말末, 단端, 각角, 감坎, 두頭 등의 지명이 있고, 무인도나 불모도不毛島에는 야도冶島, 대도大島 등의 지명도 있다. 야도는 불무(단야鍛冶)섬으로 불모不毛섬에서 불무로 발음이 바뀌어 불리게 된 것이다. 작은 섬이면서 불모도니 대섬(대도大島)이니 하는 것은 대머리(독두禿頭)의 '대' 에서 온 것으로, 대머리와 같이 초목이 없는 불모도를 독도禿島(또는 獨島)라고 불렀다.

지형의 특징을 소재로 한 지명

지형이나 지세를 꾸미는 형용사로 대大, 소小, 고高, 장長, 신新, 백白, 가佳, 광廣, 심深, 태太 등이 많이 쓰인다. 해안선에 육지가 있거나 또는 평야에 산자락이 불쑥 나온 지세와 같은 경우 곶串, 갑岬으로 불리는 경우가 많다. 예를 들면 '목' 은 다른 곳으로 통하는 고개의 잘록하고 좁은 곳을 일컫는 지명어로 노루목(장항獐項)을 들 수 있다. 베리, 벼루, 별, 베루는 벼랑의 뜻으로 쓰이며 '대大' 는 '한' 이 붙은 이름을 뜻한 것으로 한밭 대전大田, 대곡大谷 한실, 대로大路(신작로新作路) 한 길과 같다.

들, 벌판, 터 등의 지리적 특성을 갖는 마을은 이와 같은 주위 환경이 수식어가 되어 이름이 붙여지기도 했다. ~들, ~밭, ~터, ~벌, ~불, ~부리, ~울 등이 그 예로 시내에는 동洞, 집과 높은 땅(지대)은 당堂의 접미어들이 붙은 지명도 있다.

자연 자원을 소재로 한 지명

자연 자원이나 생산물을 지명의 이름에 연결시킨 경우도 많은데 금, 은, 동, 철기의 산지에서는 은점銀店, 동점銅店 등의 지명이, 사기沙器나 오지그릇을 만드는 가마가 있는 곳은 사기동沙器洞 또는 사기점, 옹점甕店, 점골 등이라 하고 기와를 굽는 기왓가마가 있는 마을은 보통 와동瓦洞이라 했다.

또 조선 시대 궁중에 공급하는 물품의 집적소나 가공하는 지역에 산물 이름이 붙는 지명도 많았다. 서울의 다茶, 도挑, 저苧, 입정笠井, 합蛤, 행杏, 율栗, 염鹽, 빙氷 등의 글자가 든 동명은 거의 그러한 경우라고 생각하면 된다.

'점말'은 용기점이 있던 마을로서 옹기가마는 마을에서 멀리 떨어져 있었다. 오지그릇을 구워내는 이들은 대개 마을에서 얼굴을 들고 살 수 없는 죄인이나 도망꾼들인 경우가 많았기 때문에 숨어 살며 그릇을 구워냈기에 '호구하는 점놈'이라고도 불렀다. 기능공을 그만큼

천시했던 것이다. 따라서 그런 마을을 '가맛골'이라 하여 한자로는 부곡리釜谷里, 부곡리富谷里, 부항리釜項里 또는 점촌店村, 점말店末이라고 하였다.

한편 지형의 생김새가 마치 어떤 동물의 모양을 생각나게 하거나 그러한 동물들이 해당 지역에 서식한 적이 있었던 연유로 붙여진 지명도 있다.

신앙을 바탕으로 한 지명

서울 자하문 밖의 부암동付岩洞은 바위벽에 돌을 붙이면 자식을 얻을 수 있고, 출산을 늘릴 수 있다는 미신 또는 원시적인 신앙에서 발생한 이름이다. 원시사회에서 생식을 통한 무리의 번성은 매우 중요한 일이었기에 성性은 매우 중요한 요소였다. 성기숭배는 생을 영위하는 근원에 관계한 일로써 고대의 사람들은 남녀의 성기와 유사한 바위 또는 나무, 돌, 도자기로 만든 남녀 성기의 모형을 만들어 봉안하고, 신체로 상정하여 숭배함으로써 생식의 소원이 이루어진다고 생각하였다.

삼국시대부터는 사직신社稷神(토지·곡식의 신)을 모실 때는 원통형의 양석陽石을 사직단의 정남중正南中에 묻고, 그 귀두 부분을 햇볕에 노출시켰는데 이 또한 부근신附根神 숭배의 하나였다. 이렇게 하면 태양의 양기로 생산을 늘릴 수 있다고 생각한 것이다. 사직신은 오궁五宮과 관청에서도 모셨으므로 부근신 숭배 풍습은 관청에서 명맥을 이었으며, 각 지방에 있는 부군당府君堂은 바로 이 풍습에서 나온 것이다. 이는 인도 시바신의 남성 성기 숭배의 풍습이 불교에 중첩된 것으로 보인다.

당산堂山은 토지나 부락의 수호신에게 제사지내는 곳으로, 대개 마을의 뒷산이나 평지에서는 중심지가 될 만한 곳에 흙과 돌로 높게 단을 만들어 신주神主나 기암 또는 사당을 모시는 일이 많았다. 여러 곳에 당산리當山里가 있었으며 당사堂社, 당사堂舍, 당리堂里, 당촌堂村 등이 그와 관련이 있다. 길가나 외진 곳의 고목은 서낭신이 붙어 있다고 믿고, 때로는 고목 대신에 사당이 있는 경우도 있는데 이것을 성낭당(성황당城隍堂)이라 불렀으며, 성황당 또는 당곡堂谷이라는 지명이 남아 있다.

한편 한반도의 원시 신앙에서 비롯된 지명은 산악숭배뿐만 아니라, 암석숭배에 관한 샤머니즘 또한 있다. 암석숭배는 입석立石이나 거석巨石에서 그 신앙을 찾게 되는데 이런 것은 퉁구스Tungus족, 몽고蒙古족, 투르크Turk족 등의 알타이Altai어족語族에서 뿐만 아니라 옛 아시아족에서도 우리 민족과 대단히 비슷한 신앙을 볼 수 있다.

또한 유불선儒佛仙의 종교에서 유래된 지명도 있다. 만매萬梅, 지족곡知足谷(유성), 명덕봉明德峰(공주) 등은 유교적인 지명이고, 법주사와 관련하여 이름 지어진 속리산의 천황봉天皇峰, 비로봉毘盧峰, 관음봉觀音峰, 지장산地藏山, 연엽봉蓮葉峰, 수정봉水晶峰, 용화龍華 등은 불교의 신앙과 깊은 관계가 있다. 그리고 팔공산八公山, 금단산金丹山, 신선봉神仙峰, 방장산方丈山, 봉래산蓬萊山 등은 도교적인 지명에 해당한다.

풍수지리의 영향을 받은 지명

우리나라의 지명에 있어서 풍수지리에서 받은 영향이란 이루 말할 수 없다. 옥녀봉玉女峰, 장군봉과 병마산兵馬山(청주) 등은 한자를 음독하여 언어로 상징된 지형만을 비교해서는 그 이름의 연원이 해결되지 않는다. 신라 말 이래 특히 조선조에 맹위를 떨친 민간신앙의 하나인 풍수설을 이해하지 못하고는 알 수 없는 것이다. 근래에도 대부분의 지명이 한자의 음이나 훈을 부회하여 설명하는 것을 보면 새 지명의 파생은 말할 것도 없고, 전래되어 온 지명이 와전되는 하나의 큰 원인이 되었음을 알 수 있다. 앞에서 말한 지형의 생김새 등에 의한 지명도 이와 많이 관련된다고 보여진다.

지명에 '용龍' 자가 사용된 것은 대부분 풍수설과 관계가 깊다. 용은 봉황鳳凰과 더불어 제도, 풍속 및 민간신앙의 대상이 된 풍수 사상을 나타낸 것이 대부분이다. 천안의 왕자산은 고려 태조太祖가 군사를 이끌고 이곳에 주둔할 때 윤계방尹繼芳이 왕자산의 지세가 오룡쟁주형五龍爭珠形이라 하므로 성을 쌓고 군사훈련을 시작하였다고 한다.

용은 상상의 동물이지만 호국 또는 민간신앙의 상징으로서 동양에서는 예로부터 성스러운 동물로 알려져 왔으며 우리나라에 있어서도 길상吉祥의 상징으로 신성시해 왔다. 뿐만 아니라 국가적인 운명에 관한 여러 설화 속 주인공으로 탄생되기도 하였는데, 옛날 지리서를 본다면 동양에서는 일찍부터 용과 봉鳳을 신령한 동물로 믿어 왔음을 알 수 있다. 이것은 산을 신령하게 여기던 선인들의 정신적인 관념과도 관련이 있다고 볼 수 있겠다.

또 풍수 때문에 지명을 바꾼 실례도 허다하다. 경상남도 함안읍咸安邑은 읍터를 중심으로 남쪽에 높은 산이 솟고, 북쪽이 수구水口가 되어 낮아지는 형세이다. 남고 북저南高北低는 풍수학상 흉지에 해당하므로 북고 남저로 땅의 기운을 바꾸어야 했다. 그리하여 남쪽의 높은 산을 낮은 데로 흐르기 마련인 물에 연관지어 여항산艅航山이라 하였고, 북쪽 낮은 땅에 있는 면面 이름을 모두 '뫼산山' 자를 넣어 죽산면竹山面, 대산면大山面, 남산면南山面, 대산면代山面으로 바꾸어 풍수학상 균형을 잡을 수 있는 지명으로 바꾸었다.

또 남방에 높이 솟아 있는 여항산이 날카로운 화산火山형이기 때문에 읍에서 발생하는 잦은 화재를 여기에 결부시켰다. 따라서 이 재난을 막기 위해 읍의 성문을 남쪽으로 내지 않고 동쪽으로 내어 화산의 화기를 피하도록 하였다.

또한 호랑이를 잡아 놓기 위해 절을 지은 경우도 있다. 지금은 차츰 집이 들어서고 있지만 경기도 시흥始興 뒷산인 호암산虎岩山은 불과 몇 십 년 전만 해도 울창하고 깊은 숲이었다. 이 산에는 마치 호랑이가 북으로 달려가는 듯한 형상의 바위가 있어 이같이 이름 지어진 것인데 이 호랑이가 달아나 버리면 시흥의 지세는 시들 것으로 여겼다. 그리하여 이 호랑이를 잡아두기 위한 뜻에서 그 바위 아래 절을 짓고 이름을 호압사虎壓寺라 하였다.

한편 충청남도 학산鶴山 동쪽에 있는 숙홍역宿鴻驛의 옛 이름은 비웅非熊이었는데 홍산현鴻山縣의 지세가 나는 기러기(비홍飛鴻)의 형상이었다. 따라서 이 기러기가 날지 못하도록 지명을 '잠잘 숙宿' 자를 써서 숙홍이라 고쳤다.

교통을 바탕으로 한 지명

조선 시대에는 주요 가도에 역원驛院 제도를 정비하고, 평상시 역마와 마부를 대기시켜 관원에게 교통의 편의를 제공하였다. 역 근처에는 공수전公須田, 장전長田 등의 역에 속한 논밭인 역토가 있었는데 당시의 역장인 찰방察訪은 관내의 속역屬驛과 역리, 역마를 관장할 뿐 아니라 정보에 관련한 권한이 있었다. 역과 역 중간에는 휴식소인 참站이 설치되어 있었고, 원院에는 토지만 제공됐을 뿐 건물이나 물자의 조달은 지방 유지의 출자 시설로 조정과 민간이 공동으로 투자한 여막을 통해 이루어졌다. 이렇듯 옛날의 통신수단이었던 봉수제烽燧制 등에 역, 원, 참 등의 지명이 많다.

그런데 역촌은 양반이 거주하는 반촌班村이 아니라 하여 경시하는 경향이 있었고, 원말인 원촌院村을 원두元斗로 바꾸어 멸시를 면하려는 곳도 있었다. 행인들에게 휴식할 수 있는 갈림길 같은 곳에 술을 팔고 잠잘 수 있는 주막이 있는 곳은 주막촌, 삼가리三街里 또는 삼거리三巨里 등의 지명을 갖게 되었다.

진鎭은 지방 행적 구역의 하나로서 군사상 중요한 의의를 지녔는데, 군사의 가족과 상인들이 모여 부락을 형성하였다. 병영은 조선 시대에 병마절도사가 있던 영문營門으로서 지방에 첨절제사 이하의 군을 지휘하고 감독했으며 수영水營에서는 예하의 진鎭, 포浦, 보堡를 지휘하였다. 또한 둔전屯田은 그 지방에 주둔한 군인의 군량이나 관청의 경비에 쓰도록 지급한 전답으로써, 둔전이 있는 지역은 둔곡屯谷, 둔기屯基, 둔대屯垈, 둔산屯山, 둔덕屯德, 둔터, 둔창屯倉 등의 지명이 쓰였다. 적을 막기 위해 축조한 성벽의 포대를 말하는 돈대墩臺는 비교적 높은 구릉 위에 설치되었는데, 이런 곳에는 월곶月串 돈대, 갑곶甲串 돈대, 더더미 돈대 등의 지명을 붙였다.

또한 조선 시대에는 조세 미곡의 수송을 위해 수로 연변에 설치한 조창漕倉이 있었는데, 부근의 조세를 거두어 보관하는 창고 소재지에는 '창倉'이라는 지명을 사용하였다. 육장六場 등이 서던 곳은 시장市場과 관계한 이름이 붙었다.

선사시대의 유물인 입석과 적석이 있는 남아 있는 곳의 지명은 지석리支石里, 불교가 전성하던 신라와 고려 시대 큰 절 아래 번창하던 사하촌寺下村 일대에는 오늘날까지 절골, 사동寺洞, 사곡寺谷, 탑골, 탑동塔洞 등의 지명이 남아 있다. 또 향교 소재지에는 교동校洞, 교촌, 향교촌, 장교長校, 향교 등의 지명이 남아 있다.

그 외의 지명들

첫째, 어느 고장에 설치된 특수한 건물이나 유적, 유물 또는 공동시설이나 관청 따위의 소재가 되어 지명으로 불리게 된 경우도 있다. 때때로 변경될 가능성이 있는 지표에 비해 언어란 쉽게 변하지 않는 것이기 때문에, 유적이나 유물 따위를 소재로 하여 지명화된 경우에는 특히 역사나 고고학 연구에 길잡이 노릇을 하기도 한다.

둘째, 같은 성씨가 집단으로 거주한 동성同姓 마을에서 유래된 지명으로 송촌리宋村里, 이정촌李鄭村, 김촌말, 허성동許姓洞 등의 경우이다.

셋째, 새로 개간된 지역에 생긴 마을에는 신촌新村, 신평新坪 등 신新, 흥興, 사그내(사근沙斤), 개開의 지명이 많이 쓰였다. 또 간척지 확장에 따라 새로 발생된 분촌分村은 본 마을의 지명을 따라 1리里, 1반班 등의 통統·반班이 고유 지명화하여 지방 개척의 역사를 확인할 수 있는 표현이라 하겠다.

마지막으로 사람 이름을 소재로 한 지명으로 역사상의 인물을 기념하거나 역사적으로 기리기 위해 지명이 붙여지는 경우도 적지 않다.

역사적인 인물의 호號, 시호諡號, 군호君號 등을 붙여 길이나 마을 이름으로 삼는 것으로 서울의 원효로, 세종로, 퇴계로, 율곡로, 충정로 등이 있다.

광주광역시의 충장로忠壯路는 그곳 출신인 충장공 김덕령金德齡 장군의 시호를 딴 것이며, 금남로錦南路는 또 그곳 태생으로 이괄李适의 난을 평정한 공이 있는 금남군錦南君 정충신鄭忠信 장군의 군호에서 유래한 것이다.

정충신 초상

제2부

지명이 품은 한국사

서울 지역의
지명 유래

은평구 구파발역 부근 흥창사
- 파쟁 속에 희생된 비운의 왕자 은언군 -

흥창사에 있는 은언군 묘비와 그를 빼앗은 창설주 이창근

민족의 염원인 남북통일을 대비해 국토의 허리 판문점까지 뚫어 놓은 통일로는 우리나라 국도 제1호인 목포에서 신의주까지 가는 길이기도 하다. 그 길가 야트막한 언덕에 자리 잡은 것이 흥창사興昌寺로 그냥 보기에는 우리나라 어느 곳에서나 쉽게 볼 수 있는 평범한 사찰로 보인다.

그러나 사찰 뜰에 세워 놓은 오석 비석을 자세히 읽게 되면 그 자리에 서 있기조차 민망스러움을 느끼게 된다. 세상에는 상식을 뛰어 넘

흥창사

은 몰지각한 사람들이 많다고는 하나 이 비석의 내용을 보면 비감에 젖을 뿐이다.

비석의 전면 상단에는 흥창사興昌寺 손성군孫城君을 창설주創設主 로 하여 하단에는 세로로 〈전주이공창근全州李公昌根〉과 그 아내인 〈전주 류씨全州柳氏 유동有洞〉의 내역을 새겨 놓았다. 이창근은 전주 이씨로 손성군이라는 군호까지 받은 왕족인 듯하나 누구인지는 알려져 있지 않다. 여기까지는 흠이 될 만한 문구가 없다.

그러나 우람하게 앉은 거북의 등 뒤로 돌아가는 순간 심히 놀라지 않을 수 없다. 이 비석의 주인은 사도思悼 세자의 서왕자庶王子 은언군 恩彦君이었던 것이다. 비석 뒷면을 검은 화학 물감으로 채색시켜 놓은

흥창사 내에 있는 은언군 묘비(좌)와 비 뒤에 새겨진 '은언군恩彦君 안체'이라는 글재(우).

것이 세월을 이기지 못하고 본바탕이 드러나 알게 된 사실이다. 물감이 벗겨진 부분마다 왕손 은언군의 행장이 보인다. 사료에 의한다면 은언군의 묘소는 이곳 흥창사에서 1킬로미터 정도 거리인 서울시 은평 뉴타운 자리였다고 한다. 그리고 은언군과 아내 송씨의 혼령은 현재 한강변 절두산 천주교 성지에 모셔져 있다.

그 과정에서 생긴 사연일 수 있겠으나 비석의 주인을 바꿔치기 하는 것은 정도가 매우 지나치기도 하려니와 불교의 본질을 훼손시키는 일로 여겨진다. 주지였던 이창근과 직접 관계된 일인지 다른 누군가의 개입으로 이와 같은 일이 벌어졌는지는 확인할 수 없다. 그러나 천주교인으로 영세를 받은 일로 인하여 그 아내와 함께 세상을 떠난 은언군의 혼령을 위로하기는커녕 서로 교리가 다른 부처님의 품 안에서 본 주인을 확인하지 못하게 만든 것이다.

흥창사 바로 뒤 산기슭에는 이창근의 묘소가 있는데 장군석 및 상석 등 석물의 본래 주인도 은언군이었던 것으로 추측된다. 하루 빨리 원래대로 복구가 되어야 옳은 일이라 생각된다.

정조의 즉위와 반복되는 보복

1776년 3월 5일 영조英祖가 재위 52년 만에 승하하고 그로부터 닷새 뒤인 3월 10일 그 뒤를 이어 대리청정代理聽政하던 왕세손 곧 사도 세자의 둘째 아들이 왕위에 오르게 된다. 그가 바로 정조正祖로, 그는 이미 자신의 부친 사도 세자가 죽음을 당한 원인을 알고 있었다. 또한 정조가 영조 말년에 대리청정 할 무렵에는 홍인한洪麟漢, 한익

한익모 초상

모韓翼謩, 정후겸鄭厚謙 등의 벽파僻派로부터 갖은 음모를 다 겪은 뒤였다. 때문에 즉위 직후인 1776년 7월 정조가 술회한 것을 보면

"제대로 옷을 벗고 잘 수 없었던 것이 여러 달이나 되었다."

라고 할 정도였다.

즉위 당시 정조의 나이가 이미 25세였던 만큼, 벽파는 다시 정조의 복수를 두려워하며 곧 정조와 시파時派를 모해하려는 계획에 착수하기 시작한다.

정조는 벽파가 아버지인 사도 세자를 죽음에 이르도록 동조하고 자신

또한 그들에 대적해 목숨을 부지하기 위해 불안에 떨어야 했으므로 벽파에 대해서는 도저히 좋게 생각할 수가 없었다.

조엄 묘비. 강원도 원주시

이로써 정조 즉위 직후에는 당연히 한 차례 유혈 소동이 일어나게 됐는데, 이해 3월 25일에는 정후겸이 경원慶源으로 유배되고, 그 이튿날에는 정후겸 일파인 전 평안 감사 조엄趙曮, 전 전라 감사 안겸제安兼濟 등도 벼슬을 낮춰 내쫓거나 유배를 보내었다. 정조는 3월 30일에는 앞서 사도 세자를 모함했던 김상로金尙魯의 관직을 추탈하고, 4월 1일에는 전날 정조가 춘저春邸(세손궁世孫宮)에 있을 때 유협誘脅을 가한 이덕사李德師 등 10여 명을 목 베어 죽였다. 또 4월 3일에는 춘저의 관원들을 해치려 했던 심상운沈翔雲 등을 죽이고, 4월 7일에는 벽파의 거물 홍인한을 귀양 보내고, 6월 25일에는 한익모를 색출하였으며, 7월 5일에는 홍인한 및 정후겸에게 사약을 내려 죽였다. 정조는 다시 7월 22일에는 심상운을 목 베어 죽이고, 9월 9일에는 벽파의 거물 김구주金龜柱를 귀양 보냈다가 뒤에 죽음을 내렸다.

이와 같이 정조가 그의 부친 사도 세자와 자신에게 행한 일에 대해 벽파에게 보복을 가하자 벽파의 잔여 세력은 다시 정조를 해치려 하였다. 1777년(정조 1) 7월 말경에 대궐 안에서 어떤 자가 어좌御座(존현각尊賢閣) 안마당에 기왓장을 던지고 달아나는 사건이 발생하였다. 이

경주 김씨 김구주 묘소. 경기도 여주시

에 정조는 8월 6일 왕대비, 혜경궁惠慶宮, 중궁과 함께 창덕궁昌德宮
으로 몸을 피하고 궁궐 안팎에 군사 약 5백 명을 배치해 놓았다. 그랬
음에도 8월 10일 밤에 어떤 자가 경추문景秋門 북쪽의 담을 넘어 들어
오려다가 군사들에게 붙잡혔는데 얼굴을 보니 원동임장院洞任掌 전흥
문田興文이라는 자였다. 앞서 강용휘姜龍輝란 자와 함께 어좌 안마당
에 기왓장을 던졌던 인물로서 정조 시해를 실패하자 다시 거사하려다
잡힌 것이었다.

　다음날 정조는 친히 국문하였고, 그들은 자신들이 모역하려던 사실
을 다 자백하였다. 왕은 이들과 이번 모역의 주모자인 홍상범洪相範(전
감사 홍술해洪述海의 아들), 홍계능洪啓能 등을 베어 죽이고, 또 이들이
추대하려 했다는 정조의 이복 동생 은전군恩全君을 사사하였다. 이 밖
에도 사도 세자 및 정조를 해치려 하여 전에도 처벌받은 바 있는 홍계
희洪啓禧, 홍술해, 홍지해洪趾海 등도 죽음을 당하거나 유배되었다.

세도재상 홍국영의 위세와 전횡의 반복

이와 같이 벽파의 주요 인물 다수가 제거됨에 따라 정권을 독점하게 된 것은 당연히 시파로서, 이들은 사도 세자의 죽음을 동정하고 정조를 줄곧 보호해 온 이들이었다.

그중에서도 가장 두각을 나타낸 자는 설서設書 홍국영洪國榮으로 그는 전부터 정조를 보호하고 벽파의 음모를 타파하는데 가장 애를 쓴 사람이었다. 이로써 홍국영은 정조의 신임을 얻어 1776년 7월에 승정원 도승지가 되었다가 그 다음 달인 8월에는 승문원 부제조로서 내국內局의 사무를 도맡아 처리하게 되었다. 홍국영은 이윽고 11월에는 수어사 겸 비변사 제조가 되고 이듬해 5월에는 금위대장을 겸했다가 11월에는 숙위대장을 겸하는 등 그야말로 인신人臣으로서는 최고의 자리에 오르게 되었다.

이에 모든 군무와 국정의 기밀사항, 대각에서 벌어지는 일에 대한 논의, 이조와 정조에서의 정사 등은 다 홍국영을 거쳐야 왕에게 상주 여부가 결정되고 왕의 안전 또한 홍국영이 좌우하게 되었다. 이로써 조선 왕조에 있어서, 정조 대에 최초의 세도재상勢道宰相이 나타나게 되었다.

'세도'란 표현은 이미 영조 때에도 왕이 가끔 사도 세자에게 척신戚臣을 주의시키는 말 속에 보이며, 영조의 계비 김金씨 계열의 벽파가 수차 왕권에 도전할 때에 이미 그 싹이 보이긴 했다. 그러나 실질적으로 최고 관직자가 아니면서 군국의 기무 등을 모두 관장하게 되어 국왕 다음가는 제2인자로서 세도를 부린 것은 홍국영이 처음이었다.

어느 시대 어느 나라에서나 공통된 현상이겠지만 홍국영의 경우에도 당연히 그의 주변에 공리功利를 탐내는 무리가 몰려들기 시작하더니 매일 이른 아침부터 밤늦게까지 잠시도 그칠 새 없이 수천 명이 줄을 이었다. 홍국영은 어느 제왕에 못지않은 위복威福을 누렸고 1778년(정조 2) 3월에 이르러서는 훈련대장, 규장각 제학, 교서관 제조까지 겸하기에 이른다. 또 그는 자신의 세력을 더욱 굳히기 위하여 그해 6월에는 자신의 누이를 정조의 비빈妃嬪으로 들이게 하였는데, 그가 바로 원빈元嬪 홍洪씨이다.

이때부터 홍국영의 위세는 더욱 도도해져서 그의 전횡은 전날 벽파의 정후겸보다도 더욱 심하였고 사람들은 그를 '대후겸大厚謙'이라고 부르게 되었다.

그러나 1779년(정조 3) 5월 초에 이르러 원빈 홍씨가 소생이 없이 죽게 되자 홍국영은 정조에게 아직 후사가 없는 것을 기화로 곧 정조의 배다른 동생 은언군 이인李裀의 아들 이심李湛을 대전관代奠官으로 삼았다. 그리고 그의 군호를 고쳐 완풍군完豊君으로 부르게 하면서 심을 가리켜 "내 조카"라 칭하고는 경연관 송덕상宋德相을 시켜 왕에게 상소하여 건저建儲를 청하도록 만들었다.

점차 홍국영을 멀리하던 정조는 이 일에 이르러서는 홍국영의 농간에 대해서 화를 내며 결단을 내리게 된다. 이로서 홍국영은 감히 왕명에 항명하지 못하고 5월 하순에 도승지 자리를 내놓고, 이어 9월에는 봉조하奉朝賀가 되었다.

그러나 홍국영은 그 뒤로도 자신의 일파를 조종하여 정조가 후사를 세우지 못하도록 방해하려 했다. 그러나 이 사실이 드러남에 따라 이듬해인 1780년(정조 4) 2월, 홍국영은 왕대비 및 이조판서 김종수金鍾秀 등의 공격을 받아 전리로 방환되었다. 다시 강릉江陵으로 옮겨진 홍국영은 불과 33세의 나이로 1781년 4월에 죽었다. 홍국영 일파인 돈령부사 송덕상宋德相은 여러 차례 논핵을 당하였으나 정조의 배려로 겨우 화를 면할 수 있었다. 이로써 최초의 홍씨 세도는 불과 4, 5년 만에 끝이 나고, 완풍군은 상계군常溪君으로 개칭되었다가 1786년(정조 10년) 11월에 독살을 당하였다. 그리고 그의 부친 은언군은 유배 보내지게 된다.

정순 왕후의 대리청정과 신유사옥

정조는 재위 18년째인 1794년 부스럼이 피부를 파고드는 병인 절후癤候의 발병과 과도한 격무로 인해 1800년(정조 24) 6월 28일, 49세로 생을 마감한다.

정조의 뒤를 이은 왕세자는 순조로서 7월 4일 창덕궁 인정문仁政門에서 즉위할 때의 나이, 겨우 11세였다. 영조의 계비 정순貞純 왕후 김씨를 대왕대비로, 왕비 효의孝懿 왕후 김씨를 왕대비로 높였으며, 순조의 나이가 어린 까닭에 대왕대비 김씨가 수렴청정하게 되었다.

한편 1801년(순조 1)

창덕궁 인정문

〈신유사옥辛酉邪獄〉이라는 큰 옥사가 일어난다. 대비 김씨는 사도 세자와 사이가 좋지 못했을 뿐 아니라 정조 초에는 그의 본가와 벽파가 크게 화를 입었기 때문에 대비 김씨는 영조와 정조의 신임이 두텁던 시파에 대한 원한을 가슴 속에 묵혀 두고 있었다.

그러므로 어린 순조가 즉위하여 자신이 청정하게 되자 대비 김씨는 세력을 강화하기 위해 가까운 친척인 김종선金宗善와 박종보朴宗輔를 승지로 삼고 벽파의 잔여 세력을 요직에 끌어 올렸으며, 시파에 대한 공공연한 탄압을 가하기 시작했다.

그해 11월 17일에는 먼저 천주교도 최필공崔必恭과 그의 종제從弟 최필제崔必悌를 잡아들이고, 12월에는 뚜렷한 이유도 없이 신하들에게 〈죄를 뉘우치고 자수할 것〉을 명하였다. 그리고는 예조 참판 김이익金履翼, 전 유수 서유린徐有隣, 전 지평 김이재金履載 등의 시파가 자수하지 않는다 하여 귀양 보내고 만다.

신유사옥의 드러난 명분인 '천주학' 이나 '자수' 니 하는 것은 명분에 불과할 뿐, 대비 김씨의 목적은 반대파의 추방이었다. 이때 천주교의 배교자들이 벽파에 붙어 충동질을 했으므로 결과적으로는 천주교 신자와 그 관련자들이 큰 화를 입게 된 것이다.

1801년 12월 하순과 이듬해 1월 초에는 홍낙임洪樂任, 부호군 이희갑李羲甲, 전 승지 김이도金履度, 전 판서 이재학李在學, 전 참의 심상규沈象奎 등이 대량으로 유배되고, 1월 10일에는 천주교를 엄금한다는 교지가 내리면서 서울의 신도 최창현崔昌顯이 투옥되었다. 2월 5일에는 호서湖西 사학의 수괴라는 이존창李存昌이 투옥되었으며 2월 9일

이승훈(좌), 정약종(가운데), 정약용(우) 초상

에는 경성에서 전 판서 이가환李家煥, 이승훈李承勳, 정약종丁若鍾, 정약전丁若銓, 정약용丁若鏞, 권철신權哲身, 홍교만洪敎萬, 전 정언 홍낙민洪樂敏 등이 투옥되었다. 다시 2월 14일에는 주문모周文謨 신부를 숨겨 두고 있던 여성 회장 강완숙姜完淑과 그의 가족도 투옥되었다. 이러한 소란으로 당시의 의금부, 형조, 포도청 및 지방 관아의 감옥들은 거의 천주교 신도들로 가득 찼다.

그런 가운데 2월 26일에는 이가환, 권철신 2명이 고문을 당하다가 죽게 되었으며 이승훈, 정약종, 최필공, 홍교만, 홍낙민, 최창현은 서소문西小門 밖에서 참수당하고 정약전, 정약용 2명은 유배되었다. 3월 3일에는 이들 천주교인에게 서적을 사다 주었다는 전 사장관 이동욱李東郁, 전 동지사 황인점黃仁點이 관직을 삭탈당하였고 3월 10일에는 전 승지 이기양李基讓과 오석충吳錫忠이 유배되었으며, 3월 11일에는 장단 부사 구종具綜이 교인 황사영黃嗣永을 잡아들이지 못한다는 명목으로 투옥되었다. 또 경기 감사 이익운李益運은 여주驪州의 교인 11명

정약용의 조카사위 황사영 묘소, 천주교 순교자

및 양근楊根의 교인 7명을 잡아 그중 이중배李中培, 임희영任喜永, 유한숙俞漢淑 등 3명을 참수하였다.

이밖에도 한양 밖 각처에서 희생된 교인은 상당수에 달하여 천주교가 전파된 이래 최대 규모의 박해가 행해졌다. 한편 중국인 신부 주문모周文謨는 다행이 피신하여 의주義州까지 갔으나, 우리나라 교인들과 운명을 같이 하고자 생각을 바꾼 그는 3월 12일 다시 경성으로 돌아와 의금부에 자수하였다.

이로부터 의금부에서 주문모를 국문함에 따라 이미 처형된 지 오래된 지황池黃과의 관계 외에도 은언군의 부인 송宋씨 및 상계군의 부인 신申씨의 관계도 드러나게 되어 3월 16일에는 송씨와 신씨 두 사람도 죽음을 당하였다. 얼마 후인 5월 29일에는 강화에 유배되어 있던 은언군에게도 사형이 내려졌다.

대비 김씨 및 벽파의 보복 행위는 시파와 천주교인에만 국한되지 않고 멀리 사도 세자의 자손들에게까지 미쳤다. 3월 27일에는 김건순金建淳이 파직되고, 3월 29일에는 친척인 김백순金伯淳과 그 친구인 이희영李喜英이 처형되었다. 4월 20일에는 김건순도 같은 교인 김이백金履白과 함께 처형되었고 주문모 신부는 옥사한 교인 강이천姜彝天과 함께 효

은언군(恩彦君)·송마리아 비

정조의 서제(庶弟)인 은언군(恩彦君 1755~1801)은 큰아들 상계군이 역모로 몰려 죽게 되자 1786년 강화도로 유배되었다. 남편들이 사형 또는 귀양에 처해지자 은언군의 부인 송씨와 상계군의 부인 신씨는 폐궁이 된 경희궁에서 거처하게 되었다. 명도회(明道會) 여회장 강완숙(골롬바)의 안내로 주문모 신부가 궁궐에 들어가 두 부인에게 마리아라는 본명으로 세례를 주었다. 신유박해가 일어나 송마리아와 신마리아는 외국 종교를 신봉했다는 죄목으로 사약을 받았고, 그 화가 귀양 중이던 은언군에게까지 미쳤다.
송마리아와 신마리아는 왕족의 첫 순교자라는 점에서 의미를 갖는다. 그들의 묘소는 한국전쟁을 전후하여 사라져버렸고 터만 찾을 수 있었으며, 은언군의 묘비는 철종 2년에 사면하여 세운 것으로 은언군과 그의 부인 송마리아의 합장을 밝혔다. 은언군의 직계7대 후손인 이우옹의 기증으로 1989년 9월 26일에 은평구 진관외동 산 18번지에서 절두산 순교성지로 안치되었다.

은언군과 그 아내 송씨(송마리아) 합장 묘 설명문. 서울시 마포구 합정동 절두산

수桌首되었으며 이밖에도 교인 김정신金廷臣, 김여金鑢, 김종억金宗億 등이 유배되었다. 뒤어어 4월 23일에는 공주公州와 예산禮山 등지의 교인들이 처형되었으며 5월 16일에는 전라 감사 김달순金達淳이 교인 한정흠韓正欽 등 3명을 처형하고 신경모申景模 등 7명을 유배보내고, 나머지 137명을 벌하였다. 그리고 5월 22일에는 강완숙을 충청 감영에서 처형하였다.

권모술수 속 왕족의 현실

은언군 인은 1755년(영조 31) 태어난 왕족으로 영조의 손자이다. 1762년(영조 38) 간신들의 모함으로 인하여 아버지 사도 세자(장헌莊獻 세자)가 죽자 그 아들인 은언군恩彦君, 은신군恩信君, 은전군恩全君 등은 강화로 이사를 해야 했다.

은언군은 부인 송씨와 아들로 완풍군(상계군)과 전계全溪 대원군을

전계 대원군(좌)과 그 아들 회평군(가운데), 영평군 묘비(우). 경기도 포천시

두었다. 상계군의 아들은 익평군益平君, 전계 대원군의 아들은 회평군
懷平君 원경元慶, 영평군永平君 그리고 철종哲宗이다.

　은신군은 김구주 일당의 무고로 삭직되어 제주濟州에 안치되었다가
병사하였으며 종부시제조宗簿寺提調를 지낸 은전군은 1778년(정조 2)
홍상범 등에 의해 추대된 혐의로 왕명에 의해 자결해야 했다. 권신 김
종수와 홍국영 등은 왕위 문제를 에워싸고 은전군을 모함하여 한양으
로 압송하였고 심한 고문을 가하였다. 은전군은 흥선 대원군의 조부이
기도 하다.

　한편 1771년(영조 47)에 벼슬이 파면되어 직산현稷山縣으로 쫓겨났
던 은언군은 1774년(영조 50)에 다시 임용되었으나, 그의 아들 상계군
이 역모 죄로 자살하자 1786년(정조 10) 강화도로 귀양 가야 했다.

　1801년(순조 1)의 신유사옥으로 주문모 신부가 처형되면서 앞서 밝
힌 바와 같이 은언군의 아내 송씨와 며느리 신씨도 주문모의 세례를

받은 천주교인으로서 함께 처형되었다. 은언군도 이 일로 인해 같은 해 강화도 배소에서 처형되었다. 이때 그 아들 전계 대원군은 강화에 머물러 있었다.

은언군이 모함에 의해 피살되기에 앞서 권신 김구주는 사건 무마를 위해 노력하였으나 민간인 심환지 등이 그들이 천주교도라는 사실을 증거함으로써 결국 사사되고 말았다.

1844년(헌종 10)에는 왕위 문제를 두고 철종의 큰형 회평군을 모함한 이들이 회평군을 압송하는 도중 한양 노량진鷺梁津 역두에서 살해하고 말았다.

1847년에는 정계의 분위기가 바뀌면서 철종의 종형從兄 익평군益平君이 교동喬桐에 계속 숨어 있다가 다음 해 강화로 건너와 철종과 함께 생장할 수 있었다.

은언군은 그 후 1849년(헌종 15)에 작위가 복구되었으며 그의 손자인 철종이 즉위하면서 조부 이래 사교邪教의 오명을 쓰고 죽은 이들의 억울함을 풀어 줌으로써, 천주교에 유리한 징조가 마련되었다.

헌종과 헌침이 말에서 떨어진 종침교의 사연

- 갑자사화에 목숨을 구하다 -

종침교宗琛橋터란 어느 곳이며 무슨 사연이 있는가

서울시 종로구 내자동에 있는 서울지방경찰청 담 모퉁이 도로가에는 종침교 표석이 있다. 그 종침교의 역사를 한번 따라가 보자. 성종成宗의 왕비 윤尹씨는 아름답고 재주가 뛰어났으나 지나치게 질투심이 강한 여인이었다. 그의 시어머니이며 덕종德宗의 비인 소혜昭惠 왕후는 항상 그러한 윤씨의 성품을 경계하기를

종침교터

"시기와 질투는 부녀자의 칠거지악 속에 드는 것이니 부디 조심하여 고치도록 하거라."

하며 타이르곤 하였다. 그러나 타고난 성격은 고치기 힘든 일이어서 왕비 윤씨는 조금도 삼가지 않았다. 뿐만 아니라 날이 갈수록 질투심은 더욱 커져 나중에는 궁녀들을 불러 세우고

"만일 너희들이 상감을 모시게 되는 날에는 죽을 줄 알라."

하며 을러대기까지 했다.

하루는 성종이 후궁에 들어 잠시 쉬고 있었다. 이때 왕비 윤씨는 누구에게서 어떤 말을 들었는지 질투심이 불같이 타올라 침소로 뛰어들어서는 끝내 왕의 면상에 손톱자국을 나게 하였다.

대비 소혜 왕후는 그 사실을 듣고 대노하여

"여염집에서도 이럴 수가 없거늘 하물며 일국을 맡아 만민을 다스리는 지존의 얼굴에 손톱자국을 나게 하다니 이 무슨 변고인가. 지금 당장 폐출하지 않으면 안 된다."

서삼릉 내 폐비 윤씨 묘소(좌)와 아버지 윤기무(윤기견) 묘비(우)

라고 하며 펄펄 뛰었다.

이 일로 하여 성종도 불쾌하기 그지없었고 조정에서는 물의가 분분하였다. 그리하여 왕은 이 문제를 공론에 붙인 결과 곧 윤씨를 폐하여 그의 본가로 내쫓았다.

윤씨는 성종의 두 번째 왕비로서 좌의정 윤기무尹起畝의 딸이었다. 성종의 첫 왕비 공혜恭惠 왕후 한韓씨가 19살의 꽃다운 나이에 죽자 그 다음으로 맞아들인 이가 바로 폐비 윤씨였다.

폐비 윤씨는 본가로 쫓겨난 뒤 밤낮으로 슬피 울기만 하였다. 성종은 그래도 옛정과 함께 윤씨의 소생인 연산군燕山君을 염두에 두어 회개하는 빛이 보이면 다시 불러들여야 하지 않겠는가 하고 내심 곰곰이 생각하고 있었다. 성종은 그러다가 은밀하게 믿을 만한 내시와 궁녀들을 보내 폐비의 동정을 살피고 오도록 하였다.

그런데 이 같은 기미를 눈치 챈 소혜 왕후가 내시와 궁녀들을 역으

허종 초상

로 이용하여 거짓 보고를 하게 하였고 그러한 사정을 전혀 모르는 성종은 허위 보고를 접하고는 마음을 닫았다.

결국 성종은 조정 백관들과 의논 끝에 마침내 폐비 윤씨에게 사약을 내리기로 하였다. 이 논의에는 당시 중신인 상우당尙友堂 허종許琮과 강직하기로 소문난 허침許琛 형제도 함께 참석하도록 했다. 그런데 이들 형제에게는 조정의 중대사가 있을 때마다 빠뜨리지 않고 의논을 하고 자문을 받는 누님이 있었다. 누이 허씨 부인은 이때에도 동생들이 성종을 알현하기 전에 자신에게로 왔다가 등청하였으면 하는 전갈을 보냈다.

허씨 부인은 신영석의 부인으로 천수 104세까지 살아 104세 할머니라 칭해지기도 한 인물이다. 허씨는 동생들의 내방을 받고 자초지종을 듣더니

"이는 틀림없이 폐비에게 사약을 내리는 문제에 대해 논의하려고 불러들이는 것이네. 그러니 아우님들은 궁중에 절대 들어가지 마시게."

라고 하였다. 그러나 상감의 부름에 어떻게 참여를 하지 않을 수 있겠는가. 허종과 허침은 몹시 난처해하였으나 허씨는 정색을 하며 말하

기를

　“자네들이 만일 내말을 듣지 않으면 우리는 장차 멸문지화를 당할 것이니 알아서 하시게. 어느 집에 어미 되는 이가 행실이 나빴다고 하여, 그 남편이 아내를 죽일 때 하인과 상의하고 죽였다고 하면 그 후 그 아들이 주인이 되어서 그 하인을 그냥 두겠는가 생각해 보게. 이제 윤씨는 폐출되었지만 그 아들이 어엿이 세자로 있고 장차 보위를 이을 것인데 그리되면 장차 이 논의에 참여한 대신들을 어떻게 할 것인가를 판단해 보게. 듣자하니 세자는 마음이 인자하지 못하다고 하던데 그러니 더더욱 조심해야 하네.”

하며 참석하지 말 것을 극구 강조하였다. 이에 형제는 크게 깨달은 바 있어 누님이 시키는 대로 사직골 다리를 지날 때 짐짓 말 위에서 굴러 떨어졌다. 사직골에는 창의문 옆 청계천 발원지에서 흘러내리는 큰 내가 있었다.

　이렇게 허종과 허침은 낙상을 핑계대고 폐비 사약을 위한 논의에 참석하지 않았다. 아니나 다를까, 왕이 되고 난 뒤 폐비 윤씨에 대한 전후를 알게 된 연산군은 입직 승지에게 자신의 어머니인 윤씨의 폐비 사건에 관한 전말과 사약이 내린 경위를 적은 시말 단자를 적어 올리라 명하였고 춘추관에서는 〈폐비 사약 시말 단자〉를 올렸다.

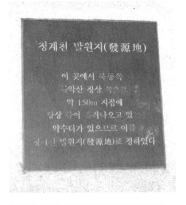

청계천 발원지를 알리는 표석. 창의문 옆

정인지 초상 　　　　한치형 묘소. 인수 대비 사촌 오빠.

　여기에는 윤씨의 죄를 얽으려고 한 사람과 윤씨 폐출을 반대하다가 벌을 받은 사람 그리고 사사할 때 간쟁하지 못하고 어명을 받아 그대로 복종한 사람들의 명단이 모조리 들어가 있었다.

　이에 따라 연산군은 폐비 윤씨 사사에 관련된 신하들을 모두 잡아들이게 되었는데 이들은 소위 26간奸으로 윤필상尹弼商, 한명회韓明澮, 정창손鄭昌孫, 어세겸魚世謙, 심회沈澮, 이파李坡, 이극균李克均, 정인지鄭麟趾, 김승경金升卿, 이세좌李世佐, 권주權柱, 한치형 등이었다. 이들 가운데 한명회, 정창손, 어세겸, 심회, 이파, 정인지, 김승경 등은 이미 죽은 사람이었다. 그러나 분노한 연산군은 이미 죽은 자들에게는 관을 쪼개고 목을 베어 극형에 처하는 부관참시를 명하였고 생존자는 목을 베어 죽이는 참수형에 처하였다. 이것이 갑자사화甲子士禍로 이렇듯 끔찍하고도 엄청난 사건이 일어났으나 허종, 허침 형제만은 누나인 허씨의 조언에 따름으로써 죽음을 면하게 되었고, 허침은 오히려 이조판서 등의 중책을 맡게 되었다.

이 당시 허종과 허침 형제가 말에서 고의로 떨어진 다리 이름을 형제의 이름를 따 종침교宗琛橋라 부르게 되었는데 오늘날 이 자리에 서울시에서 표석을 세워 둠으로써 역사적 사실을 입증해 주고 있다. 그날 허씨 누님의 말대로 입궁하지 않았기에 대신 형방승지 이세좌가 어명에 의해 사약을 전하였고, 후일 갑자사화 때 본인을 위시한 숙부 이극균, 동생, 조카 그리고 아들 4형제 등 모두 12명이 죽음을 당하게 되었음을 실록은 알려주고 있다.

성종은 그날 사약을 내릴 사신을 허종과 허침으로 정해 놓고 있었다 하니 하루아침에 운명이 크게 뒤바뀐 사연을 종침교라는 작은 표석에 새겨 오늘날까지 전하고 있다.

청백리의 사표 허종과 허침 형제

허종, 강릉 허이대에서 국사를 논하다

천하의 모든 사물은 형체의 크고 작음을 불문하고 그 자체의 이치를 담고 있다. 예컨대 산과 물, 조약돌, 눈썹같이 여린 잡초나 미물인 곤충들도 그 모두 생성의 연유와 명칭을 지니고 있게 마련이다.

하물며 이 나라 최대의 명승지 강릉삭방도江陵朔方道의 중심인 강릉 일원의 무수한 명칭들이 어찌 유래가 없을 수 있겠는가.

강릉은 예로부터 명경지수明鏡止水라는 말이 생겨날 정도로 물빛이 맑았다. 신라 때의 선인 영랑永郎 등이 놀던 경포대鏡浦臺를 비롯해 해

송정海松亭 등 망망대해 동해의 푸르른 물결과 어우러진 자연의 풍광은 신이 내린 지상 최대의 명승지라 일컬을 수 있다.

이러한 자연 경관에 취하다 보면 굳이 시인이 아닌 한낱 범부일지라도 시심詩心이 일어나지 않을 수 없을 것이다. 성현의 말씀에 '인자仁者는 산을 좋아하고, 지자智者는 물을 좋아한다' 하였는데 가히 이곳을 두고 비유한 말이라 하겠다.

이렇듯 풍광이 아름답고 유서 깊은 강릉과 관계있는 인물이 상우당 허종이다. 그는 북변의 사나운 야인들의 침입을 막아내고 육로가 아닌 동해 바다를 거쳐 강릉 땅에 도착하였다.

이때의 상황에 대해 관찬 역사 지리서인 『신증동국여지승람新增東國輿地勝覽』「강릉조」에서 허이대許李臺에 대해 기술하기를

〈許李臺 在府南二十五里海濱 有巖平廣可座百餘人 許琮李陸俱以使命來遊 于此因名焉

허이대 재부남이십오리해빈 유암평광가좌백여인 허종이육구이사명래유 우차인명언

강릉부 남쪽 25리 쯤 바닷가에 허이대라는 바위가 있다. 이 바위는 넓고 평평하여 백여 사람이 앉을 수 있다. 허종과 이육이 함께 사명을 띠고 여기에 와서 지냈으므로 허이대라 이름하였다.〉

라고 하였다.

상우당 허종과 청파靑坡 이육은 관계에 나선 이후 뜻을 같이 한 현신으로 나라를 위하고 백성을 위하는 정신을 펼침으로써 후세에 추앙을 받아 온 인물들이다.

우선 연배로 볼 때 이육은 1438년(세종 20)에 태어났으므로 나이는 허종보다 4살 아래이며 별시 문과는 7년 늦게 올랐으나 두 사람 모두 60세로 생을 마감하였다.

이육은 자가 방옹放翁, 호는 청파로 성품은 명민하고 단정한데다 사서史書에 매우 밝았으며 유저遺著로 『청파극담靑坡劇談』이란 명저를 남겼다. 이육의 관향은 고성으로, 조부는 좌의정을 지낸 이상원李相原이다. 어려서부터 기억력이 좋았던 이육은 일찍부터 신동으로 알려졌으며 3년간 지리산에 들어가 수도한 뒤 1463년(세조 9)에 문과에 장원급제를 하였다. 그는 성종 때에는 충청도와 경상도의 감사를 지냈는데 청렴결백한 목민관으로 명성이 드높았다.

그러한 이육이 병조참판으로 있을 당시 허종이 야인 정벌을 성공리에 마치고 귀로에 강릉을 지나게 되었다. 임금은 비밀리에 이육을 이곳에 보내 두 사람으로 하여금 국방 전략을 논의하게 하였다. 당시는 내륙 북변에 있던 야인의 침공도 국가적으로 중대한 사안이었지만 동서남의 해안으로 침입해 오는 말갈, 여진, 왜구의 침략에 대한 대비책도 결코 소홀히 할 수 없는 형편이었다.

북방의 육전陸戰에서 대승을 거둔 허종은 해상으로 침입해 오는 왜구와 여진족의 노략질에 대해서도 염려하지 않을 수 없었다. 이에 허종은 내왕에 익숙한 육로 길을 마다하고 바닷길을 직접 탐사하고 대비책을 강구하기 위해 예로부터 관동 지역 행정 군사상의 중심지인 강릉을 찾게 된 것이다.

국토를 완벽히 지켜내고 백성을 편안하게 하기 위해 헌신하고 있던 허종은 당시 조야에 신망이 높고 문재가 뛰어났던 이육을 이곳에서 극비리에 만나 국사를 논의하였다.

그런데 당대의 명인들이 만나 논의한 장소가 아무런 명칭이 없음에 강릉 부사 허경許顈이 허이대許李臺라 부르게 하였다.

순수와 굳은 심중을 갖춘 허침

허침의 자는 헌지獻之, 호는 이헌頤軒이다. 어려서부터 남달리 총명하고 기억력이 뛰어났던 그는 중국의 경서經書, 사서史書, 제자諸子, 문집의 경사자집經史子集을 단 한번 일별하고서도 줄줄 외울 정도였다.

그는 1462년(세조 8) 과거에 급제하여 사헌부 감찰과 성균관 전적을 지낸 뒤 성종이 문학하는 선비를 가려서 사가독서賜暇讀書를 시킬 때 첫 번째로 뽑혔다. 허침은 1490년(성종 21)에는 승정원 동부승지로 전직되었다가 좌승지에 올랐으며, 1492년(성종 23)에는 전라도 관찰사로 임명되었다. 이후 다시 한양으로 돌아온 그는 사헌부 대사헌을 거쳐 예조, 이조, 호조, 형조의 참판과 경상도와 경기도의 관찰사를 지냈다.

허침이 1502년(연산 8)에 이조판서에 임명되니 그의 인품과 재능을 아는 많은 사람들이 흡족해 하였다. 그는 이듬해에는 의정부 우참찬을 지냈으며, 누나 허씨의 지혜로서 갑자사화에 목숨을 구하고 1504년(연산 10)에는 우의정에 제배되었다가 좌의정으로 임명되었다.

그는 성품이 고요하고 욕심이 없이 단정하였으며, 누구에게나 정중하고 온화한 모습으로 대하였다. 허침의 순수한 기운은 온 얼굴에 드러나 주변에서는 허침과 함께하는 것을 좋아하였다. 허침은 지극한 본성에서 우러난 효성을 보였고, 우애에 있어서도 마찬가지였으며 교제를 함에 있어서도 담백하여 거짓이 없었다. 그러면서도 그의 심중은 굳세고 올곧아서 일을 대할 때면 의연하여 감히 범할 수 없는 위엄이 있었다.

허침은 집에 있을 때에는 오직 글만 읽을 정도로 독서를 즐겨했으며 시문詩文을 만들 때도 그의 성정은 그대로 나타나 고요하고 간명하였다. 그는 시작을 즐기지는 않았으나 시작에 임하면 반드시 통속성을 벗어난 그 이상의 작품을 완성하였으며, 문장을 비롯한 덕업德業까지 형 허종과 더불어 명성을 나란히 하였다.

허침은 삼공三公의 자리에 있었으면서도 반듯한 전답 하나 없을 정도로 청렴하였으며, 사는 집의 지붕은 몹시 낮고 좁아 제대로 된 마방조차 없었다고 한다. 어느 날은 집의 대들보가 부러져 부인이 이를 버팀목으로 받쳐 놓았음에도 허침은 이 사실을 나중에야 깨달았을 정도로 집안일에는 신경을 쓰지 않았다.

40여 년의 관직 생활을 하다 임종을 맞이한 허침의 집안에는 남은 재물이 없어 인척들이 어렵사리 상구喪具를 장만하였고 이를 본 세상 사람들은 그 청덕淸德함에 탄복하였다. 백성의 삶을 위해야 하는 관리가 깨끗함은 당연한 일이어야 할지 모르나 세상의 물욕에서 벗어나기란 쉬운 일이 아니라 그와 같은 청백리淸白吏는 당대에도 흔하지 않았다.

허침은 국사國事를 수행함에 있어서도 최선을 다하고자 해 연산군의 주색과 왕으로서의 부적절한 언행, 그리고 문란한 정사政事를 바로 잡아 간하지 못함을 괴로워했다. 그는 살얼음판 같은 가운데서도 많은 조신朝臣들을 어렵사리 구명하고자 노력하였으며 이에 따른 고질적인 근심은 병이 되어 위독해졌으나 약을 들지 않고

"빨리 죽고 싶을 뿐이다."

라고 할 뿐이었다. 곧 생을 마감하니 허침의 나이 62세였다.

이후 그의 시호를 문정文貞이라 하니 이는 널리 듣고 많이 봄이 '문文'이요, 청백하고 수절함을 '정貞'이라 한 것이다.

허침의 부인 유柳씨 또한 정절이 곧아 남편이 죽은 뒤에 시묘를 하면서 조석으로 손수 반찬을 올리고 예를 다하였다. 당시는 단상법이 엄하였는데도 예를 지켜 3년간을 공손하게 마치니 조정에서는 그 같은 부인의 뜻을 기려 1507년(중종 2)에 정문을 세워 표창하였다.

위정자들의 상징 청백리 제도의 아쉬움

옛적부터 나라를 다스림에 있어서 국가의 기강 확립은 매우 중요시되어 왔다. 역사적으로 보더라도 어진 관리가 아닌 탐관오리가 횡행할 때는 사회가 부패하고 퇴락하여 국운은 기울고 백성은 도탄에 빠져 국맥의 유지가 어려워짐은 너무도 당연한 일이기 때문이다. 따라서 조선 시대에는 깨끗하고 청렴한 벼슬아치들을 뽑아 청백리에 녹선하여 자긍심을 갖도록 함으로써 기강을 확립하고 위정자들의 좋은 표본이 되도록 청백리의 위상을 세웠다.

그렇기 때문에 국가 경략에 고심해 온 지도자는 지식과 행동이 일치를 근본 신념으로 한 기개, 지조, 정직의 재목을 발탁하여 이도吏道

정신을 발휘하고 실천토록 하는데 역점을 두었다.

이러한 관리로서 마땅히 지켜야 할 도리를 구현함에 있어 그 구체성을 보여주는 제도가 곧 청백리 제도이다. 청백리는 시대에 따라 때로는 양리良吏, 근근리勤謹吏, 염근리廉謹吏 등으로 불리는 등 일관성은 없었으나 그 명칭에 담긴 정신은 한결같았다.

특히 유교적 전통관을 중시해 온 조선조는 무엇보다 청렴한 절의를 존중하는 경향이 매우 강하였다. 즉 조선왕조의 정치 철학이자 사회 규범인 유교가 강조한 청백淸白 사상은 그대로 유학자적 소양을 닦은 관료들의 행동 규범으로 요구되었으며 만백성의 생활 덕목에 파고들었다.

그러나 관료 사회에 요구되는 청백함은 실제 조정에서 잉태되는 정치적이고 경제적인 온갖 모순에 편승하여 본래의 의도와는 전혀 다른 괴리를 드러내기 일쑤였다. 이 같은 사실에 대한 표현으로

"근래에 탐풍貪風이 날로 심하여져 수뢰賂가 공공연히 자행되어 염치지의廉恥之意가 없어지니 이것은 법만으로 다스릴 수 없다."
라고 중종中宗은 말하였으며 이외에도 도처에서 엿볼 수 있다.

중종은 관리들의 탐욕과 부정을 몰아내고 탐관오리를 징벌하는데 한계가 있자, 청백리에 선정된 자손들을 적극적으로 서용하여 청백한 기풍을 진작시키고자 하였다.

청백리 제도 운영의 장점과 실시에 따른 기대감은

"청백리 선발이야말로 조종祖宗의 양법良法이라."
라고 말한 순조純祖 때의 좌의정 한용구韓用龜의 말을 통해서도 익히

알 수 있다. 조선조 개국 이후 말기까지 일관성 있게 시행해 온 유일한 제도가 청백리 제도인 것이다.

조선조의 관리가 유가儒家 출신 중심으로 채워졌고 이들에게 국가는 유교 이념의 본질이라 할 수 있는 청렴과 절의 사상을 준행할 것을 요구하였다. 그러나 이러한 요구는 현실적으로 부합되지 못한 채 대다수의 관리들은 정사를 처리함에 있어 마치 연례적인 제사를 지내듯 하는가 하면, 안일한 사고방식이나 자신의 몸을 사리는 행태를 보이며 절개를 추구하지 않음으로써 뭇 백성들의 비웃음과 원성을 사기가 일쑤였다. 관료들은 몰염치할 정도로 자신들의 부조리에 아무렇지 않게 젖는 병폐에 빠져들었다.

이 같은 병폐의 치유방법으로 청백리를 선발하여 국가의 기강을 바로 잡으려 하였으나 청백리 선발은 말처럼 그렇게 쉬운 일이 아니었다. 청백리 선발의 어려움은 명상名相으로 알려진 백사白沙 이항복李恒福의 논조에서도 잘 나타나 있다. 임진왜란壬辰倭亂 이후 선조宣祖는 혼탁한 국가의 기풍을 바로 잡아 나가고자 청백리를 선발하도록 명하였다. 이에 이조吏曹에서는 널리 조정의 논의를 모을 것을 아뢰었고 여러 재신들이 모여 회의를 하였다. 이 자리에서 이항복은 아뢰기를

"청백리는 세상에서 매우 중요한 명예인데 오늘날의 선비들 가운데 이 명성을

이항복 초상

감당할 만한 인재가 많지 않아 천거하는 사람도 머뭇거리고 신중에
신중을 기하느라 선뜻 추천하지 못하고 있습니다."

라고 하였다. 그런가 하면 당시의 대간들도 청백리를 선발할 때에 혹
인심이 좋지 못한 사람이 선발되기도 하고 혹 인망에 기대를 모은 사
람이 선발에서 빠진 경우가 있어 다시 고쳐 선발하는 논의가 뒤따라
선발에 어려움이 있었음을 알 수 있다.

심지어 『명종실록明宗實錄』에는

〈얼음처럼 맑고 옥처럼 깨끗하여 한 점의 흠이 없는 자는 좀처럼
얻기 어렵다. 뽑힌 자들이 모두 자신을 되돌아볼 때 부끄러움이 과
연 없는지 …(중략)… 추천이나 선발이 정밀하지 못하였기 때문에 물
의를 야기하고 비웃음을 살 뿐만 아니라 피선자 중에는 물의를 야
기한 자들과 함께 뽑힌 것을 부끄러워하기도 하였다.〉

라 적고 있다. 또한

〈녹선자 중 어찌 염근한 선비가 없겠을까 마는 더러는 권귀權貴의
문門에 실절失節한 자도 있고 더러는 어두운 밤에 뇌물을 받은 자도
있는데 이들이 함께 뒤섞여 나의 아름다운 이름을 도둑질하여 술을
마시고 음악을 들었으니 이중 허물이 없는 자가 몇이나 되겠는가!
피선자 중 한두 사람은 합당한 자가 있지만 기타는 소염곡근小廉曲
謹일 뿐이어서 진위를 알 수 없고 무능한 자들까지 섞였으니 식자
識者들이 비웃고 있고, 탐욕하지 않음을 보배로 여기고 일처리를 제
사祭祀처럼 공경히 하는 자가 없지 않았는데도 시재時宰가 이를 살
피지 못했으니 이를 어찌 공선公選이라 할 수 있겠는가.〉

라고 함으로서 청백리 선발의 어려움을 토로하고 있다.

그런가 하면 녹선 이후 중도에 잘못을 범했을 경우 이에 대한 대우를 어떻게 결정한 것인가 등등의 문제들도 발생함에 따라 살아 있는 경우는 염근리廉謹吏로, 죽은 사람의 경우는 청백리淸白吏로 각기 달리 호칭하도록 하였다.

그렇지만 이처럼 분분한 논의와 어려움 속에 피선된 청백리에 대한 예우는 명예에 비해 너무도 하잘 것 없었다. 인사의 측면에서도 동경하는 마음에라도 올바른 관리의 직분을 수행할 만한 혜택 따위는 없었고, 경제적으로는 거의 전무하다시피 하였다.

인사적 측면을 살펴보면 전·현직에 따른 차이를 두었는데, 대체로 현직자인 경우 중종과 숙종肅宗 대에 품계 내에서 가자加資함을 상례로 하였다. 그리고 예외적으로 포장褒奬에만 그치는 경우와 때에 따라서 품계를 올려 줌과 동시에 자손을 서용하는데 그쳤다.

1695년(숙종 21)에는 전직자인 경우 전직에 상응하는 관직을 제수하거나 공석의 수령 자리에 임용하는 등 청백리 자손들에게 극히 제한적으로 녹용을 받게 하거나 서용敍用의 혜택을 주기는 하였다.

그러나 경제적으로는 사실상 혜택이 없었다. 국왕에 따라 일상적인 소모품을 하사하는데 그쳤을 뿐, 가정생활을 윤택하게 할 정도는 되지 못하였다. 자손들에게 먹을 양식을 제공한다거나 녹직錄職을 주어 국록으로 생계를 꾸려 나가도록 할 정도였는데, 이는 충신 및 공신의 자손이나 또는 효자들의 예우와 비교할 수 없을 정도였다.

왕대 및 씨족 관향별 청백리 배출자 수

　청백리는 조선왕조 27대 519년, 1392년부터 1910년 사이에 218명이 녹선되었다. 개국 이후 임진왜란이 일어날 때까지 2백 년 사이에 162명, 1593년(선조 26)부터 1863년(철종 14)까지 270년 사이에는 56명, 말기인 1864년(고종 1)부터 1910년(순종 4)까지는 한 사람도 없었다. 이를 왕대별 및 씨족의 관향별로 살펴보면 다음과 같다.

왕	재위 연간	청백리 인원	왕	재위 연간	청백리 인원	왕	재위 연간	청백리 인원
태조太祖	7	5	연산燕山	12	0	숙종肅宗	46	22
정종定宗	2	0	중종中宗	39	35	경종景宗	4	6
태종太宗	18	8	인종仁宗	1	0	영조英祖	52	9
세종世宗	32	15	명종明宗	22	45	정조正祖	24	2
문종文宗	2	0	선조宣祖	41	27	순조純祖	34	4
단종端宗	3	0	광해光海	15	0	헌종憲宗	15	0
세조世祖	14	7	인조仁祖	27	13	철종哲宗	14	0
예종睿宗	1	0	효종孝宗	10	0	고종高宗	43	0
성종成宗	25	20	현종顯宗	15	0	순종純宗	4	0

성씨	청백리 수(본관)
이李씨	5(전주全州), 4(연안延安), 4(한산韓山), 4(전의全義), 3(광주廣州), 3(경주慶州), 2(영천永川), 2(여흥麗興), 1(용인龍仁), 1(고성固城), 1(흥양興陽), 1(예안禮安), 1(진성眞城), 1(덕수德水), 1(공주公州), 1(진주晉州), 1(부평富平)
김金씨	4(안동安東), 3(경주慶州), 2(연안延安), 1(광산光山), 1(광주光州), 1(풍산豊山), 1(김해金海), 1(옥천沃川), 1(완산完山), 1(강진康津), 1(선산善山), 1(상주尙州)
박朴씨	2(밀양密陽), 2(고령高靈), 1(순천順川), 1(반남潘南), 1(태인泰仁), 1(함양咸陽), 1(충주忠州), 1(비안比安)
유柳씨	3(진주晋州), 2(전주全州), 2(문화文化), 1(풍산豊山)
윤尹씨	5(파평坡平), 1(무송茂松), 1(칠원漆原)
최崔씨	3(전주全州), 1(경주慶州), 1(삭녕朔寧), 1(황주黃州), 1(해주海州)

성씨	청백리 수(본관)
정鄭씨	2(진주晋州), 1(동래東萊), 1(봉화奉化), 1(청주淸州), 1(초계草溪)
조趙씨	2(한양漢陽), 1(풍양豊壤), 1(양주楊洲), 1(임천林川), 1(백천白川)
허許씨	7(양천陽川)
안安씨	2(광주廣州), 1(순흥順興), 1(죽산竹山)
홍洪씨	6(남양南陽)
성成씨	4(창녕昌寧)
강姜씨	3(진주晋州), 1(금천衿川)
민閔씨	3(여흥麗興)
오吳씨	1(나주羅州), 1(해주海州)
송宋씨	1(진천鎭川), 1(신평新平)
노盧씨	2(풍천豊川)
신申씨	2(고령高靈)
심沈씨	1(청송靑松), 1(풍산豊山)
우禹씨	2(단양丹陽)
임任씨	2(풍천豊川)
황黃씨	1(장수長水), 1(상주尙州)
한韓씨	2(청주淸州)

이상과 같은 성씨 이외에도 청주淸州 경慶씨, 창원昌原 유兪씨, 능주綾州 구具씨, 이안利安 임林씨, 현풍玄風 곽郭씨, 안동安東 권權씨, 신창新昌 맹孟씨, 영산靈山 신辛씨, 창녕昌寧 조曹씨, 상주尙州 주周씨, 월성月城 손孫씨, 수원水原 백白씨, 남원南原 양梁씨 등과 본관이 불분명한 안安, 강姜, 변卞 등이 등재되고 있다.

위의 수치를 바탕으로 조선조 왕대별, 씨족, 관향별 청백리 수효를 살펴보면 양천陽川 허許씨가 최다의 청백리를 배출했음을 알 수 있다. 다음으로 남양南陽 홍洪씨 6명, 전주全州 이李씨와 파평坡平 윤尹씨는 각각 5명이며, 형제가 모두 청백리에 오른 경우로는 양천 허씨 허종・허침 형제와 동래東萊 정鄭씨, 연안延安 김金씨, 파평 윤씨, 풍천豊川 임任씨 등에서 배출되어 국가 경영의 동량지재棟梁之材가 되어 왔다.

동작구란 어느 때 얻은 이름인가

서울시 동작구銅雀區는 1980년 4월 1일에 설치된 것으로 '동작銅雀'이란 구리를 뜻하며 산성 토질을 암시하는 지명이다. 동작구의 구區 명칭은 조선 시대 서울 용산龍山에서 수원水原으로 통하는 동재기 나루(동작진銅雀津)가 있었으므로 이 명칭을 따서 제정된 것이다.

1980년 동작구 지역이 관악구冠岳區에서 분구될 때 구 명칭으로 노량진구鷺梁津區, 동작구銅雀區 등이 대두되었으나 동작진이 이곳에 조선 시대 5백 년간 설치되어 있었고, 또한 동작동 국립묘지가 위치하고 있는 관계로 동작구라 결정되었다.

동작구 지역은 조선 시대에 경기도 과천군 상북면上北面의 사당리舍堂里와 동작리銅雀里, 하북면下北面의 노량진리鷺梁津里, 본동리本洞里, 흑석리黑石里 지역과 시흥군始興郡 하북면 번대방리番大方里(현 대방동大方洞, 신대방동新大方洞) 그리고 동면東面 상도리上道里 지역이었다.

고려시대 이전   조선 시대 동작구가 속해 있던 경기도 과천군과 시흥군 지역은 고구려 때에는 잉벌노현仍伐奴縣(현 시흥시와 광명시)과 율목군栗木郡(현 안양시와 과천시)에 속해 있었다.

삼국이 서로 한강漢江 유역을 차지하려고 할 때는 고구려의 장수왕이 이 지역을 점령하여 잉벌노현, 율목군, 장항구현獐項口縣(또는 고사야홀차古斯也忽次, 현 안산시)을 설치하였다. 잉벌노현은 현 동작구 중 대방동大方洞, 신대방동新大方洞, 상도동上道洞 일대이며 관악구 중 봉천동奉天洞, 신림동新林洞과 영등포구永登浦區 여의도동汝矣島洞을 제외한 전역으로서 영등포동永登浦洞, 양평동楊平洞, 당산동堂山洞, 대림동大林洞, 도림동道林洞, 문래동文來洞, 신길동新吉洞에 해당한다. 또 구로구九老區 중에는 구로동九老洞, 독산동禿山洞, 시흥동始興洞, 신도림동新道林洞, 석수동石水洞, 옥길동玉吉洞을 제외한 광명시光明市 전역이 해당되었다.

율목군은 동작구의 노량진동鷺梁津洞, 동작동銅雀洞, 사당동舍堂洞, 흑석동黑石洞과 서초구瑞草區의 반포동盤浦洞, 신원동新院洞, 잠원동蠶院洞, 우면동牛眠洞, 양재동良才洞, 서초동瑞草洞, 방배동方背洞에 해당되는 지역이었다. 또한 용산구龍山區에 이르는 지역과 경기도 과천시 전역, 박달동博達洞과 석수동石水洞을 제외한 안양시安養市 전역과 시흥군 당시의 군포읍軍浦邑도 율목군에 들었다.

마지막으로 장항구현은 과거 화성군華城郡 반월면半月面 지역을 제외한 안산시安山市 일대와 현재 시흥시 중 시흥군 당시의 수암면秀岩面과 군자면君子面에 이르는 지역이 포함되었다.

잉벌노현, 율목군, 장항구현은 신라의 삼국 통일 후인 757년(경덕16)에 각각 곡양현穀壤縣(또는 穀梁縣), 율진군栗津郡, 장구군獐口郡으로 개칭되었다.

고려　고려 시대로 들어와 940년(태조 23)에 곡양현은 금주衿州(또는 黔州)로, 장구군은 안산현安山縣으로 각각 변경되었다. 금주는『고려사高麗史』,『대동지지大東地志』에 의하면 성종 때 시흥이라고도 하였다 하는데, 지금의 시흥이라는 명칭이 여기에서 비롯된 것이다.

995년(성종 14) 시흥에 단련사團練使를 설치하였으나 1005년(목종 8)에 폐지하고 1018년(현종 9) 안남도호부安南都護府(현 부평)에 속하였다가 1172년(명종 2)에 처음으로 감무監務를 두었다.

안산현은 1018년 수주水州(현 수원)에 속하였다가 뒤에 감무를 두었으며 1038년에는 문종文宗이 탄생한 마을이라 하여 지군사知郡事로 승격되어 안산군이 되었다.

조선　조선 시대로 들어와 1413년(태종 13) 지방 제도를 개혁할 때 금주는 금천현衿川縣으로, 과주는 과천현果川縣으로 개칭되어 안산군과 함께 모두 경기도에 속하게 되었다. 이듬해 금천현과 과천현을 합하여 금과현衿果縣이라고 하였다가 몇 달 뒤 파하고, 금천현과 양천현陽川縣을 합하여 금양현衿陽縣으로 하였다가 1416년(태종 16) 다시 나누어 금천현으로 고치고 현감을 두었다. 1456년(세조 2)에는 금천현이 과천현에 병합되었으나 곧 복구되었다가 1795년(정조 19) 시흥현이 되었다. 1895년 지방 관제 개정으로 인천부 시흥군, 과천군, 안산군으로 개편되었고 이듬해에 시흥군, 과천군, 안산군이 경기도에 편입되었다.

여기에서 조선 시대 동작구 지역의 옛 모습을 알아보기 위해 『신증동국여지승람』에 나타난 금천현과 과천현의 내용을 살펴보면 다음과 같다.

〈금천현은 동쪽으로 과천현 경계까지 11리이고, 남쪽으로 안산군 경계까지 16리이며, 서쪽으로 부평부 경계까지 17리이고, 북쪽으로 양천현 경계까지는 27리이며, 노량鷺梁까지는 23리인데, 서울과의 거리는 31리이다.〉

금천현은 본래 고구려 잉벌노현인데, 경덕왕이 곡양穀壤으로 고쳐서 율진군栗津郡 속현으로 만들었다. 고려 초에 금주衿州(또는 금주黔州)라 고쳤으며 성종이 단련사를 설치하였으나 목종穆宗이 혁파하였다. 금주는 1018년(현종 9)에는 수주樹州에 예속되었으며, 명종이 비로소 감무를 설치하였다. 1414년(태종 14)에 과천과 병합하여 금과현衿果縣을 만들었다가 두어 달 만에 혁파하고, 또 양천과 병합하여 금양현衿陽縣으로 만들었으나, 한 해 만에 없애 버렸다. 1416년(태종 16)에 지금의 명칭으로 고쳐서 현감을 만들었으며, 세조조世祖朝에 과천과 병합했다가 얼마 못 가서 복구하였다.

관원官員은 현감縣監과 훈도訓導 각 1명이며 군명軍命은 잉벌노仍伐奴, 곡양穀壤, 금주黔州, 시흥始興, 금과衿果, 금양衿陽이다. 성性씨는 본현本縣 이李, 조趙, 강姜, 장莊, 피皮, 계桂, 윤尹, 추秋가 있다.

여성으로서 유일한 신도비를 갖고 있는 창빈 안씨

서울시 동작구 동작동 국립묘지 경내에는 조선 중종의 후궁이자 선조의 조모인 창빈昌嬪 안安씨의 묘비와 묘소가 있다. 창빈 안씨 신도비는 묘소와 함께 1982년 11월 13일 서울특별시 유형문화재 제54호로 지정되었다.

국립묘지 산기슭 중턱에 자리한 이 묘소는 둥근 담이 둘러진 봉분 앞에 묘갈墓碣, 혼유석魂遊石, 석등石燈 각각 1기基씩과 석인石人 2구軀가 갖추어져 있어 조선왕실 후궁의 묘 규례를 알아볼 수 있다.

이곳 원묘園墓는 항용 동작릉銅雀陵이라 불리었으며 후궁 원묘에서

창빈 안씨 묘소(좌)와 신도비(우)

는 보기 드문 신도비를 갖추고 있다. 이 신도비의 건립 연대는 비문 말미에

崇祯紀元後 五十六年癸亥十二月 日建

숭정기원후 오십육년계해십이월 일건

이라 되어 있는 것으로 보아 1683년(숙종 9)에 이룩되었음을 알 수 있다.

비석은 화강암으로 되어 있으며 총 높이 312센티미터, 신고身高 204센티미터, 신폭 63.5센티미터, 대고臺高 38센티미터, 개고蓋高 70 센티미터, 두께 63.5센티미터로 그 당시의 몇몇 비에서만 볼 수 있는 정사각형을 이루고 있다. 방형方形의 대석은 높이가 38센티미터로 지반석과 좌대석座臺石이 한 돌로 되어 있어 장중하고, 옥개석屋蓋石은 유난히 크나 꼭대기에만 약간의 조각이 있을 뿐 다른 새김이 없이 간결하다. 비의 전액篆額은 비신 상단을 좌측으로 돌아가면서 자경字徑 약 18, 19센티미터의 횡서로

昌嬪安氏 神道碑銘

창빈안씨 신도비명

이라 쓰여 있는데 이는 요덕대부 동평군堯德大夫東平君 겸 오위도총부 도총관 이항李杭의 글씨이다. 비문은 숙종 때 예조판서와 한성漢城 판윤을 지낸 신정申晸이 지었고, 글씨는 한성 판윤을 6번이나 역임하고 지돈령부사에 이르러 기로소耆老所에 입소한 이정영李正英이 썼다.

필자가 찾은 창빈 안씨의 친정아버지 안탄대의 고향과 묘소

안탄대安坦大는 중종의 후궁 창빈 안씨의 아버지로 그는 제11대 중종의 빙장聘丈(장인)이 된다. 안탄대는 생존시 종7품의 무관직 적순부위迪順副尉의 벼슬을 지냈으나 왕비의 아버지로서 사실상 부원군의 위치에 있었음에도 자신의 지위를 이용한 안락한 삶을 사양하고 검소와 겸손으로 생애를 마쳤다.

안탄대의 딸 안씨는 1507년(중종 2)에 중종의 후궁으로 들어가 2남 1

창빈 안씨의 아버지 안탄대 묘소. 경기도 안산시

중종 후궁 창빈 안씨의 차남 덕흥 대원군 묘 표시판.
경기도 남양주시

녀를 출산하였는데 장남은 영양군이고 차남은 덕흥德興 대원군이 되며 딸은 정신 옹주이다. 정신 옹주의 부마는 청천위淸川尉 한경우韓景祐이다.

따라서 제14대 선조는 덕흥 대원군의 아들이자 안탄대는 선조의 진외증조부陳外贈祖父가 된다. 선조 이후 역대 16대 왕은 창빈 안씨의 혈손이 된 안탄대의 외손으로 계승되는 것이다.

안탄대는 집안이 몹시 가난했으나 자기 분수에 맞지 않는 일에는 결코 눈을 돌리는 일이 없었으며 성품이 매우 순하고 부드러워서 다른 사람과 다투는 일이 없었다. 안탄대는 딸이 빈이 된 다음부터는 몸가짐을 더욱 조심하고 근신하였으며 상대가 실수를 한 일에 대하여도 그저 잘못되었다고만 할 뿐 한번도 울분을 토로하거나 성미를 돋우는 일이 없었다.

안탄대는 창빈 안씨가 아들을 낳은 후에는 문밖출입을 삼가하였는데 이는 스스로가 처신에 더욱 조심하기 위함이자, 왕자의 외가 됨이 송구스러워서였다.

안탄대 사후에는 조정에서 우의정으로 추서되었으며 묘소는 경기도 안산시 단원구 성곡동에 있다. 안탄대의 묘비문에 따르면 효종孝宗 때 왕명으로 비문을 지으면서도 안산 안씨라는 사실만을 밝히고 선조와 가계를 밝히지 않았으니 묘비 만으로는 그의 자나 호를 알 길이 없고 출생일과 사망일조차 전하지 않는다.

이와 같이 겸손과 검소로 일생을 마친 안탄대의 묘역에는 안탄대 부부 묘와 풍해군 이잠의 묘가 있으며 묘소 부설물로 비석 2기, 장군석 4기, 망주석望柱石 4개, 상석 3개, 향석 3개가 있으며 비석은 금석문金石文이다. 금석 문자는 비碑나 종鐘, 그릇 따위에 새긴 문자로 고대 문화 연구에 있어 귀중한 자료가 되고 있다.

조선 시대 추존된 경우까지 포함한 왕과 왕비의 무덤을 능陵이라 하며 왕의 생모나 왕세자, 세자빈, 왕세손의 무덤은 원園이라 하고 대군이나 군, 공주, 옹주 및 빈嬪, 귀인貴人, 숙의淑議 등 후궁의 무덤은 묘墓라고 한다.

원園은 왕릉의 형식을 따르나 묘는 개인이 세운 분묘의 성격을 띠는데, 여기서는 외부 구조를 중심으로 한 차이점을 살펴보려고 한다.

원의 전체적인 규모는 왕릉에 비해 작으나 묘역 안에 홍살문, 어교御橋, 정자각丁字閣, 수복방守僕房, 비각을 세우고 있으며 정자각 뒤에는 높은 분릉墳陵이 위치해 있다. 분릉에는 봉분과 석물이 세워져 동·서·북 3면에 곡장曲墻을 둘렀고, 망주석 1쌍, 혼유석, 장명등長明燈, 문인석文人石 등이 있다.

하지만 왕릉에서는 문인석 하단에 세우는 무인석武人石이 없으며 마석馬石, 양석羊石, 호석虎石과 같은 짐승의 형상을 새긴 석물 또한 각 4~8구씩에서 2구씩으로 줄어드는 양상을 띤다. 따라서 원은 묘역이나 분릉 자체의 규모, 건물과 석물의 크기 등을 통해 왕과 왕비의 능묘와 쉽게 구분할 수 있다.

한편 묘墓는 제각祭閣이나 사당 뒤 높은 분릉 위에 봉분을 두고 있다. 봉분 앞에는 묘갈과 혼유석을 놓고 한 단 아래에는 장명등을 세우고 있으며 좌우 양쪽에 문인석을 2~4구씩 세우고 있다. 특히, 보통 능이나 원에서 볼 수 있는 석수石獸가 없으며 대군이나 공주의 묘 등에서는 망주석이 세워지지 않고 지위에 따라 규모를 간략화 하였다.

 이상과 같은 차이점을 보이는 조선 시대의 원묘는 왕릉과 함께 있으므로 대부분이 서울 시내나 근교에 위치하고 있다. 그러나 한강 이북에 위치한 대부분의 원묘는 구획 정리 사업 등으로 인해 1930년대 신설된 서삼릉西三陵 경내 신설 묘역, 서오릉西五陵 경내 등으로 이장되어 원래 위치에 남아 있지 않다.

 숭인원崇仁園, 영휘원永徽園과 동작구의 창빈 안씨 신도비와 묘소, 양녕讓寧 대군의 사당 지덕사至德祠와 묘소 등 현존하는 원묘는 그 보존 상태가 좋다. 그런데 반해 서삼릉 경내의 신설 묘역으로 이장된 빈, 귀인, 숙의들의 묘소는 함께 이장되었기 때문에 봉분, 혼유석, 표석만이 옮겨져 이전의 상태를 잃어버렸다.

 그리고 개인 분묘로는 동작구 노량진동의 사육신死六臣 묘를 비롯하여 관악구 신림동의 강홍립姜弘立 묘 등 조선 시대의 것으로 몇 기가 있고, 대한제국 말기 이래의 개인 분묘로서 동작구 국립묘지에 독

영휘원과 숭인원 설명문   지덕사

강홍립 묘소

립 유공자들의 것으로 1백여 묘가 있다.

한편 신도비는 옛날 종2품 이상의 관원 무덤이 있는 근처 큰길가에 세우던 돌비이다. 이 석비石碑의 내용은 역사적 사료로서 금석문의 가치나 서체가 보여주는 서예사적 가치, 그리고 석비 양식의 변천을 통해 미술사적 가치를 함께 보여주고 있어 주목받아 왔다.

석비의 기본형을 살펴보면 네모반듯한 모양의 대석 위에 네 발을 힘차게 뻗은 귀부가 놓여 있고 귀부의 배면背面인 타원형의 등에는 6각형의 귀갑龜甲이 전체를 덮고 있다. 귀갑 중앙에는 장방형의 비좌碑座를 조성하고 그 위에 다시 별석別石으로 된 장방형의 대형 비신석을 세웠으며, 비신석 상단부에는 두 마리의 반룡蟠龍이 서로 얽혀 비신을 물어 올리는 듯하거나 혹은 대칭으로 마주보고 싸우는 듯한 모습을 한 독특한 양식을 갖추고 있다.

이러한 양식을 갖춘 석비는 통일신라 시대부터 시작되어 고려와 조선에 이르기까지 약간의 변화를 거치면서도 기본적인 형태를 유지하며 전래됨으로써 전통적인 석비 형태로 고착되었다.

인천 지역의 지명 유래

강화군 살창리
- 두 창법이 한스런 죽음을 당한 곳 -

살창리 표지판. 인천광역시 강화읍

신도시 김포를 간신히 벗어나면 한쪽에 강화도江華島의 지도가 펼쳐진다. 강화도는 유난히 사람이 살기 좋은 곳으로, 물산이 풍부하고 국가의 변란이 일어나면 피신하기에 적당한 섬이다 보니 그 땅 위에 역사가 뿌리고 간 자욱이 선명하게 남았다. 이곳은 한 많은 영혼들이 숱하게 잠든 곳이기도 하다.

강화는 아득한 멀리 국조 단군檀君 성조聖祖의 개국과 그 역사를 함께 하며 섬 지역 특유의 지정학적 숙명으로, 고금을 통해 왕실의 흥망성쇠가 곧 강화군의 역사를 이루었다고 하겠다. 강화의 옛 이름은 갑비고차甲比古次라 불리었고 고구려 시대에 이르러 군제를 두며 혈구군穴口郡이라 칭하였으며, 신라 때에 이르러 해구군海口郡으로 개칭하고 태수를 주재시켜 통치하도록 했다.

고려조에 이르러 939년(태조 22)에는 군을 현으로 개편하고 이어 현재 지명인 강화군으로 불렀다. 이 땅은 국가의 커다란 변란이 있을 때마다 제2의 수도로서 역할을 하였으며 외적이 침입할 때마다 조정에서는 강화로 천도함으로써 중요한 위치의 역할을 다하였다. 그래서 강화는 숙명을 거절하지 못하고 짓밟힌 역사, 피 뿌린 역사, 소름 끼치는 역사가 함께 남아 있는 곳이다.

우리 민족의 수치스러운 역사와 몽골의 침입을 받은 사실은 말할 것이 없겠지만 겨우 창칼을 피해 안정기를 맞이하였을 때는 또 다시 처절한 전쟁이 재발되지 않도록 해야 함을 곧바로 잊어버리고 동족끼리 파벌을 만들어 죽이고 없애는 일들이 일상화되었으니 참으로 한심한 역사가 아닐 수 없다.

기회가 있을 때 고려사를 다시 거론키로 하고 고려 말부터 조선조 광해군光海君에 이르기까지 잔인하고도 비참함이 극에 달한 두 어린 왕과 왕자의 죽음이 또한 이 땅 강화에서 생긴 일이니 그 사연을 한번 살펴보려고 한다.

어린 창왕의 절규는 허공에 맴돌고

강화 중심지 읍내에서 두 창昌이 죽임을 당한 곳, 즉 살창리殺昌里를 찾아 나서는 길은 무척 어려웠다. 누구에게 물어봐도 모른다는 대답뿐이고 강화 군청에 의뢰했으나 역시 답은 같았다. 그러나 물어서 모른다는 대답은 필자의 기행에 끝이 아니다. 우리들이 당장 살아감에 있어서는 지난 역사의 흔적에 대한 필요성을 느끼지 못할지 몰라도 인간의 삶을 영원히 하는 길은 바른 역사를 찾아 남기는 일이다. 일부 몰지각한 사람들은 말한다. 노령에 접어든 사람들은 젊은 사람들에게 짐이 된다고…. 노령에 처한 사람들은 효용 가치가 없다는 말일 것이다. 그러나 필자는 기행 길에 촌로村老를 뵙게 되면 무척 반갑다. 이번 살창리를 찾아가는 그날도 예외 없이 한 노파가 말씀하기를

"살창리는 모르나 살챙이라고 하는 곳은 있소."

하였다. 현재는 정확히 살창리라는 지명은 없었고 지방 사투리인 '살챙이'는 있었다. 만약에 그날 그 어른이 계시지 않았다면 살창리는 찾을 수 없었을 것이라 생각하니 감사하기 짝이 없다.

어렵게 찾은 그곳에서, 정치 야욕에 어두운 인사들이 민족과 국토와 국민을 지키라는 명을 받았음에도 불충하게 어린 왕을 협박하는 모습이 선연히 떠올랐다. 겁에 질려 떨고 있는 어린 왕을 금수로 변한 손으로 무자비하게 목을 누르니 어린 왕은 무슨 죄인가. 이 땅을 건국한 피와 바꾼 고려왕조 475년이 서서히 저물 무렵인 1381년(우 7)에 왕자로 태어나서 1389년(공양 1)에 이성계李成桂의 신흥 칼날에 희생된 고려 제33대 창왕昌王은 9살에 막 접어들던 1389년 재위를 채 1년도 채우지 못하고 영문도 모른 채 명분 없는 죽음을 당하였다. 적의 목에는 칼을 들이대지 못하면서 대제학 유순柳珣은 강화로 가서 나라의 왕을 살해한 것이다. 이때 창왕의 나이 10세였다. 창왕의 어머니는 시중 이임李琳의 딸이다.

창왕이 살해된 곳은 강화읍 관청리官廳里 견자산見子山 남쪽 기슭으로 지금의 한전韓電 출장소 자리로 전해지고 있다.

1388년(우왕 14)에 위화도에서 회군한 이성계는 우왕禑王을 폐하고 그의 아들 창왕을 세웠다. 폐위의 이유는 우왕과 창왕 부자는 신돈辛旽의 아들로서 왕王씨의 혈통이 아니기 때문에 진짜 왕씨를 세워야 한다는 것이었다. 그리하여 그해 11월 15일 창왕을 서인으로 강등하고 강화로 추방하였으며 이로써 고려의 옛 신하들은 대거 자리를 잃었고 대부분 이성계 일파로 중용되었다.

견훤 묘소. 충남 논산시 금곡리

후삼국 시대 후백제의 견훤甄萱이 신라를 손에 넣은 뒤 정통 왕인 제55대 경애왕景哀王을 죽이고 경순왕敬順王을 세운 때가 있다. 그렇 듯이 이성계도 그 흉내를 내기로 하고 실권을 장악하게 되자 어린 창 왕마저 폐하여 강화로 쫓아낸 후 신종神宗(고려 의종과 명종의 동생)의 7세손 정창군定昌君 왕요王瑤(공양왕恭讓王)를 영입한 것이다.

정창군 왕요는 저물어가는 고려조에서 협박에 의해 제34대 왕위에 앉았으나 나날은 가시방석이었다. 결국 1392년 8월에 공양왕 또한 공 양군으로 봉하여 강원도 간성에 유배시키니 3년을 이성계의 눈치만

공양왕과 순비 노씨 능

살피다 끝내 죽음을 당하고 만다. 공양왕의 무덤은 고양시 능골에 순비順妃 노盧씨와 함께 잠들어 있다.

이성계의 권력 장악 과정

1388년(우왕 14)에 이르러 명나라는 고려 조에 대하여 긴박한 문제를 제시하였다. 그 것은 철영위鐵嶺衛 설치에 관한 국경 문제로서 명나라에서는 철영의 북동서 땅은 본래 원에 소속되어 있었으므로 이를 요동의 관할 아래 두도록 하겠다는 것이었다. 명이 말한 철영은 압록강 북쪽에 가까운 곳을 가리켜 말한 것이었는데, 이것을 오해한 고려에서는 크게 논의가 이루어졌고 최영崔瑩은

최영 초상

적극적으로 명에 반하여 요동을 정벌할 것을 주장하였다.

최영의 의견에 찬동한 우왕은 그와 둘이서 협공할 것을 밀의하고 드디어 팔도의 정병을 소집하여 좌군통어사 조민수曹敏秀, 우군도통사 이성계로 하여금 3만8천여 명의 군사를 이끌고 요동을 정벌하도록 하였다.

출정군이 압록강 위화도威化島에 이르러 진군하려 할 즈음에 마침 큰비가 내려 사졸이 많이 죽게 되었다. 이에 이성계는 왕에게 회군을 청하였으나 우왕이 거부하므로 그는 드디어 독자적으로 회군을 결행하였다.

조민수 묘소. 경남 창녕군

회군한 이성계는 73세의 최영을 잡아 고봉현高峯縣으로 귀양 보내었다가 끝내 참살하고 만다. 죽을 때 최영은

"내가 평생에 탐욕한 마음을 조금이라도 가졌다면 무덤 위에 풀이 날 것이나 그렇지 않다면 풀이 나지 않을 것이다."

하였는데 과연 뒷날 그 무덤 위에는 풀이 나지 않았다. 그해 6월 6일 밤 우왕은 벼슬아치 80여 명을 무장시켜서 이성계, 조민수, 변안렬의 집을 급습하였으나 아무 성과도 거두지 못하고 돌아왔다. 그 이튿날

변안렬 묘소. 경기도 남양주시

이화 묘소. 경기도 남양주시

이성계 등은 숭인문崇仁門에서 회의를 갖고 이화李和, 조인벽趙仁璧, 심덕부沈德符, 왕안덕王安德 등을 궁궐로 보내서 군사와 말 및 무기 등을 거두어 모두 밖으로 내오게 하고 다음날 8일에는 최영의 딸 영비寧妃를 내보낼 것을 왕에게 요구하였다.

그러자 우왕은 영비를 내보내면 자신도 따라 나가겠다고 하였고, 이에 이성계 등은 군사를 거느리고 가서 궁궐을 에워싸고 우왕에게 강화로 나갈 것을 요청하였다. 결국 우왕은 눈물을 흘리며 궁 밖으로 나와 채찍을 들고 말에 안장을 씌웠고, 영비 등과 함께 회빈문會賓門을 나서 강화로 떠났고 고려의 신하는 국보國寶를 받아 정비전定妃殿에 안치하였다.

이때 이성계는 우왕의 아들 창昌이 아닌 다른 왕씨를 왕위에 앉히려고 하였다. 전

심덕부 묘비. 경기도 연천군

왕 우가 왕씨가 아닌 듯하며, 또 아들 창이 이인임李仁任의 친족이기도 하다는 두 가지 이유 때문이었다. 그러나 조민수는 전날 자신을 천거해 준 이인임의 은혜를 생각하여 창을 옹립하려 하였고, 명유名儒 이색李穡 또한 마땅히 전왕의 아들을 세워야 한다고 주장하므로 창은 왕위에 오를 수 있었다.

왕위에 오른 창왕의 나이는 불과 9세였으며 그 사이에 아버지 우왕은 강화도로 추방되었다가 두 달 뒤인 9월에는 여주로 옮겨졌다. 정병의 감시를 받던 우왕은 창왕 원년인 1389년 11월에 전 판서 곽충보郭忠輔를 시켜서 이성계를 암살시킬 비밀 계획을 세우기 시작했다. 그러나 계획은 탄로되어 우왕은 다시 강릉으로 방축되었다가 정당문학 서균형徐均衡에 의해 살해되었다. 우왕이 살해된 곳을 살우리殺禑里라 부른다. 이때 우왕의 나이 25세에 불과했는데 전하는 설에 의하면 우왕은 죽음을 당할 때에 겨드랑이를 들어 보이면서

"왕씨는 용의 후손이기에 겨드랑이 밑에 비늘이 있는데 너희들은 보라."

하였는데 과연 우왕이 한 말과 같았다고 한다.

225년 뒤 영창 대군도 같은 자리에서 살해당하다

이의의 군호를 영창永昌이라 한 것은 영원토록 번창하고 탈 없이 성장하여 부왕의 뒤를 이어 성군聖君이 되길 간절히 바라며 지었을 것이다. 그러나 여러 형제는 물론 적자와 서자 간 신분의 벽을 놓고 살생도 서슴지 않았던 사실을 볼 때 선조 또한 후일에 일어날 피바람을 예

이방석(의안 대군) 묘소, 경기도 광주시

측은 했을 것이다. 만약 영창 대군의 위치가 장자가 되었든지 아니면 장성했든지 했을 경우에는 상황이 달라졌을 것이다.

선대왕 대에서도 이런 예는 흔히 있었다. 조선왕조를 세운 이성계의 칼날은 고려국을 빼앗는 데는 날카로웠으나 왕자들의 다툼에는 한없이 무디었다. 태조 이성계의 8대군 중 혁명의 1등 공신인 이방원李芳遠(태종太宗)을 제쳐놓고 후비 신덕神德 왕후 소생의 막내 왕자 어린 이방석李芳碩(의안宜安 대군)을 세자로 책봉하였으니 분란은 불 보듯 뻔한 일이었다. 또한 조선 제6대 왕인 어린 단종端宗을 왕위에 올려놓고 열 여덟 명의 왕자들이 다툰 전례도 있었다.

제14대 왕 선조는 숙부 명종이 후사가 없자 갑자기 왕위에 오른 임금으로 중종과 창빈 안씨의 소생 덕흥군德興君의 셋째 아들이다. 선조는 왕자의 수업도 없이 급작스럽게 왕위에 오르게 되었는데 당시는 마침 흉년으로 기근에 시달리는 백성들의 원성이 높았고 임금을 사이에 두고 당파 싸움은 극에 치달을 때였다. 그리

단종 묘소 장릉, 강원도 영월군

김제남 묘소, 영창 대군 외조부이자 인목 대비 아버지. 강원도 원주시

고 집권한 지 25년이 되는 1592년에는 드디어 한반도 역사에서 제일
잔인하고 혹독한 임진왜란이 일어났다. 그런데 전쟁이 거의 끝날 무
렵 선조는 몽진처에서 피난 온 규수 연안 김씨 김제남金悌男의 딸을
보게 된다. 그날 임금의 눈에 들어온 연안 김씨는 후일의 인목仁穆 대
비로 그의 소생이 영창 대군이다.

광해군은 전쟁 중에 권정례權停例로 세자에 책봉 되었으나 그 뒤 정
비 인목 대비의 소생인 영창 대군이 태어나자 선조는 세자를 바꾸려
하였다. 결국 영창 대군은 이 사실을 아는 광해군의 불안과 간신 이이
첨李爾瞻의 심사가 서로 합해짐으로써 광란의 희생자가 되고 만다.

어머니의 품을 떠나지 않으려 몸부림치는 어린 왕자를 강화도에 유
폐시킨 이이첨은 강화 부사 정항鄭沆에게 사주하였다. 1614년(광해 6)
정항은 영창 대군을 방에 가둔 뒤 못을 박고 출입을 못하도록 하였고
음력 2월의 날씨에 10여 일 동안 냉방에서 지내게 하니 영창 대군은

추위와 허기에 지쳐 정항을 애절하게 찾았다. 그러나 정항은 계획대로 그 자리를 피하였고 병사들은 영창 대군을 죽이기 위해 얼음장 같은 냉골에 불을 지피기 시작했다. 정항의 명으로 계속 불을 때니 화기는 방안에 차고 연기는 어린 왕자의 목을 가득히 조였다.

방 안에서 들리는 울부짖음을 견디기 어려웠던지 비통해 하던 한 병사가 민요 한 곡조를 뽑자 다른 병사들도 거기에 합류하였다. 방 안의 비명소리를 차마 그대로 듣고 앉아 있을 수 없었던 이들 병사들의 입에서 흘러나온 구절이 아직까지 전해 온다.

안개방선 느티나무
조종다리 앉았고나.
양반인지 쌍놈인지
관을 쓰고 앉았고나.
네가 무슨 양반이야
절로 생긴 털관이지.

참으로 기가 막힌 사연들이다. 인기척이 끊기자 그때서야 냉혈한 정항은 방문을 열고 안을 살폈다. 인간으로서 차마 눈뜨고 볼 수 없는 죽음이 눈앞에 전개되어, 콧구멍이 굴뚝처럼 까맣게 변한 어린 영창 대군이 두 주먹을 불끈 쥔 채 숨이 멎어 있었다. 얼마나 고통이 심하였던지 열 손가락으로 벽과 바닥을 긁어 피멍이 들었고 방바닥에 닿은 살에서는 기름이 튀겨지고 있었다. 강화도의 바깥 추위는 여전히 속옷으로 파고들며 바람은 칼과 같았다.

영창 대군의 죄목은 무엇이냐

당시의 상황은 임진왜란 중에 이루어진 일이다. 영창 대군이 태어나기 전 선조는 민심의 수습과 의병의 모집 그리고 종묘사직을 위하고 백성들의 생존권을 찾고자 마음이 급하였다. 당시 선조에게는 후궁인 공빈恭嬪 김金씨 사이에서 낳은 임해군臨海君과 광해군이 있었다. 형인 임해군은 성격이 날카롭고 매사를 부정적으로 보는 사람으로 인식되어 있었고 동생 광해군은 영민하고 예의 바른 모습으로 비추어졌다. 임해군은 좌의정 송강松江 정철鄭澈의 목숨을 건 활약에도 뒷전으로 밀려났고, 세자를 빨리 책봉해야 했던 선조는 절차도 제대

공빈 김씨(위)와
임해군(아래) 묘소

로 밟지 않은 상황에서 광해군을 서둘러 세자로 책봉하고 말았다.

정철 초상

그러나 선조는 불행하게도 뒤늦게 인목 대비를 만나 1606년(선조 39) 인목 대비와 의 사이에 영창 대군이 출생하게 되었다. 영창 대군은 선조의 14번째 아들이나 유일한 정비 소생이었다. 전쟁이 끝나고 한양으로 돌아오자, 일부 신하들은 스스로의 영달을 얻고자 임진왜란 중 온갖 고생을 하면서 나라를 지키는 데 큰 몫을 한 공로는 뒷전에 밀어놓고 향내 나는 명분을 세워 선조의 심기를 흐리게 하였다. 그가 바로 당시 실권을 잡고 있던 영의정 유영경柳永慶으로 소북파小北派의 지지를 받고 있던 사람이었다.

그러나 선조가 갑작스레 승하하게 되자 개봉改封에 관한 논의는 중단되고 1608년 광해군이 즉시 임금으로 등극하였다. 선조는 죽으면서 영창 대군을 돌봐달라는 유교遺敎를 내림으로써 광해군을 지지하던 대북파大北派 이이첨과 정인홍鄭仁弘의 미움을 샀다.

후궁의 왕자로 우여곡절 끝에 왕좌에 오른 광해군은 전

전주 류씨 오대봉군 유영경 묘역 설명문

란으로 파괴된 통치 질서를 다시 확립하고 변덕스런 국제 정세에 능동적으로 대처하기 위해 강력한 왕권을 필요로 했다. 광해군의 입장에서는 영창 대군이 궁내에 계속 있게 된다면 왕권에 대한 정통성 시비가 끊임없이 제기될 것이 분명하므로, 불안한 마음을 감출 수가 없었다. 그러자 왕을 에워싼 조정의 권력을 장악할 야심에 찬 대북파 이이첨과 정인홍을 중심으로 모반 사실을 조작하기에 이른다.

때마침 경기도 여주 여강(남한강) 변에서는 서자로 태어나 벼슬길에 오르지 못한 몇몇이 세상을 한탄하며 술과 시로써 세월을 보내고 있었다. 그들 대부분은 당연히 서자에 대한 차별 대우를 하는 봉건제도에 강하게 불만을 품고 있었다. 그러자 간신 이이첨과 흉물 정인홍은 그 기회를 낚아챘고 그중 서양갑徐羊甲, 박응서朴應犀 등 7명을 붙잡아 영창 대군을 몰아낼 계책을 세웠다.

바로 이 사건이 1613년(광해 5)에 일어난 '7서인의 옥'이다. 이이첨은 드디어 흉계에 착수하여 그 서인들에게 잔혹한 고문을 가하며 흥정을 하였다.

"너희들이 살아나갈 방법은 영창 대군을 왕으로 모시려 했으며 그 일에는 영창의 외조부 김제남이 관계되었다고 진술하는 것이다. 그렇게 한다면 목숨을 살려주겠다."

아무 영문도 모른 채 모진 고문을 당해야 했던 그들은 결국 고통을 이기지 못하고 시키는 대로 역모를 계획했다고 거짓 자백을 하였다. 그 결과는 정국을 휩쓸아쳤다. 영창 대군은 역모의 주역으로 서인庶人으로 강등된 후 강화도에 유배되었고 김제남은 사약을 받았다. 한편 대북파가 서인들과 했던 약속은 의미 없는 것으로, 증거 인멸을 위해 그들 7명은 모두 죽음을 당하게 된다.

뜻있는 조정 대신과 선비들은 영창 대군의 역모 사건에 대해서는 부정적이었기에 끊임없이 구원의 상소 등이 이어졌다. 형제의 의를 따지는 전은설全恩說과 8살밖에 안된 유자幼子라는 이유를 들며 영창 대군을 비호하였으나 그들의 힘은 미약했다. 오성鰲城 이항복李恒福, 한음漢陰 이덕형李德馨 등도 목숨을 건 소를 올렸으나 혈안이 된 광해군은 충신 이덕형을 파직시켜 버렸다.

이덕형 초상

이렇게 창왕과 영창 대군 두 창이 죽었다고 하여 그들이 죽은 곳을 지금도 살창리라고 하는 것이다. 세월은 255년의 간격을 두고 있었지만 본인들의 뜻과는 무관하게 어른들의 권력 다툼에 억울하게 희생된 두 어린 넋들은 누가 달래 주며 일을 저지른 당사자들은 무엇이라 변명할 것인가.

공교롭게도 죽음을 당한 창왕과 영창 대군은 10살 미만의 어린 나이에 운명을 달리하였고 그 이름마저 '창昌' 자가 같으니 정말 두 창昌은 우리 역사에 어떤 의미를 남기고자 함인지 깊이 생각하게 한다. 세월이 흐른 지금은 그곳에서 살아가는 주민들도 그저 살챙이라는 괴이한 지명에 대해 무엇이라 분명하게 설명하지 못하고 있다.

밝은 역사도 중요하겠지만 어둡고 암울했던 역사의 자취도 밝혀,

후세인들이 살펴보고 우리 자신을 성찰하도록 해야 할 것이다.

난타당한 인목 대비의 비애

인목 대비는 선조의 비 박씨가 승하한 뒤 그 계비로 들어갔는데 그때 인목 대비의 나이는 19세였다. 당시 선조는 51세로 인목 대비보다 32세나 연상이었으므로, 어찌 보면 딸 같은 여인과의 혼인이었다.

인목 대비는 왕후가 된 지 6년만인 25세 때에 꽃다운 나이로 과부가 되었다. 인목 대비는 슬하에 적자인 정명貞明 공주와 영창 대군 두 남매를 두었으나 동시에 선조가 남긴 22명의 서출 왕자와 옹주의 계모가 되어야 했다. 선조의 맏아들인 임해군을 제치고 동궁이 된 광해군이 이미 세자로서 확고한 기반을 닦아 놓은 상황에서 인목 대비가 적자 영창 대군을 출산하였으니 인목 대비를 기다리는 것은 숙명적 비극뿐이었다. 뿐만 아니라 광해군이 이미 세자로 책봉된 이후 광해군보다 9살이나 어린 그녀가 대비로서 왕실을 제어해 나가기란 애초에 불가능한 일이었다.

또한 연안 김씨는 인목 대비가 된 뒤 하루도 눈물과 울음을 그칠 날이 없이 참혹한 사건을 연달아 겪었다. 친정아버지의 참형, 어머니의 제주로의 귀양, 단 하나뿐인 아들 영창 대군이 강화에서 비참하게 죽은 일과 자신의 폐위, 서궁으로의 유폐 그리고 숱한 시녀들의 피살 등…….

이런 인목 대비의 심정을 토로한 대목은 『계축일기癸丑日記』의 전편에 이루 말할 수 없이 많이 보인다.

〈대군大君 업사온 사람을 앞으로서 끌어내고 뒤으로서 밀쳐 문門밖에 내고 우리만 다 밀어들이고 차비문差備門짝을 닫으니 그 망극罔極함이 어떠하리오. 대군 아기시만 문밖에 업혀나서서 업은 사람의 등에 머리를 부딪혀 울으시며 "마마 보세" 하다가 못하여 "누님이나 보세"하시고, 애를 타 서러워 하오시니 곡성哭聲이 내외에 천지 진동하여 눈물이 땅에 가득하니, 사람들의 눈이 어두워 길을 모를너라.〉

영창 대군이 궁문 밖으로 끌려 나가는 날로 인목 대비의 미어지는 심정을 알 수 있는 대목이다.

인목 대비는 이중 삼중의 궁중 규범과 끔찍한 현실 앞에서 어떻게 손쓸 도리 없이 눈물과 한숨, 고뇌와 체념으로 한을 가슴 속에 담고 살아야 했다.

인목 대비의 딸 정명 공주는 출가를 하였는데 부마는 풍산豊山 홍씨 홍주원洪柱元이었다. 홍주원은 1579년(선조 12)에 학문을 닦으며 김유金瑬에게 배워 나이 약관도 못 되어 과장에 출입을 한 인재였다. 그는 천성이 온순하고 효성이 지극하며 형제간에 우애가 남달랐으며, 항상 학문을 즐기고 고매한 친구들과 교분이 많았다.

홍주원은 1668년(현종 9)에 왕이 온천에 행차할 때 신병을 무릅쓰고 왕을 모시고 가려다가 풍병을 얻어 뒤에 세상을 떠났다. 미인과 재인은 단명한다는 말이 있지만 의지할 곳 없는 장모 인목 대비와 아내 정명 공주를 남겨놓고 세상을 뜨니 굴곡진 두 여인은 누굴 의지하며 살아 나갔을지 참으로 안쓰럽다.

홍주원의 자는 건중建中, 호는 무하당無何堂, 시호는 문의文懿이며 정명 공주와 결혼을 한 뒤 영안위永安尉에 봉해졌다.

영창 대군의 유일한 자형姉兄 홍주원은 처남 영창 대군을 보내면서 만장을 지었는데 그 글이 가슴을 아리게 한다.

遺敎終無賴 유교종무뢰

深寃孰不哀 심원숙불애

人生八歲盡 인생팔세진

天道十年回 천도십년회

白日重泉照 백일중천조

靑山永宅開 청산영택개

千秋長樂殿 천추장락전

應作望思臺 응작망사대

왕자를 부탁한다는 말씀은 받들지 못하니

깊은 원한을 누가 슬퍼하지 않으리.

겨우 여덟 살을 살았지만

하늘의 뜻은 십 년 만에 돌아오네.

밝은 날 해는 중천인데

저 푸른 산에 영원히 살집을 마련하였네.

천추에 장락전이 되리니

아마 망사대도 있으리.

영창 대군은 죽어서도 한자리에 있지 못하고

영창 대군의 유택은 경기도 안성시 일죽면
一竹面에 있다. 나의 울음으로 왔다가 남의 울
음으로 가는 인생은 무엇이며 길은 그 어디인
가. 세력은 무엇이며 명예는 무엇인가. 다 쥐
었다 놓고 가는 길에는 애착도 밀착도 권세도
명예도 다 허무한 것을, 그저 후세에 때 묻지
않고 조각나지 않은 이름 하나 남기는 일은 몹
시도 어려운 일이다.

잠시 396년 전 영창 대군의 애타는 절규가
들리는 듯 그 광경이 눈앞을 스쳐간다. 경기도
안성시 일죽면에 잠든 영창 대군의 묘소를 찾
는 길은 그의 짧은 인생 굴곡만큼이나 구불구
불한 가파른 언덕을 올라서야 보이는 자리에
있다. 영창 대군의 본래 묘소는 경기도 광주시
남한산성 아래에 있었는데 성남시가 도시 정
비를 하면서 1971년 8월 지금의 위치로 이장

영창 대군 옛 비석으로
경기도 성남시에서 옮겨 옴.
경기도 안성시

정빈 남양 홍씨 묘비(좌)와 아들 경창군 묘소(우)

했다 한다.

　낮게 두른 호석 위로 잡초가 무성한 봉분이 있고 묘소 앞
으로 초장지에서 옮겨온 듯한 석물이 버티고 섰다. 기단은
네모난 형태에 연꽃이 새겨져 있고 비두에는 섬세하게 조각
된 용의 형상이 대군의 혼령을 지키고 있는 듯 했다. 39년
전 묘를 이장하면서 세운 신도비에는

　　朝鮮國王子永昌大君諱의之墓

　　조선국왕자영창대군휘의지묘

라고 적고 있고 다른 한 면에는 출생하여 억울하게 세상을
떠난 짧은 기간이나마 그 일생의 행적이 자세히 적혀 있다.

　필자는 수많은 묘역을 찾았지만 왠지 가슴이 답답함을 느
끼면서 봉분에 핀 야생 갈대꽃이 연약한 대군의 넋인 듯 보
였다. 처음엔 영창 대군이 죽은 뒤 감히 누구도 그의 혼령을

위로할 사람이 없었다. 살아 있을 때에도 갈증과 허기를 면치 못하고 떠났지만 죽은 후에도 대군의 혼령은 주림과 갈증과 불안이 연속되었다.

그 후 약 2백여 년 뒤에야 영창 대군의 이복형으로 선조와 정빈貞嬪 홍洪씨의 소생인 아홉 번째 왕자 경창군慶昌君의 8세손 이도진李道振이 고맙게도 대군의 제사를 맡아 봉사奉祀하기 시작했다. 지금까지도 정성껏 모신 흔적이 보이는데, 상석 앞에 놓인 향로석엔 검은 색으로 변한 향불의 자취가 남아 있다.

손돌목
- 떠나지 못하는 혼령 손돌을 알리는 차가운 바람-

김포시 대곶면 신안리와 맞은편인 인천광역시 강화군의 광성보廣城堡가 있는 좁은 바닷가의 골을 손돌목이라 부른다. 10월 20일이 되면 바람이 불어오기 때문에 이것을 손돌바람(손돌풍孫乭風)이라 하고 이때 추위가 오면 '손돌이 추위'라고도 한다.

1231년(고려 고종 18) 몽고蒙古의 침입으로 고종高宗이 강화도로 파천播遷을 하게 되었다. 왕이 바닷길로 배를 타고 가는데, 때마침 앞을 바라보니 산이 가로막히고 바다에는 암초가 많아 배 바닥이 암초에

광성보 안해루. 경기도 강화군

고려 고종 사적비. 경기도 강화군　　「주사 손돌공 지묘」. 경기도 김포시 덕포진

닳아 긁히는가 하면 뱃길은 험하고 바람은 끝없이 일었다. 이에 왕은 전란의 위기를 만나 피란까지 하는 처지에서 뱃사공이 무슨 흉계라도 꾸미는 것이라고 의심을 하였고, 사공인 손돌의 목을 베고 말았다.

그러나 손돌은 죽기 전에 바가지를 물길에 띄우면서 바가지가 흘러가는 대로만 배를 저어 가라고 하였다. 무사히 여울목을 빠져나가 강화도에 도달하게 된 고종은 손돌을 죽인 것이 자신의 잘못임을 알게 되었고, 이후로 손돌의 영혼을 위로하며 몇 년간 제사를 지내주었다고 한다.

이후 해마다 이때만 되면 이상하게 바람이 불고 추위가 온다는 전설이 경기도 지방에서는 널리 퍼져 있다. 왕은 손돌의 시신을 목이 베인 자리에서 멀지 않은, 김포시 덕포진 언덕에 장사 지내도록 하였다. 세월이 흘러 환란 중에 억울하게 죽음을 당한 뱃사공 손돌의 혼령을 위로하는 시 한 편을 노산 이은상이 남겼다.

손돌목

원혼이 바람에 들어

이 바다에 떠돌면서

해마다 그날이 오면

분하여 운다 하네.

그 왕도 간 지 오래니

잊어버리고 말려무나.

손돌이 어진 사공

제 죽음 한함이랴

고국 정한을 못 풀어 웃는개다.

일 년도 삼백육십 일

다 불어도 남겠고나.

한편 10월 들어 첫 번째 드는 오일午日, 지지地支가 '오午'로 된 날을 말날이라 하는데, 말을 위하는 뜻으로 팥떡이나 팥죽을 쑤어 마구간 앞에 차려 놓고 말의 건강을 빌었던 풍습이 있다. 이 풍습이 전해오면서 가을 떡을 만들어 먹는 풍습으로 바뀌었다고 한다. 또한 음력 10월은 상달上月이라 하여 가을 떡을 대체로 10월에 하며, 10월에도 오일이 아니면 길일을 가려서 한다. 부락제部落祭(동신제洞神祭)나 고사를 드리는 사람들도 이달에 하는 것이 보통으로, 농사를 잘 짓게 해

준 감사의 뜻과 온 집안이 건강하고 행복하여 내년 농사 또한 잘 짓게 되기를 비는 것이다.

강화군 연미정
- 전쟁의 포화 속 풍류로 즐기던 정자 -

연미정燕尾亭은 강화읍 월곶리月串里에 있는 정자로 사방이 개방되어 있다. 연미정이 위치한 곳은 한강과 임진강이 합류하여 한 줄기는 서해로 또 다른 한 줄기는 인천의 바다 쪽으로 갈라지는 곳에 있는데, 이것이 마치 제비의 꼬리와 같다 하여 연미정이란 이름을 갖게 되었다. 옛날에 서해에서 서울로 가는 배는 이 정자 아래에 모였다가 만조滿潮를 기다려 한강에 들어오곤 하였다.

연미정 설명문(좌)과 연미정(우). 경기도 강화군

공신장무공 황형 택지 표석(좌)과 황형 묘비(우). 경기도 강화군

　이곳은 강도江都(강화) 팔경八景의 하나로 꼽히는 절경인데 정자에 오르면 개풍군開豊郡, 파주시坡州市, 김포시金浦市 일대가 한눈에 들어온다. 정자 옆에는 나이를 가늠할 수 없는 느티나무 두 그루가 있어 운치를 더해 준다.

　이 정자는 황형黃衡 장군의 무수한 공로를 기리기 위해 조정에서 정자를 세워 하사한 것이라고 하는데, 건설한 연대는 알지 못한다. 고려의 고종이 선비들을 이곳에 모아 구재九齋의 강습회를 열었다는 기록이 있는 것으로 보아 그 이전에 건립된 것은 확실하다.

　연미정은 강도가 고려의 도읍이기 이전에 세워진 정자로 알려졌으나 장무공莊武公 황형의 유지이기도 하며 현재 지방문화제 제27호로 지정되어 있다. 연미정은 임진왜란과 병자호란 때 파손되었던 것을 1744년(영조 20)에 유수 김시혁金始爀이 중건하였고 그 후 인천의 독지가인 유군성劉君星씨가 보수하여 오늘에 이르렀다. 한편 이에 앞선

1627년(인조 5) 금金나라가 침공해 온 정묘호란丁卯胡亂에는 이 연미정에서 강화를 성립하여 형제의 의를 맺었으며 이로 인해 고려의 북방 정책이 좌절되기도 하였다.

창원昌原을 관향으로 하는 황형은 1510년(중종 5)에 삼포왜란三浦倭亂이 일어나자 방어사에 특임되어 제포薺浦에서 왜적을 평정하고 그곳 경상도 병마절도사가 되어 민심을 안정시켰다. 1512년에는 평안도 변방에서 야인이 반란을 일으키자 순변사로 나가 이를 진압하였으며 이어서 평안도와 함경도의 병마절도사를 거쳐 공조판서에 이르렀다.

1459년(세조 5) 아버지 선공감정 황예헌黃禮軒과 어머니 사헌부 감찰 남인보南仁甫의 딸 사이에서 태어난 황형은 1480년(성종 11) 무과에 급제하며 관직에 들어섰다. 황형이 1486년(성종 17) 무과 중시에 장원으로 급제한 이후 여러 관직을 거치며 큰 공을 세우자 그 업적으로 조정에서 연미정을 세워 하사한 것이다. 황형은 1520년(중종 15) 서거하였으며 자는 언평彦平, 시호는 장무莊武이다.

조선을 휩쓰는 금나라 군사들

1627년(인조 5) 1월 13일 저녁 금나라 군대는 어둠을 타고 압록강을 건너 의주로 침입해 왔다. 이것이 이른바 정묘호란의 시작이다. 왕자이자 장군이었던 패륵貝勒, 아민阿敏 등이 지휘하며 조선을 침공한 금나라 군대의 수는 이때 약 3만 명을 넘었다. 대군으로 조선에 침입한 금나라는 1주일 만에 의주, 선천, 곽산 등지를 휩쓸었고, 그들이 사로잡은 조선인은 모두 호인胡人처럼 머리를 깎게 하였다.

이렇게 되자 조정에서는 혹시라도 무슨 내변이 일어나지 않을까 염려하여 우선 박난영朴蘭英과 서울에 있던 강홍립姜弘立의 아들을 연금하였다. 강홍립은 오도五道 도원수로서 우리 군사 2만 명을 거느리고 명나라의 원병으로 출정했다가 금나라에 항복한 사람이고 박난영은

최명길 묘비. 충청북도 청원군

인조 때의 외교관으로 금나라 정벌에 나가 포로가 되었다. 이들은 금나라에 투항하여 입경할 때엔 향도관嚮導官이 되었다.

그리고는 광해군을 교동으로 옮겼다가 최명길崔鳴吉의 제의에 의해 다시 정포로 옮기고 왕대비 및 종묘 신주는 서둘러 서울을 떠나게 했다. 이때 이원익李元翼이 다시 분조分朝 문제를 제청하자, 인조는 하는 수 없이 승락하고 유비柳斐를 분조 대장으로 삼았으며 의정 김상용金尙容을 유도대장으로, 여인길呂裀吉을 부대장으로 하여 서울을 수비하게 했다.

김상용 초상

그 사이에 북쪽에서는 곽산에 이어 21일에는 안주가 함락되고 평안 병사 남이흥, 목사 김준은 화약으로 자폭하여 죽었다.

1월 25일에 금의 군대는 이미 황주를 휩쓸고 더욱 남하하여 산산蒜山에 닿았

는데, 금나라 측에서는 선전관 이지훈李
之訓을 강홍립의 아들 강숙姜璹, 박난영
의 아들 박립朴霊 및 군관 한수韓壽, 최처
신崔處信 등과 함께 도체찰사 장만張晚에
게 보내어 항복을 권고해 왔다. 금나라의
강화 조건은 첫째로 영토를 나누어 줄
것, 둘째로 모문용毛文龍을 잡아 올 것,
셋째로 군사 1만 명으로 남하하려는데
적극 도와줄 것 등이었다.

장만 초상으로 전시에 눈을 다쳐
안대를 하고 있다.

　그러나 장만은 금나라 군대에게 먼저
군사를 돌이키고 화평을 논의하자는 회
답을 보냈다. 그렇지만 전황은 조금도 호전될 기미를 보이지 않았고 1
월 26일 인조는 마침내 융복戎服으로 갈아입고 말에 올라 저녁 늦게
노량으로 나갔다. 이튿날 김포를 거쳐 통진으로 가는 길에, 유도대장
김상용이 알리기를,

　"대가가 서울을 떠난 뒤 나머지 백성들이 다 헤어지고, 3궐의 아장
은 호위하려 간다 하고 모두 종적을 감추었습니다. 이에 무뢰한 난민
은 작당해서 밤중에 닭과 개를 마구 잡아가고, 군사들이 나가서 막으
려 하자 칼을 빼들고 항거하므로 겨우 2명 만을 잡아들여 즉시 목을
베어서 효시하였습니다."

하였다. 이와 같이 서울은 적군의 침입을 당하기도 전에 벌써 난민들
에 의해 혼돈스런 상태에 빠졌다.

적장 아민은 조선의 죄목을 장황하게 늘어놓았고 5일 간의 여유를 주면서 화의를 택할 것인지 전쟁을 택할 것인지 물으며 위협하였다. 그 이튿날에는 적장 아민이 권진權瑨 외에 금아라의 천총千摠 1명 등을 강화로 보내려 한다는 말이 전해 왔다. 이날 밤 인조는 통진의 행재소에서 급히 대신, 비국備局, 양사兩司를 모아 놓고, 어떻게 대처할 것인가를 의논하였다. 그리고 왕의 일행은 그날 밤 강을 건너 진해루(강화 갑곶)에 들어갔다.

이렇게 해서 화의가 성립될 분위기가 조성되었다. 그런데 2월 2일 금나라의 사자가 갑곶으로 와서 국서를 전하기를 〈두 나라가 서로 맹서하여 영구히 형제의 나라로 대할 것〉을 요청하였다. 당시에 금나라 군대가 그처럼 황해도에 머물면서 어서 화의를 맺고 돌아갈 것처럼 자꾸 사자들을 보낸 것은 북쪽에서 명나라를 무찌를 일이 급했던 때문이기도 하고, 2월 초에 강화에서 이미 강홍립과 박난영 등에게 몰래 명령하여 화의를 서두르게 한 때문이기도 하였다. 위 두 사람은

"우리는 한인漢人으로서 잠시 오랑캐 땅에 머물러 있는 터인지라 마음이 어찌 아프지 않으리오. 배움은 없사오나 대의大義를 어떻게 잊을 수 있겠습니까. 이제 이 나라가 도탄에 들었으니 가슴이 쓰라릴 뿐입니다. 하물며 외국 사신이오나 자비심이 있거든 급한 일에 구출해야할 바에 가급적 강화講和토록 함이 좋을 듯하옵니다."
라고 말하였다.

그런 가운데 강화에서는 2월 5일 진창군晉昌君 강인姜絪을 형조판

서라고 속여서 금나라 진영에 보냈다. 그가 전한 국서에는

〈금나라 군이 먼저 철수하여 성의를 보인 뒤에 맹서해도 늦지 않을 것이다. 금나라와의 화친은 이웃과의 교제이고 명나라와의 관계는 사대事大이다.〉

라고 못 박았다. 당시 금나라의 수비가 매우 약하였기 때문에 강도에서는 금에 쉽사리 굴복할 뜻은 없었던 것이다.

그리고 2월 8일에는 금나라 군대가 임진강을 건너오지 못하도록 하기 위해 강변의 배를 모두 불태워 없애기로 결정하였다. 그런데 다음 날 강홍립과 박난영이 금나라의 사자 유해劉海와 함께 조선 진영으로 왔다. 그들은

"지금 신의 숙부를 볼모로 잡아놓고 신을 보내서 화의를 맺고 싶어 하는 것이오. 더구나 지금 평산에서는 군량과 마초가 다 떨어져 장수들이 모두 돌아가고 싶어 하니, 속히 회답해서 이상 더 고통을 겪지 않기 바라오. 화의가 성립되면 적은 곧 평산에서 철수하여 평양으로 물러갔다가 풀이 자라기를 기다려서 귀국할 것이오."

라고 말하였다. 이와 같이 금나라 군의 위세, 강홍립과 박난영의 권고, 이귀와 최명길 등의 주장에 의해서 인조도 화의 쪽으로 기울어 2월 11일 금나라 군의 부장 유해를 접견하게 되었다.

그런데 이때 유해가 절을 하고 싶어했으나 인조가 미처 손을 들어 올리지 않았다. 이에 유해는 분노하여 벌떡 일어나 나가버렸고 모두들 당황하며 분하게 여기고 있는데, 이귀 홀로 손으로 땅을 두들기며

"다 틀렸소이다. 다 틀렸소이다."

하고 원통해 하였다. 이날 밤 왕은 역관을 보내서 유해를 적당히 달래어 보려 했으나 금나라 측에서는 조정에 더욱 압력을 가하였다.

한편 금나라 군대가 서울을 함락하자 김상용은 부하를 보내서 궁중의 창고 호병청戶兵廳, 혜청惠廳, 어영창고御營倉庫 등을 불지르고, 서울을 버리고 강화로 달아나버렸다.

금나라와의 화의를 택하는 조선

김상용이 떠난 성안에서는 큰 혼란이 일어났고 적에 의해 선혜청 및 호조에 불이 일어나기도 했다. 그리고 강화에서는 양사가 들고 일어나서 〈최명길이 군국의 정사를 전단하고 나라를 어지럽히고, 또 일을 잘못 처리한 죄〉 등을 탄핵하여 주화파主和派를 처벌해야 한다고 주장하였다. 그러나 인조는 그들의 말을 받아들이지 않으며 화의를 서둘렀다.

한편 금나라 사신은 명나라와의 관계를 단절하고 왕자를 인질로 보낼 것을 요구하였다. 그러나 조정에서는 왕자가 어림을 이유로 들며 왕족 가운데 원창原昌 부령 이구李玖를 왕의 동생이라 속이고, 좌통례左通禮 이홍망李弘望을 통신사通信使로 지정하여 금나라 진영에 보내었다. 2월 13일에는 금나라 진영에 은수저, 병, 잔 등을 갖다 주고 15일에는 무명 1만5천 필, 명주 2백 필, 모시 250필, 호피 60장, 사슴 가죽 40장, 왜도倭刀 8자루, 말안장 1벌을 다시 원창군 편으로 해서 보내주었다.

예물을 갖추어서 화의를 청하니 금나라의 유해는 이때에야 화가 풀려 2월 28일, 항복한 장수 강홍립과 금나라 사절단 13명과 함께 강화로 향했다. 조선은 이들과 몇 차례 의논 끝에 3월 3일에 이르러 화친을 맺게 되었다. 강화읍 서문 밖에 단을 쌓게 하고 밤중에 양국 사절이 모여서 고천제를 드리고 병조판서 이정구 등이 월곶리 연미정에서 강화조약을 맺고 다음과 같이 서약하였다.

"금나라 부장 유해는 명을 받들고 조선에 와서 강화하고 맹세한다. 하찮은 일로 다투지 말고 부당한 징구를 금한다. 화약이 성립하면 곧 돌아간다. 왕제가 금나라 진영에 와서 같이 서약하되 만약에 그가 거짓 인질이라면 처벌할 것을 분명히 밝혀둔다……."

이때 인조는 원창군 이구와 좌통례 이홍망에게 다음의 내용이 담긴 국서를 가져가도록 했다.

〈화호和好는 우리 두 나라가 다 원하는 일이다. 그러므로 앞서 중신 형조판서(강인을 가리킴)를 보내면서 예물을 드린 것이다. 이번에는 약제弱弟 원창군 구를 보내서 함께 서약을 정하게 한다. 귀국은 속히 군사를 철수시켜서 우리의 땅에 더 머물지 않게 하라. 앞으로는 두 나라의 병마가 다시 압록강에서 한 걸음이라도 넘나들지 않아야 한다. 각각 제 나라를 지키고, 각각 금약禁約을 준수하여 백성들을 편안하게 하고, 병사들을 쉬게 하며 부자와 부부가 모두 서로 보존하게 하며, 맹약에 충실하지 않으면 천지신명이 곧 벌을 내리실 것을 알아야 한다. 생각건대 교제하고 예물을 주는 것은 정情의 문제이지 결코 물건에 따른 문제가 아니다. 유해의 사신이 왔을 때 구하던 물건은 너무도 많아서 결코 우리나라에서 다 구할 수가 없을 정도였다. 전에 귀국의 글을 보았더니 재물을 탐하지 않는다는 말이 있어서 귀국은 재물을 가볍게 보고 의를 중하게 아는 줄로 생각한 다.〉

그러나 21일, 아민은 유해 편에 이전 조선이 명나라에 대해 사례한 예를 들며 트집 잡는 회답을 보내왔다.

〈어제 귀국의 글을 받아보니 안에 명나라의 천계天啓 연호를 썼으니, 우리 황제 태종에게 보내기 어렵게 되었다. 오늘 우리가 이렇게 출동한 것은 본래 귀국이 마음을 명나라에 두고 있기 때문이었다. 그런데도 어제 받은 글을 보니 역시 전과 다를 것이 없다. 생각건대 귀국은 천계 연호를 써서 우리를 위압하려 하는 모양이나, 우리는 천계 연호에 소속된 나라가 아니다. 만일 귀국에 국호가 없으면 우리의 천총 연호를 써서 참된 이웃 나라가 되어 우리나라에 일이 있으면 귀국이 와서 돕고 귀국에 일을 있을 때에는 우리나라가 귀국을 구해 주어 오래 신의를 유지해야 할 것이다. 만약에 다시 천계 두 자를 쓰면 곧 영제令弟 원창군 구를 돌려보내고 이상 더 화친을 원하지는 않을 것이다. 존재를 바란다.〉

뒤이어 금나라는 조선 조정에 더욱 화의를 재촉하고자 군사적 압력을 가하기 시작하여 2월 23일 평산에서 세 갈래로 나누어 일부는 서봉西峯으로, 일부는 독부禿阜로, 일부는 우암牛巖으로 남하하였다. 이에 강화도에서는 여러 논의를 행한 끝에 결국 국서를 고치기로 하였다. 그 결과 겨우 양국 사이에 화친이 성립하기는 했지만 금나라 측은 다시 우리에게 트집을 잡기 시작했다.

즉, 조선과 화의를 맺은 것으로 이번 침입의 목적 한 가지는 달성했으나 아직도 모문용을 잡아갈 일이 남아 있으므로 완전히 철수하지는 못한다는 얘기였다. 그런데 이때 금나라 군대가 신계新溪 부근에서 세 길로 나누어 봉산鳳山, 수안遂安 및 해안 지방 등으로 물러가며 곳곳에서 약탈과 학살을 자행하였다.

이에 3월 9일 조정은 금나라에 항의하는 글을 보냈고 금나라 측에서는 3월 13일에 오히려 조선의 각 지방 군사들이 화약을 어기고 자신들을 공격했다는 항의의 글을 보내 왔다. 그런 가운데 금나라 군대는 철수를 계속하여 3월 17일 경에는 의주에 금나라 군대 1천 명에 몽고 군대 2천 명, 진강鎭江에는 금나라 군대 3백 명에 몽고 군대 1천 명만이 남게 되었다.

이에 조정에서는 임진강에 배치된 군사 2만 명을 해산시키고 3월 13일에는 왕세자를 전주에서 올라오게 하였다. 곧이어 임진방수군臨津防守軍 및 근왕병을 해산하고 인조는 4월 10일 강화를 떠나서 4월 12일 환도하였으며 비빈과 궁인들은 다음날 환궁하였다.

인조는 노량에서 강을 건너 숭례문崇禮門(남대문)을 거쳐 종묘에 들렀다가 경덕궁慶德宮으로 들어갔는데, 이때 성안의 모든 백성들은 거리에 나와 왕을 맞이하며 눈물을 흘렸다.

강화군 봉천대
- 하음 봉씨의 뿌리 -

하점면河岾面 봉천산奉天山에 있는 봉천대奉天臺는 고려 때의 평장사 하음백河陰伯 봉천우奉天佑가 축단한 것이다. 그는 자기 선조의 발상지인 이곳에 조상을 구해 준 은혜를 찬양하고 하늘에 제사드리기 위해 단을 쌓았는데 조선 중기에는 봉화대로 사용되었다.

고려 때 축성한 봉천대는 쇠붙이로 양, 돼지, 소, 말 등을 만들어 대 밑에 감추고 있다는 전설이 있는데 그 신령스러움을 두려워하여 말조차 삼가야 한다는 말이 전하고 있다.

우리나라에 봉화대는 전국적으로 620여 개소가 있었으며 높이 11

봉천산 봉천대(위)와 하음 부원군 봉천우 신위비(우).
경기도 강화군

봉가지(좌)와 근처의 하음백 봉우 유적비(우). 경기도 강화군

미터의 봉천대는 그 규모로나 축성 방식에 이르기까지 단 하나뿐인 것으로 보존의 가치가 있다. 봉천대는 현재 인천광역시기념물 제18호로 지정되어 보호되고 있다.

현재의 하점면 부근리富近里 안정곡 앞들에는 봉가지奉哥池라는 연못이 하나 있는데 봉씨의 시조이자 고려의 명신인 봉우奉佑의 후손이 이곳에 거주하여 그 연못을 봉가지라 칭하였다고 한다. 봉가지는 20평 정도로 못가엔 유적비가 세워져 있다.

전설에 의하면 고려 시대인 1106년(예종 1) 3월 7일에 한 노파가 연못가에서 빨래를 하고 있는데, 갑자기 연못 가운데에서 오색의 무지개와 같은 빛이 휘황하게 비치며 옥함이 떠올랐다. 기이하게 생각한 노파가 함을 열어보니 그 속에는 옥동자가 비단 요에 곱게 쌓여 방긋이 웃고 있는 것이었다. 할머니는 놀라기도 했지만 하도 신기하고 귀여워 임금에게 바쳤고, 그 어린 아기는 대궐 안에서 자라게 되었다.

그리하여 성장하면 나라에 훌륭한 일꾼이 되라는 뜻에서 '도울 우佑'

자를 써서 아이의 이름을 우라고 지어 주었다. 소년 우는 어찌나 총명한지 3살에 이미 천자문을 외우고 9살에는 세상사를 꿰뚫어 모르는 일이 하나도 없었으며 10살에는 과거에 장원급제를 하기에 이르렀다.

우는 후에 고려조의 정승에 올라 정치를 잘 다스려 백성들이 편히 살 수 있도록 하였으며, 왕은 그런 그에게 '봉奉씨'라는 성을 내려 그로부터 그는 봉우奉佑 정승이 되었다. 봉우의 5대손인 봉천우는 선조 봉우가 정승에 부원군에 올라 높은 벼슬을 하며 잘 살게 된 것은 빨래하던 할머니의 은혜라 여기고, 그 은공을 갚고자 하는 뜻에서 봉은사 奉恩寺라는 절을 짓기에 이르렀다. 봉천우는 또한 할머니의 갸륵한 뜻을 길이 받들기 위하여 여러 해에 걸쳐 5층 석탑을 쌓았으며, 그곳에서 서북간으로 올라가서 석상각石像閣이라는 사당을 지었다. 그리고

그는 사당에 노파의 화상을 안치하고 해마다 제사를 올려 은혜에 보답하며 그 넋을 되새겼다. 석상각은 고려의 불상이라는 학설도 있다.

하점면 장정리長井里에는 현재도 오층 석탑이 남아 있다. 봉은사는 전하지 않으나 절터는 아마도 둔덕 아래 축대를 쌓은 흔적과 계단의 잔석 殘石이 남아 있는 솔밭이 아닌가 짐작된다.

봉은사지 5층 석탑. 경기도 강화군

5층 석탑은 무너져 있던 것을

1960년에 보수해 재건하였다. 석탑의 무너짐으로 말미암아 많은 부재가 유실되어 지금은 기단부 3층 이상의 옥신屋身, 5층의 옥개석 그리고 상륜부는 모두 자취를 감추고 전하지 않는다.

탑의 구조나 돋을새김 형태로 보아 높이는 5, 6미터의 작은 규모였을 것으로 추측이 된다. 탑은 전체적으로 보아 석재 자체의 강도가 약하고 또 조각 수법도 그렇게 우수하지는 않으며 간소화시킨 약식 수법을 쓰고 있어 균형감 없이 둔중한 느낌을 받는다. 층석을 단순화시킨 점이나 기단 등으로 미루어 볼 때 탑의 조성 연대는 몽고의 난을 평정시킨 이후인 고려 말에 건립된 것으로 짐작이 된다.

강화군 전등사
- 충렬왕 비 진화 궁주가 대장경을 보관한 절 -

강화군 길상면吉祥面 정족산성鼎足山城 안에 있는 전등사傳燈寺의 창건은 고구려 소수림왕小獸林王 대인 381년까지 거슬러 올라간다. 아도 화상阿道和尙이 처음 세우고 진종사眞宗寺라 불렀다고 하는데 실제로 아도 화상이 창건하였다는 근거는 확실치 않다. 신라의 일선군一善郡에 처음으로 불교를 전한 아도 화상이 신라에서 불교를 받아들이기도 전에 이곳 강화도까지 와서 절을 세웠다는 것은 다소 무리가 있다고 보여지기 때문이다. 그러나 아도 화상이 전등사를 건립하지 않았다는 증거 또한 없다.

전등사. 경기도 강화군

고려 고종은 삼랑성三郎城과 신니동에 임시 궁궐을 짓도록 하고 도량을 베풀기도 했다. 전등사의 확실한 창건을 밝힐 수는 없으나 이곳을 불도를 닦는 산실로서 새롭게 일으킨 이는 분명히 전하니 바로 충렬왕의 비 정화貞和 궁주였다. 정화 궁주가 승려 인기印奇에게 부탁하여 송宋나라에 들어가 대장경大藏經을 인쇄해 이 절에 보관토록 했다는 기록이 남아 있다. 전설에 의하면 정화 궁주가 옥등玉燈을 이 절에 시주했기 때문에 절의 이름을 고쳐 전등사라 한다고 되어 있다.

삼랑성 동문. 문루 없이 장원墻垣을 아치형으로 하여 입구를 구성하고 있다.

또 조선으로 들어선 1678년(숙종 4)는 경내에 선원각璿源閣과 장사각藏史閣을 옮겨 짓고 실록을 보관하기 시작하였다. 이때부터 전등사는 사고史庫를 지키는 사찰로서 조선 왕실의 비호를 받게 되었고 별관을 지어 취향당翠香堂이라 이름하고 보사권봉소譜史權奉所로 정하였다. 1726년(영조 2)에는 영조가 이곳까지 친히 와서 취향당 제액題額을 써 주며 고쳐 걸게 하였고 토지를 마련하여 전등사에 주기도 하였다.

1749년(영조 25)에는 대조루對潮樓를 개건하고, 1871년(고종 8)에는 전등산 경내에 포량고砲糧庫를 건설하였으며 진상약애고進上藥艾庫와 산성별장소山城別將所를 절 남쪽에 지었다. 그리고 국권피탈國權被奪이 이루어지기 전해인 1909년에 존치하였던 사고장본史庫藏本은 서울로 옮겨가서 지금은 서울대학교 중앙도서관에 보관되어 있다.

그런데 국권피탈을 당한 1910년(순종 3)에 당시 군수 한영복韓永福은 전등사에 전래되어 오던 유물 동향로銅香爐를 궁내부宮內府에 바치게 된다. 이때 절에서는 사찰 수선비라는 명목으로 2백 원을 받았다고 한다.

이듬해인 1911년에 사찰령寺刹令이 반포되어 전등사는 강화, 개성 등 6개 군에 소재하는 34개 사찰을 관리하는 본산本山으로 승격되었다. 이 전등사의 건물로 대웅전大雄殿, 우측으로 약사전藥師殿, 명부전冥府殿, 삼성각三聖閣이 있으며 그 앞에 강설당講說堂, 적묵당寂默堂, 향로전香爐殿 등 크고 작은 건물들이 있다. 대웅전은 전면 3간, 측면 3간의 팔작八作 집으로서 전형적인 불전佛殿 양식을 취하고 있는 아담한 건물이다. 배흘림기둥으로 처마 끝의 무게를 받치려고 기둥머리에

짜 맞춘 공포栱包 위의 봇머리에는 귀신의 얼굴을 새기는 등 조각 수법 또한 비범하다. 또 기둥 위에는 사람 형태의 조각을 배치하여 추녀의 무게를 받치고 있는데, 다른 건물에서 볼 수 없는 특이한 수법이다.

전면 대웅보전의 작자 미상의 편액은 네 기둥에 장식되어 있는데 이 주련柱聯은 성당惺堂 김돈희金敦熙의 글씨이다. 불전 천개天蓋 아래에는 용龍과 극락조極樂鳥 등을 조각해 놓았으며 불단 양편으로 동판의 업경대業鏡臺가 놓여있는데, 고색창연한 단청丹靑의 화문花紋을 비롯하여 비천문飛天紋, 연화문蓮花紋 등이 도드라진다.

전등사 내에는 1871년(고종 8)에 포량고砲糧庫를 건설하고 승군僧軍 50명과 승장僧將 겸 총섭摠攝 1명을 두었다. 절에는 진해창鎭廨倉도 있었는데 1908년 서울의 폭도들이 이곳까지 와서 2백여 간을 불태워 버려 이제는 그 빈터조차 분별하기 어렵다.

경내에 있는 범종梵鐘은 전형적인 우리나라 종과는 그 형태가 판이하게 다르다. 완전한 중국산 종으로서 1097년에 하남성河南省에서 주조하여 일제 말기에 공출되었다가 광복과 함께 부평 군기창軍器倉에서 발견하여 다시 복원하였다 한다.

현재 전등사 안에는 귀중한 장경판藏經板으로서 법화경法華經 목판 104매가 전래되고 있다. 목판은 원래 105매였는데 한국전쟁 당시 파주 모 부대에서 가져갔다고 한다. 이 경판은 1544년(중종 39)에 정수사淨水寺에서 판각되어 전등사로 옮겨진 것이다. 또 절에는 청동으로 만든 거대한 수조가 있으며 대웅전 안에는 불을 켰던 자그마한 옥등이 남아 있다.

정수사 표석. 경기도 강화군　　　　　　　　정수사 내 함허 대사 사리탑

대웅전 추녀 아래 나신상이 있는 이유

　전등사 대웅전 한쪽 아래에는 나신裸身의 여인이 추녀를 떠받들고
있는데 목공이 나체의 여인을 조각한 데는 애달픈 사연이 있다.

　전등사를 맡아 짓던 도편수 동량棟梁은 온갖 정성과 재주를 다하며
역사役事를 시작한 이래 수년이 되도록 집에 한번 다녀오지를 못했다.
객지에서 힘든 시간을 보내던 동량은 향수를 달래며 일을 하다가 절 아

랫마을에서 주막을 하는 어여쁜
여자의 유혹에 빠지고 말았다.
심신을 달래며 달콤한 생활을
하던 동량은 여인과 나날이 정
이 깊어졌다. 그는 두 사람이 살
림을 차리기 위해서는 많은 돈
이 필요하다는 여인의 말을 듣
고 품삯으로 받은 돈을 전부 맡

동량의 사랑이 분노로 변하여 남긴 전설의 나녀상.
대웅보전 밑

기게 되었다.

그런데 얼마 뒤 주막을 찾아간 동량은 여인이 사라진 사실을 알게 되었다. 아무리 찾아도 여인이 간 곳은 알 길이 없었고, 도편수 동량은 여인에게 쏟았던 정이 노기로 변하고 말았다.

"여자는 금물이다. 죄를 받아야 한다."

하여, 전등사 대웅전의 무거운 추녀를 받들고 벌을 받게 해야겠다는 생각에서 나신의 여인을 조각하였다 한다.

안평 대군의 마지막 안식처

전등사는 또 안평 대군과 그의 아들 우직友直의 위패가 봉안된 곳이기도 하다. 수양 대군과 권력의 암투에 희생된 그들의 영혼을 위령하며 명복을 빌기 위하여 전등사 불당에 모신 것이다.

문종은 세상을 일찍 떠났고 문종의 세자빈 현덕顯德 왕후 권權씨는 그보다 10년을 앞서 세상을 떠나고 말았다. 문종과 현덕 왕후 사이에 낳은 12세의 어린 왕자와 왕녀 2명만이 남게 되었는데 유일한 왕자 단종은 이미 문종 즉위 직후에 세자로 정해져 있었고 1452년 5월에는 선왕 문종의 뒤를 이어 조선왕조 제6대 왕이 되었다.

문종은 자신이 단명할 것을 예측하고 영의정 황보인黃甫仁, 좌의정 남지南智, 우

황보인 묘비. 경기도 파주시

의정 김종서金宗瑞 및 세종 때부터의 유신들인 집현전 학사들에게 누누이 어린 왕자를 잘 보필하라고 당부하였다.

당시의 왕실을 살펴보면 세종의 열 여덟 왕자 가운데서 정비인 소헌昭憲 왕후

김종서 집터. 서울시 중구 충정로

가 낳은 여덟 왕자 가운데 문종이 죽고, 문종 밑으로 대군이 7명이나 있었다. 즉 수양首陽 대군, 안평安平 대군, 임영臨瀛 대군, 광평廣平 대군, 금성錦城 대군, 평원平原 대군, 영응永膺 대군으로 이들은 어린 단종의 숙부이지만, 모두들 단종보다 나이도 많았고 야망이나 수완도 다 비범한 인물들이었다. 일찍이 태조 때에 여덟 왕자들이 왕좌 하나

임영 대군 묘비. 경기도 의왕시

광평 대군 묘비. 서울시 수서동

를 놓고 골육상쟁의 처참한 유혈극을 벌인 지 50여 년밖에 안 된 이 때 이들 대군 7명의 위세가 등등한 가운데 어린 단종이 즉위한 것이었다. 고려 헌종獻宗이 11세의 나이로 즉위했

금성 대군 묘소. 충청북도 청원군

다가 숙부인 숙종肅宗에게 왕위를 뺏겼을 때와 흡사한 상황이었다.

예상대로 어린 단종이 즉위하자마자 7명의 숙부들은 저마다 빈객賓客을 다투어 포섭하기 시작했다. 특히 수양 대군 측에는 무인들이 많이 모였고, 안평 대군 측으로는 문인들이 많이 모였다. 그와 동시에 각각의 대군들은 자신들의 일파를 더 많이 등용시키려는 경쟁이 심해

평원 대군 묘소. 경기도 포천시

영응 대군 신도비. 경기도 시흥시

강맹경 묘소(좌)와 묘비(우). 경기도 양평군

져 사헌부에서 그것을 문제 삼을 정도였다. 그러나 수양 대군, 안평 대군 등의 왕자는 도승지 강맹경姜孟卿을 통해서

　"우리들에게 경쟁을 금지시키는 것은 우리들을 의심하고, 왕을 위한 보좌를 하지 못하도록 막는 짓이다. 이 위태로운 때를 당해서 우리들은 대신들과 함께 환난을 극복하려 애쓰고 있는데, 어째서 하필이면 시기될 일을 생각하겠는가."

라고 하며 오히려 조정 대신들을 공박하였다. 이에 황보인 등이 당황하여 경쟁의 금지 주장을 중단했을 만큼 대군들의 세력은 강대해졌다. 날이 갈수록 그 세력은 더욱 확대되었는데 그중에서도 많은 무인들을 부하로 거느린 수양 대군의 야망은 가장 비범하여 이미 가시화되었다. 벌써 어린 단종의 앞날은 예측 못할 정도로 암담해진 것이다. 수양 대군이 권력을 키우는 이유는 왕위를 차지하기 위해서였지만 안평 대군의 경우는 달랐다.

세종의 셋째 아들인 안평 대군은 수양의 야심을 알고 있었고 단종을 보호하기 위해 김종서, 황보인 등과 결의를 맺고 조용히 수양의 거동을 감시한 것이다.

왕위를 빼앗기 위한 수양 대군의 반란

1453년(단종 1) 10월 10일에 수양 대군은 기어이 참변을 일으켰다. 당시에 선왕 문종의 유명을 받들어서 어린 단종을 보필하던 삼공 가운데, 지용이 가장 뛰어나 대호大虎로 불리던 우의정 김종서는 어느 모로 보나 수양 대군에게는 가장 두려운 존재였다. 이에 수양 대군은 김종서를 먼저 없애기로 결심하고, 휘하의 무인들을 지휘해서 김종서의 집을 습격하고 그의 아들까지 때려 죽였다. 다음날 수양 대군은 단종에게 태연하게 말하기를

"김종서가 모반을 일으키려 하므로 죽여 버렸습니다. 일이 너무 갑작스럽게 전개되었기 때문에 미리 아뢰지 못하였습니다."

라고 거짓 보고를 하였다. 뒤이어 수양 대군은 왕명이라고 속여 대신들을 대궐로 불러 놓고는, 미리 계획했던 대로 자신의 부하들을 대궐문에 배치해 놓았다가 황보인, 이조판서 조극관趙克寬, 찬성 이양李穰 등 반대파의 중신들이 들어오는 대로 모두 때려죽였다. 전에 태조나 태종이 고려왕조를 뒤엎으려고 반란을 일으켰을 때보다도 훨씬 더 참혹한 유혈극이었다.

하지만 수양 대군은 그것으로도 아직 부족하다고 생각했던지, 김종서의 시체를 거리에 매달아 사람들에게 보이고, 그의 자손들마저 베

조극관 신주(좌)와 조수량 묘비(우). 경기도 의정부시

어 죽었다.

또 좌의정 정분鄭苯, 평안도 관찰사 조수량趙遂良(조극관의 동생) 등도 반대파의 요주 인물이라는 혐의로 멀리 귀양 보냈다가 죽이고 이들의 자손들까지 사사하였다.

수양 대군은 자신의 친동생 안평 대군까지 적대시하여

"안평 대군이 황보인, 김종서 등과 결탁하고 음모를 꾸몄다."

라며 억지로 죄를 씌워 안평 대군과 그의 아들 우직을 함께 강화로 귀양 보내 버렸다. 이어 수양 대군은 그들을 교동으로 옮겨 두었다가 역시 죽여 없앰으로써 그 일문을 멸하였다. 이 참혹하기 짝이 없는 참극이 바로 계유정난癸酉靖難이다.

안평 대군은 총민한 사람으로 평소 학문을 좋아하며 시문과 서화, 거문고와 바둑에 능하였고 서법은 더욱 절묘하여 당대의 명필로 꼽혔다. 그는 무이정사武夷精舍라는 거처를 북문 밖에 짓고 또 담담정淡淡亭을 남호南湖에 마련하여 서적과 고금의 서예와 그림 등을 소장해 두고 날마다 문사나 이름난 유학자들을 청해 담론과 놀이를 벌이기를 즐겨하였다. 화도면華道面 정수사에 있는 『금자경金字經』 3권은 안평 대군이 손수 쓴 것이라 하는데 어떤 과정을 통해 수사手寫가 이루어졌는지 궁금하다.

안평 대군에게는 무뢰한이나 잡업에 종사하는 사람도 많이 찾아들어 명성이 일세를 진동하였다. 안평 대군의 자는 청지淸之, 호는 비해당匪懈堂, 매죽헌梅竹軒, 한간거사捄玕居士이다.

계유정난의 결과로 수양 대군은 일시에 정권을 장악하고 영의정, 부사, 이조판서, 병조판서 및 내외의 병마사와 도통사 등을 독차지하여 병권까지 장악하였다. 이때 조선왕조 역사상 네 번째로 정난공신靖難功臣 37명이 태어났다. 그중에 중요한 인물이 수양 대군, 정인지, 한확韓確, 이사철李思哲, 박종우朴從愚, 이계전李季甸, 박중손朴仲孫, 김효성金孝誠, 권남權擥, 홍달손洪達孫, 최항崔恒, 한명회韓明澮 등이다. 수양 대군은 그들 중에서도 정인지를 좌의정에, 한확을 우의정에 임명하고, 집현전에 강요하여 수양 대군을 찬양하는 교서를 지어 단종의 이름으로 자신에게 건네도록 만들었다. 집현전 학사들은 이미 다 도망치고 없는 상태로, 사육신의 한 사람 유성원柳誠源 혼자 협박당하여 억지로 그 일을 하고 집에 돌아가 통곡하였다 한다.

한확 묘소. 경기도 남양주시

최항 묘비. 경기도 광주시 퇴촌면

이계전 묘소. 경기도 여주군 사곡리

박중손 묘소. 경기도 파주시

홍달손 묘비. 경기도 의정부시

　　수양 대군은 앞서 살펴 본 바와 같이 계유정난에서 안평 대군과 삼
공을 비롯한 반대파를 거의 다 숙청해 버리고 권력을 독차지했다.

　　1455년(단종 3) 윤 6월 정난공신으로서 이조참판이 된 권남이나 선
왕 문종의 유명을 어기고 수양 대군에게 빌붙어 좌의정이 된 정인지
등은 마침내 갖은 농간과 위협을 다해서 어린 단종이 왕위를 물러나
게 만들었다. 그러나 그들은 찬탈자란 비난을 받기는 싫었는지 어린
단종이 환관을 통해서 좌의정 한확 등에게 양위의 뜻을 전하게 하고,

계양군 이증 묘소. 경기도 남양주시

익현군 이혼 묘소. 경기도 남양주시

선위의 절차를 밟아 왕위에 올랐다. 겨우 15세의 단종은 왕위를 쫓겨
나 수강궁壽康宮에 옮겨 앉아 상왕으로 불리게 되었고 수양 대군은 조
선 왕조 제7대 왕 세조가 되었다.

세조는 이 무렵에 자신을 도와준 계양군桂陽君 이증李𤩨, 익현군翼
峴君 이혼李琿, 한확, 윤사로尹師路, 신숙주申叔舟, 권남, 한명회 등 41
명을 좌익공신佐翼功臣으로 하였다. 조선 왕조 다섯 번째의 녹공錄이
이루어졌다.

단종을 복위시키려는 움직임

　그러나 위와 같은 단종의 양위를 세조의 불법 찬탈로 보고, 그 일파를 제거해 단종을 다시 왕위에 앉히려는 중대한 음모가 추진되었다. 이 음모는 전에 집현전 학사로서 세종의 신임을 받던 사람들과 문종에게서 나이 어린 세자를 잘 보필하라는 유명을 받은 사람들, 그리고 세조 일파의 발칙한 찬탈에 반감을 품은 사람들이 뜻을 같이 한 것이었다. 주요 인물은 승지 성삼문成三問, 형조참판 박팽년朴彭年, 직제학 이개李塏, 예조참판 하위지河緯地, 사예 유성원柳誠源, 성삼문의 아버지로 도총관을 지낸 성승成勝, 무인으로 동지중추원사였던 유응부兪應孚 등 수십 명이었다. 그들은 비교적 수월하게 의기투합하여 단종의 복위 및 반역자의 숙청을 재빨리 결의하고 행동을 개시할 기회만을 기다렸다.

　드디어 세조가 즉위한 이듬해인 1456년 6월에 명나라 사신이 왔다가 본국으로 떠나게 되어 창덕궁에서 그를 위한 송별회가 열렸다. 이때 연회 석상에서 세조 양쪽으로 칼을 들고 지켜서는 운검雲劍을 성승과 유응부 두 사람이 맡게 되었다.

　성삼문 등은 이야말로 기다리고 기다리던 기회라 판단하고 송별회가 한창일 때에 바깥문을 걸어 잠근 다음

성삼문 아버지 성승의 단비. 경기도 파주시

세조 일파를 모조리 처치하기로 하였다. 그러나 이 모의에 참가한 사람들의 수가 많았던 관계로, 세조의 심복 한명회의 귀에 이 사실이 전해지고 말았다. 그래서 송별회가 열리게 되었을 때에 세조 일파는 장소가 비좁은 때문이라고 하면서 이날은 국왕 옆에 운검을 세우지 않겠으니 성승과 유응부 두 사람은 송별회에 들어오지 말라 하였다.

유응부는 이때에 예정대로 뛰어 들어가서 일을 해치울 것을 주장하고 성삼문은 다음 기회를 기다리며 거사를 뒷날로 미루려 했다. 당시 이 모의를 위해 모인 이들은 대개가 문신들이었으므로 이들 대부분은 무인 유응부와 의견을 달리하였다.

그러자 그들 가운데서 집현전 출신인 정창손鄭昌孫 등은 음모가 좌절되는 등 대신들 간에 의견이 분분해지자, 뒷일이 잘못될 경우가 너무 걱정된 나머지 음모의 전모를 세조에게 자세히 고하고 만다.

정창손 묘소. 경기도 양평군 구정승골

복위 실패와 세조의 잔혹한 복수

세조는 명나라 사신이 떠나자마자 성삼문 등 수십 명의 혐의자들을 체포하고 정창손 등의 밀고가 사실인지를 확인하기 위해 직접 문초를 하였다. 이때의 잔학한 고문, 왕과 신하 사이의 가시 돋친 말대꾸 등은 당시의 날선 정계 분위기를 여실히 보여준다. 먼저 성삼문은 문초를 받으며 세조가 왜 자신을 배반했냐는 물음에

"옛 임금을 복위시키려 했을 뿐입니다. 천하에 임금을 사랑하지 않는 신하가 어디 있겠습니까? 내 마음은 세상 사람들이 다 알고 있습니다. 이게 어째서 배반입니까? 나리는 평소에 주공周公임을 자처했는데, 주공이 언제 이런 짓을 했습니까? 이번 일을 꾸민 것은 하늘에 두 태양이 있을 수 없듯이 땅위에 두 임금이 있을 수 없기 때문입니다."

라고 대답하였다. 세조를 '나리' 라고 부름으로써 성삼문은 수양 대군을 끝내 왕으로 대하지 않고 왕자로 인정하였다. 이에 세조가 그렇다면 왜 자신이 처음 왕위에 오를 때 막지 않고 이제야 갑자기 배반하는 것이냐 묻자 처음에는 자신도 대세를 거스를 수 없었다는 속내를 보이며 대답하였다.

"애당초 적극적으로 막지 못했으니 물러나서 죽는 길밖에 없다고 생각했습니다. 하지만 그냥 죽을 수는 없으므로 뒷날을 도모하기 위해서 지금까지 참으며 살아온 것입니다."

성삼문의 대답은 세조에게는 괘씸한 것이었다.

"너는 그 동안 나한테서 녹을 받아먹었다. 그렇게 녹을 받고 배반하는 것은 반역이다. 겉으로는 상왕(단종)을 다시 왕으로 모신다면서 사

실은 자기의 잇속만을 차린 것이 아니냐?"

"상왕이 계신데, 나리가 어찌 나를 신하로 삼을 수 있겠습니까? 또 나는 나리의 녹을 먹은 일은 없습니다. 내 말을 믿지 못하겠다면 내 집을 몰수해서 따져보기 바랍니다."

세조는 자신을 꼬박꼬박 나리라고 부르는 성삼문의 대답에 화가 치밀어 올라, 무사들이 시뻘겋게 달군 쇠로 성삼문의 다리를 꿰고 팔을 잘라 내게 했다. 잔혹한 고문을 견디어 낸 성삼문은 태연한 표정으로 조용히 한마디를 할 뿐이었다.

"나리의 형벌이 참으로 참혹하오 그려."

말을 마친 성삼문은 세조 옆에 서 있는 신숙주를 꾸짖었다.

"나와 네가 집현전에 있을 때에, 세종대왕께서 하루는 왕손(단종)을 안고 산보하며 이렇게 말씀하셨다. 〈내가 세상을 떠난 뒤에 그대들은 부디 세자를 보호하라.〉 그 말씀은 지금도 내 귀에 쟁쟁한데, 너 혼자서 잊어버렸단 말이냐? 네가 이렇게 못된 놈인 줄은 미처 몰랐다."

성삼문이 죽은 뒤에 그의 재산을 몰수해 보니 과연 세조가 즉위한 뒤의 녹은 하나도 먹지 않고 쌓여 있었다고 한다. 또 성삼문의 방에는 거적만이 깔렸을 뿐, 그 밖에 다른 것은 어떤 것도 없는 가난한 살림이었다.

박팽년 또한 문초 내내 세조를 "나리"라고 불렀으며, 그 역시 세조에게 받은 녹을 먹지 않고 고스란히 보관해 둔 것은 마찬가지였다. 그리고 세조에게 올리기 위해 자신이 작성한 계목啓目에서는 자신을 가리키는 말로 신臣자를 쓰는 대신에 '거巨'자를 써 두었다 한다.

기개가 높고 청렴결백했던 유응부도 고문당한 뒤 형장으로 끌려나가고 말았다. 이개는 평소에 자신의 숙부 이계전이 세조에게 내왕하는 것을 경계했던 사람이다. 그도 한때는 세조와 가깝게 지냈으나 진상을 자백하라는 요구를 거부하며 형벌을 꼬박 치렀으며, 하위지 역시 세조에게서 진상을 자백하면 용서해준다는 말을 들었으나 거부하였다.

이상 성삼문, 박팽년, 유응부, 이개, 하위지는 세조에 의해 처형당하였고, 유성원은 자신의 집에서 아내와 술잔을 나누고 조상의 사당 앞에 가서 자결하였다. 이들 6명이 바로 사육신死六臣으로, 그들의 일가로 남자인 경우는 다 죽임을 당했으며 여자인 경우는 남의 노비로 끌려가야 했다.

박팽년의 경우는 그의 부인과 유모가 다 아들이었는데, 유모가 자진하여 자신의 아들을 박팽년의 아들이라고 속여 죽게 하고 박팽년의 아들을 살려 냈다. 그리하여 유모에 의해 박팽년의 대가 끊기지 않고 이어질 수 있었으며, 지금은 경상북도 달성 묘동妙洞에 그 후손들이 많이 살고 있다. 또 하위지의 경우는 그의 아들 둘이 다 죽게 되었으나, 작은 아들은 어린 나이에도 어머니에게 의젓하게 말하기를

"죽기는 어렵지 않습니다. 아버님이 이미 세상을 떠나셨는데 제가 어떻게 살아남겠습니까. 명령이 없더라도 자결해야 할 입장입니다."

하였다. 작은 아들은 남의 노비로 끌려가게 된 누이동생에게 여자의 의리를 지켜 두 주인을 섬기지 말 것을 당부한 뒤에 태연히 죽었다는 눈물겨운 일화가 전한다.

사육신의 죽음 이후 화를 당하는 단종

위의 사육신 외에도 반역의 혐의로 화를 입은 사람들은 권자신權自
慎, 김문기金文起 등 70여 명에 달하였다. 더구나 세조는 이때에 단종
도 성삼문 등과 분명 관련을 맺었다 해서, 상왕이던 그를 노산군魯山
君으로 강봉하고, 군사 50여 명이 영월寧越로 데려가도록 했다. 단종
의 어머니 현덕 왕후에 대해서도 군이 죽은 사람을 폐위시켜 서인으
로 만들고, 세조 자신의 넷째 동생 금성 대군도 단종을 가까이 한 일
이 있다 해서 순흥으로 귀양 보내고 만다.

금성 대군은 순흥으로 내려간 지 얼마 안 되어 분을 참지 못하고 그
곳 부사 이보흠과 노산군을 다시 왕위에 올려놓을 음모를 꾸몄다. 그
래서 사육신 등이 처참하게 죽은 지 두어 달 후인 1456년(세조 2) 9월,
병력을 동원하기 위해서 영남의 선비들에게 격문을 띄웠다. 하지만
이번에도 격문을 훔쳐서 세조에게 밀고
한 자가 있었다. 이로써 금성 대군, 이보
흠 등은 곧 체포되어 안동 옥에 있다가
처형당하였다. 이때에도 세조의 이복형
제인 한남군漢南君, 영풍군永豊君 등 왕
자들은 변방으로 귀양을 갔고, 영월로 귀
양 간 단종은 폐위당해서 서인이 되었다
가 곧 살해되었다.

당시에 금성 대군 및 단종을 죽이게 된
데에는 영의정 정인지, 우의정 정창손,

김문기 초상

송시열 초상

이조판서 한명회, 우찬성 신숙주 등의 주장이 큰 영향을 미쳤다.

이때에 단종의 나이 겨우 17세로, 세조는 금부도사 왕방연王邦衍을 시켜 단종에게 독약을 내렸으나 왕방연은 어린 단종에게 차마 사약을 내밀지 못하고 장사를 방안에 들여보내서 노산군을 뒤로부터 끌어안고 목을 졸라 죽이게 했다고 전한다.

단종이 영월로 유배될 때는 시녀 6명이 동행해 시봉하였는데 단종이 죽음을 당하자 시녀들은 6백 미터 낭떠러지 아래로 투신자살했다.

강원도 영월군 영월읍 영흥리에 있는 단종의 묘소 장릉莊陵에는 민충사愍忠祠를 창건하였으며 단종이 승하한 곳에는 현재 관풍헌觀風軒이 있다. 시녀들이 뛰어내린 벼랑은 낙화암落花岩으로 부르며 현종顯宗 때 우암尤庵 송시열宋時烈의 건의로 시녀들의 자손을 등용하고 정

민충사

낙화암

관풍헌

문을 내렸다.

　이때 세조의 꿈에 문득 현덕 왕후가 나타나 어린 단종을 죽인 것을 크게 나무랐다. 세조는 이 꿈을 꺼림칙하게 여겨 현덕 왕후의 능인 소릉昭陵(현 동구릉東九陵)을 발굴해 물가로 옮기도록 하였다.

　한편 사기史記에 따르면 호장戶長 엄흥도嚴興道가 물속에 버려졌던 단종의 시체를 거둬 장사를 지내고 그 아들과 함께 어디론가 행방을 감추었다는 기록이 있다. 세조는 그 일족의 호적을 단절시키는 보복을 가하였으나 후손이 함경도에서 기거한다는 말이 있다.

엄흥도 묘소. 강원도 영월군

강화군 고구리
- 쫓겨난 폭군 연산군이 머물다 죽음을 맞이한 곳 -

　강화군 교동면 고구리古龜里는 고려 왕궁이 39년간 있었던 곳으로 '고려' 의 어음이 시대를 흐르며 변천하는 과정에서 고구리가 되었다. 고구려 연개소문이 태어났다고 전해지는 강화 지역의 고려산 또한 이 과정에서 생긴 이름이다.

　강화군 교동은 연산군이 폐위되어 쫓겨 간 곳으로 연산군은 그곳의 고구리에서 병사하였다는 말이 전한다. 한편 연산군이 봉소리鳳詔里에서 최후를 맞이했다는 말도 있다. 이제부터 연산군이 폐위되어 고구리까지 가야 했던 이유를 살펴보기로 하자.

　폐위 당시 연산 임금은 창경궁 정문 옆 협문으로 출궁하였다. 협문은 선인문宣仁門으로 후일 폐주 광해군도 이 문으로 출궁되었다. 마포나루에서 뱃길로 150리에 달하는 강화도 외딴 섬 교동 고구리로 향한 연산군은 인조 때 축성된 성내로 들어가 죄인으로 위리안치되었다가 눈을 감았다. 죽음을 얼마 남기지 않은 연산군은 마지막 유언으로 아내 신비愼妃가 보고 싶다는 말을 하였으며, 또한 나인들에게 '용서容恕' 라는 유서 한 장을 남겼다. 현재 그곳에는

　　　燕山君潛邸址

　　　연산군잠저지

라는 표석을 세워 놓았다. 그러나 이 표석의 내용은 잘못된 것으로 반

드시 「연산군 적거지燕山君謫居址」라고 수정되어야 함을 지적하고 싶다. 잠저지라는 말은 임금이 되기 전까지 살았던 곳을 뜻하는 것으로, 연산군은 즉위 후 죄인의 신분으로 강화 고구리에 위리안치 되어 살았기 때문이다. 사실이 아닌 역사의 기록을 남기고 수정하지 않는 것은 분명 큰 문제가 되는 것으로 우리나라의 역사를 관장하는 책임자들에게 정확한 역사의 기록을 남기고 수정해 줄 것을 간절히 바란다.

권력을 얻기 위한 정치적 당파 싸움은 성종 이후부터 심해지더니 연산군 시대의 무오사화戊午士禍와 갑자사화甲子士禍 이후로는 그 형태와 규모를 달리하게 되었다. 1483년(성종 14) 세자로 책봉된 연산군은 그때부터 성품이 포악하여 주위에서 우려를 한 기록이 남아 있다.

또한 본래 학문을 싫어하던 연산군이었기에, 이 사실을 아는 조신들은 이를 이용해 역사의 기록 문제를 이유로 반대파를 모함하여 무오사화를 일으켰다. 이때 많은 사림파士林派 인사들이 희생되고 유자광柳子光 중심의 훈구파勳舊派들은 위세를 더하였다.

1476년(성종 7)에 출생하여 1494년에 즉위한 조선 제10대 왕 연산군은 성종의 맏아들이다. 연산군은 즉위 뒤 자신의 생모 폐비 윤尹씨가 성종의 후궁 정鄭씨와 엄嚴씨의 모함으로 내쫓겨서 죽음을 당하게 되었다는 사실을 알게 되었다. 이에 격분하

안양군과 봉안군의 어머니 귀인 정씨 묘소. 경기도 화성시

안양군 묘비(좌)와 봉안군 묘소(우).

여 이성을 잃은 연산군은 철저한 복수를 단행한다. 위의 두 사화 중 갑자사화가 그것으로 연산군은 정씨 소생 안양군安陽君과 봉안군鳳安君을 살해하고, 윤씨 복위에 반대한 선비들을 처형하고 부관참시하였으며 그들의 가족들까지 처벌하였다.

　사화를 일으키고 나서도 연산군의 못된 정사는 날이 갈수록 더 심해졌으므로 조정의 신하들도 점점 버틸 수가 없었다. 바른 말 하는 신하들을 쫓아내고 죽이는 일은 기본으로 전국 각 도에 채홍사採紅使와 채청사採靑使를 파견하여 미녀와 좋은 말을 징발하는 데만 열성을 보였다. 그리고 연산군은 성균관의 학생들을 내쫓고 그곳을 유흥장으로 만든 다음 아름다운 여인들을 자신의 노리개로 만드는 일을 서슴지 않았다. 또한 왕은 경연을 폐지하고 사간원도 없애버렸으며 원각사圓覺寺를 기생 양성소로 만들어 민간의 여자들을 함부로 잡아들였다.

　연산군의 시정을 공박하는 투서가 국문이었다는 이유로, 국문을 아는 자를 모조리 잡아들이고 한글 서적은 모두 불태워 국문의 쇠퇴를 초래하는 등 악정은 더 심해질 뿐 멈출 줄을 몰랐다.

심지어 연산군은 자신의 백부인 월산月山 대군의 아내 박씨에게까지 더러운 손길을 뻗쳤다. 부부인 박씨는 백부의 아내이니 연산군에게는 백모가 아닌가. 남편 월산 대군을 먼저 저 세상으로 보내고 14년 동안 홀로 지내며 남편의 명복을 빌었던 그녀였다.

연산군은 부부인 박씨에게 욕을 보이고 월산 대군의 묘소에는 말뚝을 박는 악행을 저질렀다. 연산군도 백모를 범하는 일은 조금 민망하였던지 부대부인으로 높여 주었으나 계속되는 연산군의 행각을 견딜수 없었던 박씨는 동생 박원종朴元宗에게 유서를 남기고 음독자결을 하기에 이른다.

분노로 이를 갈던 박원종은 연산군을 이대로 두지 않겠다는 결심을 굳혔다. 연산군이 폐위당하기까지의 과정은 은밀히 진행되었다. 지중추부사 평성군平城君 박원종과 전 이조참판 부사용副司勇 성희안成希顔은 마침 한 동네에 살고 있었고, 만날 때마다 연산군의 몰염치한 일들에 대해 이야기를 나누었다. 이야기의 결론은 연산군을 몰아내야 한다는 것이 되었다.

때마침 군자부정 신윤무申允武는 연산군의 총애와 신임을 받고 있긴 했으나, 무슨 변괴라도 일어나면 자신의 목숨이 위태로울 것을 걱정하여 박원종

박원종 묘소. 경기도 남양주시

성희안 묘소

신윤무 묘비. 경기도 고양시

등을 찾아가서 말하였다.

"지금 궁중과 조정의 안팎에 원한을 품은 이가 많고, 좌우로 친하고 믿을 수 있는 사람도 거의 왕으로부터 떠나갔소. 곧 무슨 일이 있을 듯하오. 또 이장곤李長坤이라는 용기와 지략이 있는 자가 이미 도망을 쳤는데, 그가 골짜기에 떨어져 죽지는 않았을 것이오. 이장곤이 귀양 간 여러 사람들을 모아서 군읍郡邑에 격문을 보내 군사를 일으켜 한양으로 쳐들어오면 사직은 어쩔 수 없이 다른 사람에게 넘어가고 말 것이오."

이 말을 들은 박원종과 성희안은 마침내 거사하기로 결심하고, 당시에 인망이 높던 이조판서 유순정柳順汀에게 결심을 알리자 그 또한 선뜻 응하였다.

문성공 유순정 영정

장정 묘비. 경기도 고양시　　박영문 묘비. 경기도 파주시　　홍경주 묘비. 경기도 남양주시

　때를 같이해 연산군이 장단長湍 석벽石壁에 행차한다는 말을 듣자 그들은 그날을 거사일로 결정하였다. 그리하여 신윤무를 비롯해서 전 수원水原 부사 장정張珽, 군기시 첨정 박영문朴永文, 사복시첨정 홍경주洪景舟가 무사를 모아 1506년(연산 12) 9월 1일 저녁 훈련원에 모였다.

　이때 성희안은 김수동金壽童과 김감金勘에게도 뜻을 같이할 것을 청하였는데, 김감은 선뜻 따라 나섰으나 김수동은 크게 겁을 먹어 안색이 창백해졌다가 한참만에야 따라 나섰다. 그밖에 기지와 모사에 능하고 경험이 많은 유자광을 불러내 가담하게 하였다.

　그들은 먼저 간신 임사홍任士洪, 왕비 신愼씨의 오빠 신수근愼守勤과 그 동생 신수영愼守英의 집에 신윤무 등을 보내 때려죽이고, 또 개성에 사람을 보내서 신수근의 동생인 유수留守 신수겸愼守謙을 베어 죽였다.

　이 소문이 퍼지자 많은 사람들은 미리 약속이나 한 듯이 모여 들었

임사홍 묘소. 경기도 여주시   신수근 신도비. 경기도 양주시

다. 연산군의 악행에 많은 이들은 때를 기다리고 있었던 것이다.

중종반정과 연산군의 몰락

반정군들은 부서를 정해 궁중의 말을 끌어내 나눠 주고, 각각 군사를 거느려 궁궐을 에워싸는 한편 옥에 갇혀 있던 자들을 풀어 종군하게 하였다. 그리고 윤형노尹衡老를 진성晉城 대군의 둘째 아들 집에 보내서 이번 거사의 이유를 알리고, 운산군雲山君과 무사 수십 명을 보내서 신변을 보호하였다.

이튿날인 9월 2일 새벽 성희안 등은 돈화문敦化門 밖에서 날이 밝기를 기다렸다. 궁중 안에서 방위를 맡고 있던 장수와 군사, 시종 등도 마찬가지로 연산군의 패악에 진저리를 치며 벌벌 떨어야 했고, 거사의 계획을 알게 되자 서로 다투어 빠져나와 궁궐 안은 텅 비다시피 하였다.

그때 입직 승지入直承旨 윤장尹璋, 조계형曹繼衡, 이우李瑀 등은 변란을 전해 듣고 황급히 들어가서 이 사실을 연산군에게 알렸다. 놀란 연산군은 달려 나와 이들의 손을 잡고 떨며 아무 말도 못하였고, 윤장 등은 왕에게 바깥 사정을 살펴봐야겠다는 핑계를 대고 모두 수채 구멍으로 도망쳐 버렸다. 이윽고 박원종 등은 장사들을 데리고 궁궐 안으로 들어가 연산군에게서 옥새를 내놓고 동궁東宮으로 옮겨 갈 것을 청하고 전동田同, 심금손沈今孫, 강응姜凝, 김효손金孝孫 등은 처단하였다.

곧이어 날이 밝자 박원종 등은 경복궁景福宮에 가서 성종의 계비 정현貞顯 왕후 윤尹씨에게 말하기를

"주상(연산군)이 크게 임금의 도리를 잃어 천명과 인심이 다 진성 대군에게 돌아갔으므로, 신하들이 대비의 뜻을 받들어서 진성 대군을 맞아 왕으로 세우려 하옵니다."

하며 그대로 명을 내려 줄 것을 청하였다.

윤 대비는 그 청을 윤허하였으며 유순정은 곧 진성 대군 사제私第로 가서 그 사실을 전하였다. 진성 대군은 세 번이나 사양하였으나 결국 청을 받아들여 유순정 등의 호위를 받으며 경복궁으로 들어갔다. 이

성종 비 정현 왕후의 선릉, 윤호의 딸. 서울시 강남구

때 길가로 수많은 백성들이 몰려나와 기뻐하였으며 감격하여 우는 이들도 적지 않았다고 한다.

이날 오후 4시경 진성 대군은 근정전勤政殿에서 왕위에 올랐다. 새로 등극한 왕은 바로 조선왕조 제11대 왕 중종이요, 박원종 등이 폭군 연산군을 몰아내고 새 왕을 세운 거사를 중종반정中宗反正이라 한다.

즉위한 중종은 곧 문무백관의 하례를 받고 전국에 다음과 같이 선언하였다.

"내가 부덕함에도 종실宗室의 위에 앉았으나, 오직 겸손하고 공손하게 정사에 힘써 종묘와 사직을 지켜 가려고 한다. 근래에 임금이 도를 잃어 형벌과 정사가 번거롭고 가혹하여 민심이 각박하고 궁핍해졌다. 이에 문무를 맡은 여러 신하들이 종료 사직과 백성을 염려하여, 군이 사양함에도 나를 왕위에 추대하였다. 앞으로 옛 법과 관례를 함부로 고치고 새로운 과조科條를 세운 자는 모두 추방할 것이니 조종祖宗이 이룩한 국가의 헌법에 따르도록 하라."

이 무렵 귀양살이를 하던 전 대간 유빈柳濱, 김준손金駿孫 등도 전라도에서 군사를 일으키고 진성 대군을 추대하려 하였다가 한양에서 진성 대군이 왕으로 즉위하였다는 소식을 듣고 중지하였다.

새 임금 중종은 즉위한 날로 전왕 연산군을 강화 교동喬桐으로 귀양 보내고, 폐비 신씨는 정청궁貞淸宮으로 옮기고 세자는 폐하여 강원도 정선旌善에, 창녕昌寧 대군 이인李仁은 수안遂安에, 양평陽平 대군 이성李誠은 제천堤川으로 귀양 보냈다. 그리고 장녹수張綠水, 전비田非, 김귀비金貴非 등은 잡아 죽이고 적몰하였으며, 그 밖에도 연산군 밑에서 폐단이 심하였던 나인 흥청興淸(기녀) 및 그 족친, 노비 등 1백여 명을 잡아 죽이거나 변방으로 귀양 보냈다. 그리고 나인 따위에 빌붙어 지방의 수령이 된 뒤로 작폐가 심했던 자들 역시 모조리 추방하였다.

중종은 다음 날인 3일 교동으로 쫓겨난 폐왕을 강봉하여 연산군燕山君이라 부르게 하고 4일에는 각 도道에 파견되어 있던 채청사와 채응견사採鷹犬使 등을 소환하고 언문청諺文廳을 혁파하였다. 이에 백성은 세상이 크게 뒤바뀔 희망에 부풀었다. 이어 8일에는 반정의 공신을 4등급으로 나누어 박원종, 성희안, 유순정, 유자광, 신윤무, 박영문, 장정, 홍경주 이하 1백여 명이 정국공신靖國功臣이 되었다. 이것이 제9차 공신이다.

이렇듯 중종은 연산군의 잘못된 정사를 개혁하고 유교의 진흥을 목적으로 학문을 장려하면서 기강을 바로 세우고 부정을 엄격히 바로 잡기 위해 애썼다.

이에 따라 유교 정치를 현실화하려는 신진 학자들이 등용될 기회가

중종 비 폐비 신씨의 온릉. 경기도 양주시

생기고 대의명분과 실천을 주로 하는 성리학자性理學者가 활동할 계기가 마련되었다. 그 대표적인 인물이 당시 유교 선비들의 수령으로 명망이 높았던 조광조趙光祖였고, 신왕은 소장학자인 조광조를 등용하여 신임하게 되었다.

고구려 장수 연개소문이 태어난 강화

현재 인천광역시 강화군 하점면 부근리 서쪽에는 고려산高麗山이 있다. 그리고 고려산의 북쪽에 있는 시루미봉에는 아직까지도 연개소문淵蓋蘇文의 옛 집터의 흔적이 남아 있다. 또 고려산에는 치마대馳馬臺라 하여 연개소문이 말을 타고 달리던 터가 있다. 상봉에는 5개의 우물 오정五井이 있어 당시 연개소문이 말에게 물을 먹였다고 하는데, 지금은 공군 부대 주둔으로 다 없어지고 말았다. 현재 이곳에는 연개소문 유허비가 세워져 있다.

연개소문의 이름은 다른 말로 개금蓋金이라 하고, 성은 천泉씨라고 중국의 서적에 기록되어 있는데 이르기를

〈연개소문의 본성은 연淵이었는데 당나라 고조高祖의 이름이 연이기 때문에 이를 피하기 위해 천泉씨라고 중국 본적에 기록해 놓았다.〉

하였다. 연개소문의 성은 천 외에 전씨라는 기록도 있는데 중국말에서는 '천泉'과 '전錢'이 서로 같은 음을 갖는다. 연개소문은 고려산 북쪽의 시루미봉에서 출생하였으나 항상 스스로 이르기를

"나는 물속에서 낳았다."

하며 여러 사람들을 현혹시켰으며 성격은 매우 잔인하고 난폭하였다

고 한다.

동군 대인東郡大人 대대노大對盧의 벼슬을 지낸 아버지가 죽자 연개소문이 그 자리를 이어 받았으나 잔악하기 이를 데 없는 성정이 문제였다. 여러 대신들은 고구려 제27대 영류왕榮留王과 함께 연개소문을 죽이려고 모의하였으나, 사전에 발각되어 연개소문이 오히려 1백여 명의 대신을 죽이고 궁으로 들어가 영류왕까지 죽인 다음 왕의 시체는 시궁창에 장사지냈다.

이후 연개소문은 스스로 막리지莫離支(만주어로 장사 또는 장군의 뜻)라 칭하고는 나라를 마음대로 다스렸다. 그는 생김새가 크고 우람했으며 아름답고 위엄 있는 수염을 기르며 관복은 모두 금으로 장식하여 입었다. 그리고 항상 5개의 칼을 차고 큰 소리로 외치며 다니니 사람들은 두려움에 그가 나타나면 모두 숨어 버렸다고 한다. 연개소문의 아들 남생男生과 손자 헌성獻誠도 용맹으로 이름을 떨쳤다.

연산군 대의 신하들

연산에게 끝까지 간한 환관 중의 명관 김처선

환관宦官은 대체로 명관名官이 없다는 말이 있다. 명관일 수 없다는 편이 옳은지 모른다. 환관의 직책 자체가 비굴함을 필요로 한 것이기 때문이다. 임금의 총애를 입으면 자신이 그 총애를 미끼로 횡포를 부리거나, 또 간신의 앞잡이가 되어 놀아나거나 했던 것이 대개의 환관들이었다. 환관 사회에 있어서 교훈적인 처세술은 어떻게 해서 보다 많이, 보다 빨리 임금의 은총을 입느냐 하는 것이었다.

〈처선處善을 하지 말고 처악處惡을 하라.〉

는 환관 사회에서 통용되고 추구하던 일반적인 가치였다. 올바른 처신을 하라는 '처선'이 갖는 뜻은 환관 사회에서는 맞지 않는 말로 오히려 그 반대로 처악을 하라는 것이다. 위와 같은 문구가 나오게 된 데는 연산군에게 옳은 말을 하다 죽음을 당한 김처선金處善의 일화에서 기인한다.

김처선은 정2품으로 장관급의 환관이었다. 연산군의 포학과 음란이 날로 심해지자 김처선은 정성을 다하여 매번 간하였으나 임금은 노여움을 밖으로 나타내지 않고 늙은 환관쯤 하며 못마땅한 마음을 참고 있었다.

그러다 궁중에서 처용놀이를 하는 연산군의 음란함이 극에 이르렀다. 어느 날 김처선은 집을 나서면서 집안사람에게

"오늘 나는 반드시 죽을 것이오."

라고 말해 놓고 출사하여 연산군 앞에 나아가 다음과 같은 극언으로 간하였다.

"늙은 놈이 역대 네 임금을 섬겼고 경서經書와 사서史書에 대강 통하지만, 고금에 상감님의 하는 짓과 같은 이는 없었습니다."

김처선의 바른 말에 성이 치민 연산군은 당장에 활을 가져오라 하여 늙은 김처선의 갈빗대를 향해 활을 쏘았다. 활에 맞은 김처선은 그럼에도 간함을 멈추지 않고 계속하였다.

"조정의 대신들도 죽음을 두려워하지 않는데 늙은 내시가 어찌 감

히 죽음을 아끼겠습니까. 다만 상감께서 오래도록 임금 노릇을 할 수 없는 것이 한스러울 뿐입니다.”

이에 연산군은 화살 하나를 더 쏘아 김처선을 맞히더니 그가 땅에 쓰러지자 다리를 자르라 명하였다. 장사가 손으로 김처선의 부러뜨리자 연산군은 일어나 걸으라고 시켰다. 김처선이

“상감님은 다리가 부러져도 다닐 수 있습니까.”

대답하자 연산군은 말끝마다 대꾸하는 그의 혀를 잘라내라 하더니 다시 스스로 칼을 들어 김처선의 배를 갈라 창자를 끄집어내었다. 그 고통 속에서도 김처선은 숨질 때까지 연산군에게 행실을 고치라고 간하는 것을 멈추지 않았다.

연산군은 김처선의 시체가 호랑이의 먹이가 되도록 하였고 김처선을 그렇게 처절하게 죽이고도 화가 덜 풀렸던지 민간에 널리 포고문을 내려 ‘처處’자와 ‘선善’자를 쓰지 못하도록 하는 금문령禁文令을 내렸다. 옛날부터 대역大逆을 범한 역적의 죄악을 널리 오래 백성에게 주지시키는 뜻에서 이 같은 이름자의 금자령을 내린 일은 이따금 있었으나 충신의 이름에 금자령을 내린 것은 전무후무한 일이었다.

충신 권벌의 시험 답안에 쓰인 ‘처處’

갑자사화가 있던 1504년(연산 10) 과거에 합격한 권벌權橃은 이후 시권試券(시험 답안지)에 쓰인 글자가 문제가 되어 합격이 취소가 된 일이 있었다.

1478년(성종 9) 권사빈權士彬의 아들로 태어난 권벌은 1504년의 과

권벌의 사당. 경상북도 봉화군

거가 취소된 후 1507년(중종 2)에 문과에 급제하며 활약을 시작한 정치가이다.

그러나 그가 예조참판으로 있던 1519년 기묘사화己卯士禍에 관련되어 파직당하고 10여 년 재야에 묻혀 살아야 했다. 권벌은 1533년(중종 28) 복직되어 여러 벼슬을 거치며 정계에 있다 명종 초인 1548년(명종 3)에 윤원형尹元衡의 윤임尹任 배척을 반대하다가 삭주朔州에 유배되어 죽었다. 안동이 본관인 권벌의 자는 중허仲虛, 호는 충재沖齋, 시호는 충정忠定이며 선조 때에 좌의정으로 추증되었다.

1504년 권벌의 합격이 취소된 것은 한 시관試官이 그가 쓴 시험지에 금자령이 내린 처處자가 쓰인 것을 발견했기 때문이다. 이를 두고 선비 사회에서는 조선 역사에 있어 가장 참혹하게 죽은 김처선을 보며 〈환관만도 못한 선비〉라는 자조적 격언이 번졌고 또 환관 사회에서는 〈처선處善하지 말고 처악處惡하라〉는 역설적 격언이 생겨났던 것이다.

경기도 수원 지역의 지명 유래

수원시 발전의 유래
- 정조, 아버지 사도 세자의 넋을 위로하다 -

수원水原의 유래를 알려면 1432년(세종 14) 『세종실록』이나 1611년 (광해 3) 『신증동국여지승람』 14권 13의 기록인 수원 도호부를 살피기 전에 남양南陽에 관해 먼저 살펴보아야 한다.

수원이라 하면 지금의 수원시만 생각하기 쉬우나 시로 승격하기 전 에는 수원군이었으며, 그 훨씬 전에는 현 화성시 일대도 해당되었으 며 그곳의 치소治所는 남양이었다.

이 남양 땅은 신라 때 황산(황도黃嶋) 청해진靑海鎭, 강화의 혈구진穴 口鎭, 그리고 남양의 화량진花梁鎭으로 당唐나라와 외교 및 무역으로 유명했던 곳이다. 이곳은 오랫동안 신라의 점유지로 백제와 고구려의 공격을 받아 왔는데, 그것은 신라와 당나라와의 외교 및 군사적인 제휴를 막기 위함이었다. 신라는 남양의 화량포를 통해 당과의 외교를 이어갔을 뿐만 아니라 중국 대륙의 문화 수용의 통로 역할을 했으며, 유학생들이 왕래하던 곳도 이곳으로 알려져 있다.

처음에는 백제 영토였던 이곳이 고구려의 남진 정책에 밀려 고구려의 영지가 되면서 당성군唐城郡이라 하다가 신라 통일기에는 당은군唐恩郡이라 하였다. 이후 고려 초에는 다시 당성군이 되었다가 1018년 (고려 현종 9)에는 수주水州(현 수원)로부터 인주仁州(현 인천仁川)로 소속이 바뀌었다. 그러던 것이 일제 강점기에는 수원군으로 통합되었으며, 수원군이 1949년 수원시로 승격하자 수원읍을 뺀 수원군을 화성군이라 하게 되어 남양은 화성군 남양면이 되었다.

수원을 얘기하는데 있어 수원성水原城, 즉 화성華城에 관한 역사를 빼놓을 수는 없다. 그것은 정조가 부친인 사도 세자의 묘를 화산花山으로 이장하고, 또 수원에 화성이라는 성곽을 축성하는 대규모의 역사를 벌여 계획도시의 기틀을 마련해 주었기 때문이다.

정조는 28세의 나이로 비운에 간 부왕 사도 세자의 넋을 위로하기 위해 즉위 첫해인 1777년에 서울 종로구 누상동에 있던 경모궁景慕宮을 종로구 원서동苑西洞에 있는 숭교방崇敎坊으로 옮겨 개축하였다. 그리고 이듬해인 1778년(정조 2)에는 양주군 배봉산拜峯山에 있던 사도 세자의 영우원永佑園을 명당을 골라 수원 화산으로 옮기고 사도 세자를 장조莊祖로 추존하였다.

뿐만 아니라 정조는 화성군 안녕리安寧里에 있던 옛 읍을 수원부 팔달산八達山 밑으로 옮기고 1793년(정조 17) 그 이름을 화성이라 개칭하고 유수부留守府로 승격시켰다. 정조가 화성을 쌓기 전까지 수원의 읍성은 흙으로 건축하였다. 이때의 수원성 내에는 어목헌지禦牧軒池, 관청전지官廳前池, 사창전지司倉前池, 문루전지門樓前池, 객사후지客舍後池 등의 못이 있었다.

정조는 생부 사도 세자를 위해 1789년(정조 13) 화산 땅에 현륭원顯隆園(현 융릉隆陵)을 이룩하고 이듬해 6월에는 강유姜游의 상소에 따라 축성을 논의하기 시작하였으며, 10월에는 동린東鄰에 용주사龍珠寺를 세워 수원은 떨어질 수 없는 곳이 되었다.

1794년(정조 18) 2월 28일에 기공하여 2년 7개월간의 공사 기간을 거친 화성은 1796년(정조 20) 9월 10일에 준공되었으며, 그해 10월 16일에 성대한 낙성식을 치렀다.

공사를 친히 보살핀 정조는 성중에 행궁을 설치하고 영중추부사 채제공蔡濟恭으로 하여금 역사를 총괄케 하였으니 이 역사를 화성 성역城役이라 부른다.

1720년(숙종 46) 지중추부사 채응일蔡膺一의 아들로 태어난 채제공은 1743년(영조 19) 문과에 급제하고 여러 요직을 거쳐 암행어사로 호남을 다녀왔다. 또 승지에 이르러 『열성지장列聖誌狀』과 『어제보편御製補篇』을 편수한 공으로 호피虎皮 등의 상을 받았다. 그는 정조 초에는 형조판서가 되어 김상로와 그 일당의 죄를 밝혀내어 처벌했으며, 병조판서가 되었다가 홍국영과 뜻이 맞지 않아 그만두기도 하였다.

채제공 묘소. 경기도 용인시

또 이때에 채제공이 수궁대장으로서 궁성을 수비하니 정조가 마음을 놓았고 그를 더욱 신뢰하게 되었다.

채제공은 1780년(정조 4)에는 규장각제학이 되어 서명응徐命膺 등과 함께 『국조보감國朝寶鑑』을 찬수하였으며 영의정에 이르렀다. 채제공은 생의 마지막까지 연구와 시정에 최선을 다하다가 1799년(정조 23) 판중추부사가 되어 죽으니 왕이 친히 축문을 지어 제사하게 하였다.

한편 그는 천주교인을 탄압함에 힘써 서학西學을 사학邪學이라 하여 배척하였다. 채제공의 저서로 『번암집樊巖集』 59권이 있으며 본관은 평강平康, 자는 백규伯規, 호는 번암樊巖, 시호는 문숙文肅이다.

순탄하게 진행된 화성 축성은 1794년 9월에는 장안문과 팔달문八達門이 준공되고 장락당長樂堂, 북동北東, 북서포루北西砲樓, 봉수당奉壽堂과 낙남헌洛南軒, 서장대西將臺가 완공되었다. 10월에는 방화수류정訪花隨柳亭이 또 이듬해 정월에는 화홍문華虹門, 강무당講武堂, 북옹성

❶ 장안문
❷ 팔달문
❸ 북서포루
❹ 서장대
❺ 방화수류정(동북각루)
❻ 화홍문(북수문)
❼ 북포루
❽ 창룡문
❾ 화서문
❿ 서북공심돈
⓫ 북암문
⓬ 동북노대
⓭ 서포루

北甕城이 마무리 되었으며 1795년 2월과 윤閏 2월에는 북포루北舖樓, 남암문南暗門, 적대敵臺의 공사가 끝났다. 이어 11월 말에는 남옹성南 甕城, 만석거萬石渠, 남장대南將臺, 영화정迎華亭, 창룡문蒼龍門, 남공 심돈南空心墩이, 이듬해인 1796년 5월에는 화서문華西門, 남수문南水

門, 서북공심돈西北空心墩, 북암문北暗門, 동북노대東北弩臺, 서포루西砲樓의 공사가 마무리 되었다. 8월에 이르러 대략 공사가 준공되자 감동監董 당상堂上들은 9월 9일에 성역이 끝났음을 복명하였다.

또, 정조는 축성 기술을 얻기 위해 중국에 가는 사신에게 명하여 축성에 도움이 될 수 있는 전문서를 구해 오도록 하였다. 사신은『사고전서四庫全書』는 구하지 못하였지만 대신『고금도서집성古今圖書集成』5천22권을 2천150냥을 주고 구입하였으며 이중『기기도설奇器圖說』을 보고 다산茶山 정약용丁若鏞이 도르래로 거중기擧重機(기중기)를 만들어 40근의 힘으로 무려 625배에 해당하는 2만5천 근의 돌을 들어 올렸다. 이에 관한 상세한 기록은『화성성역의궤華城城役儀軌』에 실려 있다.

감동상監董上으로 임명된 행부사직 조심태趙心泰도 뛰어난 과학적 구조물을 치밀하게 완성하는데 큰 공을 세웠다. 채제공을 중심으로 한 이들은 거중기 등의 기계를 크게 활용하여 공사를 수월하게 이끈 점 외에도 돌과 벽돌을 섞어 사용한 과감한 시도, 용재를 규격화한 점, 화포火砲를 주 무기로 하는 공용 화기 사용의 방어 구조 등은 다른 성곽에서는 찾아볼 수 없는 특이한 예로써 가장 모범적인 성곽을 이루었다고 하겠다.

화성은 서구식 축성법을 가미했다는 것이 특색으로 성 동북쪽에 용연지龍淵池를 파고 둔전을 열어 방어와 수비를 고려한 것도 특기할 만하다. 화성은 현재 사적 제3호로 지정되어 보호하고 있다.

성의 규모도 대단하여 총길이 4천6백 보步(약 5.7킬로미터), 성벽의 둘레 1만4천6백 척, 공장工匠의 수는 1천820명, 동원된 인부는 37만6천342명이나 되었으며 총 경비 87만3천517냥, 양곡 1천495석石이 소요되었고 벽돌은 69만5천 장이나 들었다 한다.

이를 계기로 하여 1900년 인구가 1만 명도 안 되던 수원은 현재 경제, 교육, 사회, 정치의 중심지로 자리하게 되었다.

전하, 한양에서 화산까지는 120리라 아뢰옵니다

정조는 아버지 사도 세자의 체백體魄을 옮겨야겠다고 마음을 굳힌 뒤 지관들을 사방으로 보내 명당을 찾기 시작했다. 지관들이 찾은 여러 곳 중에 정조가 현 위치인 수원 화산으로 결정하고자 했으나, 의외의 문제가 생겼다. 당시 국법에는 왕의 활동 범위를 도성으로부터 1백 리 내로 제한하였고 서거했을 시 능 조성 또한 도성으로부터 1백 리 내로 제한하고 있을 때였다. 생사 여부를 막론하고 이런 국법을 정해 놓은 이유는 생시에는 안전 문제를 염려한 것이었고, 사후에는 능침을 찾는 길이 잦았던 당시 능침 관리가 소홀해지지 않도록 함과 아울러 능침을 참배하는 후대 임금들의 안전을 염려하여 정해진 법이었다.

인조의 장릉長陵은 경기도 파주에 옮겨지긴 했으나 85리의 거리로 더 가까워졌으므로 별다른 문제가 없었다. 물론 국법에서도 예외에 해당하는 경우가 있어 세종의 영릉英陵과 효종의 영릉寧陵은 모두 이장이었는데 2백 리가 넘는 여주에 모셔졌다. 그리고 선조는 임진왜란 때 한양으로부터 천리나 되는 평안북도 의주까지 피신한 일이 있었으며 이괄의 난으로 인하여 인조는 충청도 공주까지 몽진하였으나 이는 피치 못할 부득이한 경우였다.

정조 또한 그러한 실기를 몰랐을 리가 없다. 그리하여 궁색한 변명과 신하들의 반론을 잠재우기 위하여,

"짐은 수원이 80리라고 알고 있었소. 그러하니 지금부터라도 수원은 80리라 선포하도록 하시오."

하였고, 사후에라도 극진히 부모를 봉양하고자 하는 정조의 뜻을 아는 신하들도 실제 거리가 120리라는 사실을 알았으나 어명인 80리를 묵인했다고 한다. 이로 인해 사도 세자의 체백은 당시 경기도 양주군 중랑포 배봉산拜峰山(현 서울시립대학교 뒷산)에서 현재 자리로 이장되었다. 이장했던 1789년(정조 13)부터 2010년까지는 정확히 222년이 되었으니 오랜 세월이 흘렀으나 현재까지도 수원 화성 지역 촌로들에게 "수원 화성은 도성으로부터 거리가 몇 리입니까"하고 여쭙게 되면 아무런 주저함 없이 "80리"라는 대답이 나온다. 과연 군주국가의 통치권자인 임금의 말은 절대적이었다는 생각이 드나 사도 세자를 위한 아들 정조의 '효孝'에 그 바탕이 있으므로, 그동안 역사 뒤편으로 밀려 있던 수원 80리에 대한 한 토막 일화를 밝혀 보았다.

효원孝園의 성곽도시 수원

사도 세자의 초라한 묘소가 양주 배봉산에 들어선 때는 1762년(영조 38) 임오년이었다. 이를 항상 염두에 두었던 정조는 1776년 즉위하자마자 영우永祐로 원호園號를 봉하고, 3년 뒤에는 천하의 명당 화산 아래로 묘를 옮기고 현륭원이라 하였다. 이렇게 하고서도 정조는 사

용주사 문루. 경기도 화성시 송산동

도 세자 곁에 항상 머물 수 없음을 한탄하며 현륭원 재실齋室에 자신의 초상화를 걸어두도록 하고 또 현륭원의 조포사造泡寺로 용주사龍珠寺를 건립하였다. 특히 용주사에는 정조 당시 실경實景 화법, 서양 화법으로 그려진 단원 김홍도金弘道의 〈후불탱화後佛幀畵〉와 대웅전에 모신 석가여래, 약사여래, 아미타불 그리고 〈부모은중경父母恩重經〉

판각, 감실, 정조 어필御筆의 「화산 용주사 봉불기복게奉佛祈福偈」와 채제공의 「화산 용주사 상량문上樑文」, 사찰의 단청 계단석과 계관석의 조각에 이르기까지 정성을 다한 흔적이 역력하다.

이와 같은 효성을 계기로 정조의 숙원사업인 화성이 축성된 것이다. '효원孝園의 성곽도시'라는 문구는 수원에서 눈에 자주 띄는 문구다. 이는 어쩌면 비명에 간

용주사 내 「부모은중경」 비.

사도 세자의 아들 정조의 부왕에 대한 지극한 효심에서 비롯된 것이 아닐까 하는 생각을 해 본다. 오늘의 화성은 이와 같은 효심에서 시작된 것이다.

수원과 효의 관계는 정조에 와서 크게 부각된 것이지만 그 이전에도 이미 많은 효자나 열부에 대한 기록이 읍지邑誌와 『효행록孝行錄』 등에 남아 있으며 전설로도 전한다.

멀리 고려 의종毅宗 때의 문신 최루백崔婁伯은 15세에 아버지가 사냥을 나갔다가 호랑이의 공격으로 죽음을 당하자 도끼를 들고 호랑이를 때려잡아 아버지의 시신을 호랑이 배 안에 넣어 장사를 지내고 3년간 여막살이를 했다는 기록도 있다.

조선조에 들어와서도 효종 대의 인물 이정태는 10살에 부모를 잃고 호곡함이 어른과 같았고, 형제의 우애가 각별하였다고 하며 숙종조의 조우는 엄동설한에 강물로 들어가 가물치를 잡아 부모님을 봉양하였다. 순조 때에 정자동亭子洞에 살았던 조존용은 부친이 발병하자 약과 변을 일일이 맛보고, 병환이 깊어지자 아버지 대신 죽기를 하늘에 빌었으며 작고하자 3년 시묘살이를 한 효자였다. 최달응은 손가락을 잘라 부모님이 그 피로 7일간이나 연명하기도 하였다.

김명윤의 아내 이씨 또한 부모 섬기기가 지극하여 신인神人이 감동하였다는 전설이 있다. 이씨는 부모의 발병에 변의 달고 쓴맛을 직접 맛보는 간호를 극진히 하였고 뜰에 나와 부모의 축문을 기원하면 호랑이가 나타나 호위하였다. 이씨의 진심과 정성에 동네 사람은 물론 심지어 지나는 길손마저 고개를 숙이고 지나갈 정도였다고 한다.

이와 같이 수원 지역에는 부모님을 봉양하는 데에 자신들이 할 수 있는 최대한을 행한 효자와 효부들이 수없이 많았다.

효에 대한 기록은 돌에 새겨져 지금까지도 확인할 수 있는 경우가 있는데 수원시 영통구 이의동二儀洞에 위치한 「정희린鄭姬隣 묘갈」이 그 경우이다. 정희린은 온양溫陽의 망족望族으로서 1532년(중종 27) 정유鄭裕의 아들로 태어나 1583년(선조 16)에 병으로 죽었다. 정희린 묘갈문은 1587년(선조 20)에 제작된 것으로 송언신宋言愼이 짓고 전자篆字를 했으며, 명필로 유명한 한호韓濩가 글씨를 썼다.

그 내용에서 정희린은 아버지 정유의 병에 효자 노릇을 하였으며, 시묘살이나 제사에도 극진했다고 하여 효성을 칭송하고 있다. 이와 같은 효원의 도시에 화룡점정畵龍點睛하는 사건이 바로 정조의 화성 축성이었다.

수원시 장안구 지지대 고개
- 아버지를 잃은 정조의 슬픔이 남은 곳 -

정조가 세손으로 있을 때의 일이다. 못된 신하들이 영조에게 아뢰어 세손이 읽으려는 『시전詩傳』 요아蓼莪편을 금하도록 하였다. 그러나 못 읽게 하는 것은 오히려 더욱 읽어 보고 싶어지는 것이 인간 심사인지라, 세손은 몰래 책을 펼쳐서 읽어 보았고 거기에는 부모를 잃은 자녀에게 눈물을 자아내게 하는 구절이 있었다.

父兮生我 부혜생아

母兮鞠我 모혜국아

欲報深恩 욕보심은

昊天罔極 호천망극

아버지가 날 낳으시고

어머니가 날 기르셨으니

그 깊은 은혜를 갚고자 할진대

하늘을 우러러 통곡을 하여도 다할 수가 없다..

그런데 세손이 이 대목을 읽는 것을 어느 간사한 자가 보고, 영조에게 아뢰었다. 영조는 크게 진노하여 세손을 오라 명하였고, 한편으로는 내시를 시켜 읽고 있던 책을 가져오게 하였다. 그러나 의외로 책장이 도려내어져 있는 것이었다. 그것은 홍국영洪國榮의 기지로 마침 동궁에 있던 홍국영은 세손이 어전에 불려 나가는 것을 이상히 여겨 세손의 방으로 가 보았다. 세손의 방에는 『시전』 요아편이 펼쳐져 있었고 혹여 무슨 일이 있을까 싶은 예감에 홍국영이 그 책장을 장도로 오려냈던 것이다.

이 사실을 모르는 영조는 세손에게 책장을 오려낸 것은 무슨 까닭인가 물었고, 세손은

"그 책을 읽지 말라시는 분부이기에 그러하였습니다."

하고 엉겁결에 대답을 하여 무사할 수 있었다.

그 후 왕위에 오른 세손 정조는 부왕을 모신 화산 현륭원을 자주 참배하며 참배가 끝나도 즉시 환궁하지를 않아 신하들은 늘 걱정이었다. 신하들이 위안을 드리며 정조에게 환궁할 것을 청하면 왕은

　"지극한 슬픔이 속에 있으니 어떻게 참을 수가 있겠느냐."

하면서 땅에 엎드려 일어나지를 못했다고 한다. 그리고

明日華城回首遠 遲遲臺上又遲遲

명일화성회수원 지지대상우지지

라는 글을 지어 화성을 떠나기 싫음을 읊었다 한다.

　정조가 아버지를 만나기 위해 현륭원을 가려면 미륵동 북쪽 고개를 넘어야 했다. 고개에 오르면 능이 보임에도 능까지 가는 시간이 지루하고 답답하게 느껴졌는지 정조는

　"왜 이리 더딘 것이냐?"

하며 역정을 내었다. 참배를 마치고 한양으로 환궁할 때는 다시 이 고개를 넘어야 하고, 이 고개를 넘으면 한동안은 부왕 사도 세자의 묘소를 바라볼 수 없었다. 그러나 이 고개를 넘는 동안은 멀리서나마 현륭원이 있는 화산을 바라볼 수 있었으므로, 정조는 마루턱에서 어가를

지지대 표석(좌)과 지지대 비각(우). 경기도 수원시

멈추게 하고 현륭원 쪽을 바라보면서

"내가 이 고개를 넘어서 한양 길로 접어들면 원소는 영영 멀어지는 구나."

하며 눈물을 흘리며 머뭇거렸다. 정조는 이 사실을 한탄하며 어가에 올라서도 얼마쯤 가다가는 멈춰 화산을 바라보고 또 가다가 멈추고 하며 화산이 안 보일 때까지 눈을 돌리지 않아 행차가 늦어졌다고 한다.

행차가 너무나 지지할 정도로 느렸기 때문에 그때부터 '늦을 지遲' 자를 붙여 이 고개를 지지대遲遲臺라 부르게 되었다.

또 어느 날 능행길에 정조는 채제공에게

"내가 죽거든 현륭원 근처 언덕에 묻어 주오."

하고 부탁하였다. 이것은 40대의 상감이 70대 노신老臣에게 말한 억겁의 유한遺恨으로 세상에서 다하지 못한 효도를 죽어서라도 하고 싶다는 비원이었다.

장안구 파장동芭長洞에 있는 지지대 고개의 옛 이름은 사근현沙近峴이었으나 1795년(정조 19) 정조의 거둥 때에 미륵 고개라 명하고, 다음 해인 1796년에 표석을 세워 '지지대' 3자를 첨입하라고 하교하였다. 현재에도 고개 남쪽에 미륵이 있다.

이 비가 세워진 지지대는 수원부의 경계가 시작되는 곳이다. 행정구역상 북쪽은 광주군과 경계를 이루고 있었지만 그 후에는 수원군 일왕면日旺面과의 경계였고 또한 시흥군 의왕면의 경계였으며 현재는 다시 의왕시儀旺市와의 경계로 되어 있다.

이 고개는 광교산의 서쪽에서 뻗어온 능선을 따라 산마루의 정상을 이루고 있으며 수원 시내로 들어가기 위한 시의 관문에 해당한다. 예전에는 지경地境이 시작되는 곳에 장승이 세워져 있었으며 정조는 이곳을 지나는 연로輦路에는 돌을 세워 표시를 하도록 하였다.

　'지지'라는 뜻은 느리다는 뜻으로만 사용되는 것이 아니고, 예로부터 '부모를 생각해서 지지하다'는 뜻으로 말하는 것이라 한다. 즉 옛날 공자孔子가 노魯나라 사관史官직에서 물러나 노나라를 떠날 때 공자의 걸음이 너무 지지함에 자로子路가 그 까닭을 물어보자 공자가

　　"遲遲吾行去　지지오행
　　父母國之故也 거부모국지고야

　　더디고 더딘 나의 걸음이어라.
　　부모의 나라를 떠나가는 때문이어라."

라고 말한 데서 유래했다고 한다. 부모를 생각하는 정조의 발걸음도 가벼울 리 없었을 것이고, 공자의 말과 같이 걸음이 더디다는 데서 지지대라 이름 지었다다. 그리고 정조가 지은 아래 지지대 시의 첫 구절에서 보더라도 어버이를 사모하는 마음을 여실히 엿볼 수가 있다 하겠다.

　　晨昏不盡慕 신혼부진모
　　此日又華城 차일우화성

　　이르나 저무나 사모하는 마음을 다하지 못하여
　　이날에 또 다시 화성에 왔구나.

이런 정조의 마음을 기리는 지지대비遲遲臺碑가 1807년(순조 7)에 아들 순조의 명으로 화성 어사 신현申絢에 의해 건립되었다. 현재 비는 경기도 유형문화재 제24호로 지정하여 보호하고 있다. 지지대비는 높이 1.5미터에 폭 0.6미터로 비의 글은 홍문관 제학 서영보徐榮輔가 찬하고 판돈령부사 윤사국尹師國이 글씨를 썼으며 1807년(순조 7) 정묘 12월에 건립하였다고 건립 연월을 기록하고 있다.

정조가 부모를 그리워 한 사실과 지지대 고개에서의 일화 등 정조의 효성을 기리는 지지대 비문의 내용은 다음과 같다.

〈…(상략)… 우리 전하께서 능원陵園을 살피시고 해마다 이 대臺를 지나며 슬퍼하시고 느낌이 있어 마치 선왕을 뵙는 듯하시어 효심을 나타내시어 여기 새기게 하시니, 선왕께서 조상의 근본에 보답하고 너그러운 교훈을 내리시는 정성과 우리 전하께서 선대의 뜻과 일을 이어 받으시는 아름다움을 여기에 그 만의 하나로 상고하겠나이다. 신臣이 머리를 조아리어 명銘을 바치옵니다.

왕이시여, 아버님을 위하여 화성에 대를 세우도다. 오! 잊지 못하심이여, 효성의 생각 높으시도다. 왕께서 옛날 능원을 참배하시매 이슬이 미처 마르지 않았도다. 이른 새벽 행차 조심조심 모시는 신하 말을 모르도다. 제사를 마치고 돌아가시매 왕의 마음이 허전하시다. 높은 저 산이 뵈는 듯 숨는 듯하니 저 행차 어찌 더디지 않겠는가. 길이 멀어지니 돌아본들 어찌하나. 왕께서 이 대에 이르면 군사가 구름 덮듯 욱욱하네. 아득히 화산으로부터 오니 정성이 지극하고 사랑으로 드러나니 바다런 듯 하도다. 저 뒷날 백성들 누가 눈물 흘리지 않으리. 우리 왕이 슬퍼하시니 이 대가 오직 효성일세. 이름을 돌아보고 뜻을 생각하여 조서를 허락하시었다. 높은 비석이여, 우리 왕의 법도로다. 사신이 머리를 조아려 끝없는 뜻을 새깁니다.〉

이와 같이 정조가 사도 세자의 능을 옮기면서 시작된 효심이 다시 순조가 아버지인 정조의 효심을 기리는 지지대비를 세우는 것으로 확대되었다. 우리는 정조나 순조의 기록뿐 아니라 정조가 친히 지은 작품에서도 그 효심을 확인할 수 있다.

"모처럼 능참봉陵參奉을 하나 얻어 하니까 임금님 거동이 한 달에 스물아홉 번이다."

라는 능지기의 말이 일화로 전할 정도로 정조는 원침에 자주 왔던 것 같다. 효심의 상징이 된 지지대의 명칭 유래와 이와 같은 정조의 심정은 「장락당 상량문」 중에 삽입된 시에 잘 나타나 있다. 명칭의 유래가 됨과 동시에 정조의 마음을 잘 나타낸 '지지遲遲' 즉

"遲遲日吾行也 지지왈오행야

더디구나 더디구나, 나의 걸음이여."

는 공자가 노나라를 떠나면서 한 말의 뜻을 이은 것이다.

더디구나 더디구나 나의 걸음이여

산과 내 잊기 어려움을 어찌 할까.

어른 어른 어버이 모습 보이는 듯

고향의 뽕나무 가죽나무까지도 공경하네.

아버님의 의관이 달마다 노니는 곳을

한 발짝인들 어찌 떠나고 싶을까.

정조는 화성의 완성을 보기 위해 1796년(정조 20) 거둥하실 때

"21일은 무슨 날인가 와서 사당에 문안드리고 이슬을 밟으니 사모하는 마음 더욱 간절하다. 돌아와서 화성관에 자리했는데 비가 오므로 머무르기를 결정하지 못하였더니 마침 앉아 있고 싶었다. 또 명일 길을 떠나 두루 거쳐 지지대에서 머물렀는데 가는 길이 바뀔 때마다 아버지 생각이 경경하게 마음에 맺힌 것 같아서 오랫동안 바라보다가 마음에 율시 한 수를 느꼈다."

하며 이 사실을 다음과 같이 시로써 나타내었다.

아침저녁 효도 다하지 못하고
오늘 또 화성에 왔구나.
묘소에는 부슬부슬 이슬비가 내리고
재실에서 뜻만이 오락가락.
세 밤만 잤더라면
그래도 칠분七分은 이루었을 것을
머리 들고 더딘 길 바라보니
바라보는 속에 오동 꽃 피어나네.

부왕의 묘를 살피고 급히 떠나려는 순간의 아쉬움과 조금만 더 머무르고 싶은 심정, 그리고 부슬비가 내리는 속에 부왕만 두고 가야 하는 자신의 심사를 토로하였다. 또한 지지대의 뜻이 잘 드러나 있는 시라 하겠다.

작품에 남겨진 정조의 마음

뿐만 아니라 정조는 화성이 축성된 이후 수원의 요소요소마다 친히 시를 지으면서도 부왕에 대한 생각에 잠겼다. 한양으로부터 화성을 들어서는 첫 관문인 북문 장안문長安門에서는 「어제 장안문루화총리 대신운御製 長安門樓和摠理大臣韻」을 다음과 같이 지었다.

> 고향에 내린 서리와 이슬 몇 해나 바뀌었는가
> 효자의 마음 어디에서나 높은 은혜에 보답하네.
> 높이 높이 쌓아올린 성곽은 웅장하고 거듭거듭 둘러 친 담 안에
> 술잔을 높이 베풀어 놓은 것을 본뜬 듯하네.
> 만 호나 되는 인가는 호남 우도에 빗겨서 늘어서 있고
> 삼군의 기운은 진남문鎭南門에 솟아오르고 있네.
> 인화人和로 뭉친 이 땅에 내가 무슨 힘이 되랴.
> 그래도 성덕盛德은 옛날 온천溫泉의 행행에 전하여졌네.

정조는 화성의 위용이나 역할을 잘 살리고, 임금인 자신의 역할 등을 표현하면서도 한 가닥 마음은 사도 세자에게 두고 있다. 이러한 정조의 마음은 「어제 화산용주사봉불기복게御製 花山龍珠寺奉佛祈福偈」에서도 드러난다.

정조는 유학을 진흥하며 문체반정文體反正*을 행하였음에도 불구하

---

* 문체반정文體反正: 한문의 문장 체계를 정통적 고문古文으로 회복하자는 주장.

고, 부왕의 원혼을 달래기 위해 불사佛事를 행하고, 기복문까지 지었다. 정조의 효심은 어제에서만 볼 수 있는 것이 아니라 행궁行宮 각 누대의 상량문에서도 신하들의 입을 통해 드러난다.

정민시 초상

1794년(정조 18)에 봉수당 남쪽에 정민시鄭民始가 정조의 명을 받들어 쓴 「장락당 상량문」에는 정조가 친히 현판을 하였다. 상량문의 내용은 정조의 효행을 기리는 찬사가 주로 담겨 있으며 주상전하인 정조의 거처, 의복 등 일상적인 묘사에서부터 부왕에 대한 사모의 정이 절실함을 읊고 있다. 그 내용은 다음과 같다.

…(상략)…

평화롭게 백성과 즐기시니

진실로 길이 만년의 기틀이로다.

공순히 생각하오니

주상전하께서는

죽을 때까지 깊이 어버이 사모하는 정성으로

낮은 궁궐과 거친 의복 입는 덕을 두셨네.

육경六經과 사서四書의 뜻을 깊이

연구하여 백대를 거슬러 요堯와 순舜의 마음을 전하였고,

날마다 쳐다보고 달마다 문안드리는 문門을 우러러보며

천승千乘의 몸으로 증자와 민자의 효행을 실천하셨네.

…(하략)…

또한 정조는 현륭원을 설치한 이후 매
년 성묘를 위해 수원을 행차하였다. 정조
는 거둥길에 남산을 지나 한강을 건너는
데 불편함을 없애기 위해 배다리(주교舟
橋)를 만들어 수원으로 가는 새 교통로를
만들었다. 이에 대해 홍양호洪良浩는 교서
를 받고 「득중정得中亭 상량문」를 지었으
며, 이러한 광경을 다시 단원 김홍도가
〈주교도舟橋圖〉라는 그림으로 남기기도
하였다.

홍양호 초상

득중정은 1794년(정조 18)에 낙남헌에 자리를 물려주고 노래당老來
堂 위쪽으로 옮겨 지은 것으로 정조의 효성을 기리기 위한 것이다. 득
중정 자리에 건립한 낙남헌에서는 61세부터 70세 노인을 초청하여 잔
치를 베풀거나 정조가 지은 시에 노인들이 화답토록 하기도 했다.

1790년(정조 14) 정조가 이곳에 거둥하여 활을 쏘아 네 발을 맞히고
'득중정'으로 현판을 달라고 하였다. 득중정으로 바꾸어 세운 뒤에도
그 옛 이름과 현판은 그대로 두었으며 홍양호가 득중정에 직접 써서
올린 상량문은 다음과 같다.

…(상략)…

생각하건데 우리 주상 전하께서

우러러 사모하는 마음이 간절하시고

어버이를 생각하는 효성이 깊으시어

배다리를 맑은 한강에 놓으니

그 일대는 강장康莊의 길을 이루었고,

행궁을 신주新州에서 베푸시니

백리가 문턱처럼 가깝게 되었구나.

종일토록 거둥하는 난장鑾杖을 바라보고

근친覲親하는 월유月遊의 의관을 대하는구나.

금속金粟이 장발長發하는 상서에 터전을 두었으니

아름답다, 울울총총한 기운이여

옥찬玉瓚이 길견吉蠲의 누림을 받들었으니

애연히 도도수수陶陶邃邃하는 정서이로다.

…(하략)…

「득중정 상량문」을 통해 알 수 있는 배다리는 정조가 화성 행궁으로 거둥하는 어려움을 표현한 것이다. 정범조丁範祖가 왕의 명을 받들어 지은 「노래당 상량문」에서도 역시 정조의 효행을 찬양하고 있는데 노래당도 1794년에 지어진 것으로 노래당老來堂의 명칭 자체가 늘그막에 이른 이의 효성에 빗대어 말한 것이라 하겠다. 정범조는 정조가 절기를 맞이할 때마다 어버이 생각하기를 잊지 않고 효도가 백행의 근본임을 강조하며 정조의 어버이에 대한 효성이 지극함을 일컬었다.
그 앞부분을 살펴보자.

엎드려 생각하건대

아름다운 기운이 상설을 호위하여 총을 慈鬱하니

의관으로 월유月遊하는 의식이 엄연하고,

호화로운 집이 날개 치고 날듯이 높았으니

세시歲時에 어버이 생각하는 느낌을 붙였구나.

오직 초나라 궁전의 경영하는 제도를 헤아리어

우제虞帝가 몸이 맞도록 어버이를 사모하는 마음과 일치하는구나.

공경하여 생각하건대 우리 임금님은

삼왕三王의 법도를 본떠서 다스리고,

효성은 백 가지 행실의 근원인지라.

정성어린 제사를 목목하게 하시네.

…(하략)…

정조는 화성을 조성하고 순조에게 왕위를 선양한 이후 순조가 15세
되는 해인 1804년(순조 4)에 수원으로 와서 노후를 보내겠다고 하였
다. 따라서 정조는 수원을 노후의 안식처로 생각하고 이 노래당을 지
었다고도 한다. 그러나 노래당을 통해 말하고자 했던 의미는 1795년
거둥 때 지은 「노래당 구점口占」에 잘 드러나 있다.

노래당 속의 활짝 핀 좋은 얼굴

동산과 정자의 이름을 거듭 걸어 늙지 않는다.

평상시 늙었다는 말하지 못하고,

가만히 노래자처럼 때때옷을 입어보누나.

정조의 효성은 부왕 사도 세자뿐만 아니라 일반 노인들에게까지 미쳤으니 살아 계신 어머니 혜경궁 홍씨에 대한 효심은 말할 것도 없을 것이다. 정조는 1795년(정조 19)에 회갑을 맞이한 혜경궁을 모시고 수원에 거둥하여 회갑연을 벌였다. 봉수당에서 진찬珍饌을 하는 날 정조가 지어 잔치에 사용한 「어제 봉수당진찬후창악장御製 奉壽堂進饌後唱樂章」을 보면 혜경궁에 대한 정조의 마음을 알 수 있다.

어머니의 순수한 덕, 두터운 그 은혜, 형용하기 어렵구나!

가만히 도와주신 크나큰 사랑, 태평을 열어 주셨네.

모든 복 모여서 오기를 냇물처럼 끊임없구나,

많고 많은 자손들, 해마다 경사스런 일 생기네.

북두칠성처럼, 숭산처럼 높고 높은 복록 구슬책에 상서 기록하고,

익은 술로 노소를 지켜 잔치하네.

아, 아름다운 어머니의 덕! 편안히 회갑이 되셨네.

시절은 요순시대. 물색은 두루 넉넉하구나.

새로운 고을에서 이처럼 즐거우니, 기리는 노래 집집마다 더하였네.

만萬이 되고 억億이 되어 해와 달은 항상 오르소서.

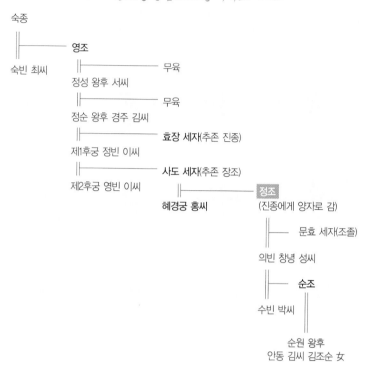

정조를 중심으로 한 가계도

숙종
숙빈 최씨
├─ 영조
│   정성 왕후 서씨
│   ├─ 무육
│   정순 왕후 경주 김씨
│   ├─ 무육
│   제1후궁 정빈 이씨
│   ├─ 효장 세자(추존 진종)
│   제2후궁 영빈 이씨
│   ├─ 사도 세자(추존 장조)
│   혜경궁 홍씨
│   ├─ 정조 (진종에게 양자로 감)
│   의빈 창녕 성씨
│   ├─ 문효 세자(조졸)
│   수빈 박씨
│   ├─ 순조
│   순원 왕후
│   안동 김씨 김조순 女

이는 정조가 돌아가신 아버지에 대한 효심뿐 아니라 자신을 보호해 준 혜경궁 홍씨에 대한 효심 또한 지극했음을 알게 한다.

화산의 또 다른 이름 꽃뫼

화산은 꽃뫼라고도 하는데, 지지대 고개를 넘어서 수원성水原城 장안문長安門을 들어서기 전에 오른쪽으로 1킬로미터쯤 가면 경부선 철도가 있고, 그 철길을 넘어서면 철로 변에 집이 50여 호 되는 마을이 꽃뫼이다.

화산은 꽃뫼란 이름 외에도 꼴뫼, 꽃미 등으로 부르기도 한다. 화산에는 옛날에 용모가 아름답기가 꽃잎 같고, 품행이 얌전하기로 이름난 아리따운 처녀가 있었다. 그녀는 병들어 누워 있는 늙은 아버지를 모시고 외롭게 살아가고 있었는데, 집에 머슴으로 들인 총각에게 강제로 추행을 당하여 순결을 잃게 되었다.

씻을 수 없는 오욕을 당하고 괴로워하던 처녀는 죽음으로써 자신의 순결을 표시하는 수밖에 없다는 결론에 도달했다. 절박한 심정이었던 처녀는 아버지의 병환이나 집안이 어떻게 되리라는 예측을 할 겨를도 없이 그 길로 집 뒤에 있는 조그만 산에 올라가 나뭇가지에 목을 매었다.

동네 사람들은 처녀가 목숨을 버린 자리에 정성 들여 시신을 묻어 주었는데 그로부터 얼마 후에 처녀의 무덤에서는 꽃나무가 자라기 시작했고 꽃이 활짝 핀 뒤에도 꽃잎이 유난히 훨훨 날려 멀어져 갔다. 마을 사람들은 생전에 그렇게 지성이었던 효심의 발로로 그녀의 고운 마음씨가 꽃으로 환생하여 내려오는 것이라고 믿었다. 그런 일이 있은 후 그 무덤에서는 해마다 꽃잎이 날린다고 해서 후세 사람들은 꽃뫼, 즉 화산花山이라 부르기 시작했다.

수원시 팔달산
- 이고가 집착한 무한히 아름다운 산 -

고려 공민왕恭愍王 때 문과에 급제한 후 한림학사부터 집현전 직제학까지 지낸 이고李皐는 공양왕 때에 와서는 자진 은퇴하여 수원의 광교산光教山 남쪽에 있는 탑산塔山 밑에서 호를 망천忘川이라 짓고 살았다.

탑산은 어느 산과도 맥이 통하지 않은 독립되어 있는 산으로 평지에 탑을 세워 놓은 것과 같다 하여 탑산이라 일컬어 왔고 멀리서 보면 그 모양이 하늘을 나는 용龍과도 같아 보인다.

이런 탑산 밑에 자리 잡은 이고는 학사정學士井이 있었던 지금의 남창동南昌洞 팔달 산록으로부터 남쪽으로 약간 떨어진 연못에서 물고기를 낚고, 광교산 계곡에서 흘러 내려온 망천忘川에 나가 송산松山 조견趙狷, 둔촌遁村 이집李集 등 팔학사八學士*와 벗하여 목욕하고 유희를 즐기는 것으로 세월을 보냈다.

당시 공양왕이 사자使者를 보내어

둔촌 이집 초상

---

* 팔학사八學士: 조선 시대에 예문관의 봉교奉教와 대교待教 각각 두 사람과 검열檢閱 네 사람을 통틀어 이르던 말.

송산 조견 묘소 안내판(좌)과 조견 묘소(우). 경기도 성남시

"근일에는 무엇으로 소일하고 있는가."

하고 물으니 이고는

"집 뒤에 있는 탑산의 경치가 무한히 아름답고, 산정에 오르면 사통팔달四通八達하여 마음과 눈을 가리는 것이 하나도 없어 즐겁습니다."

라고 대답할 정도로 탑산의 지리적 여건을 좋아하였다.

이성계가 조선을 개국한 뒤 이고의 경륜과 어짊을 알고 경기우도京畿右道 안렴사按廉使에 임명하며 조정에 나올 것을 여러 차례 권고했으나 끝내 받아들이지 않았다.

그러자 이태조는 화공을 시켜 이고가 살고 있는 탑산을 그려오라 명하였는데 그림을 보고는 "과연 아름다운 산이라" 하며 크게 감탄하였고 산 이름을 팔달산八達山이라 명명하였다.

이고가 별세한 뒤 후손들은 그의 묘소를 광교산 갈곡葛谷에 모셨으며 후손 여주 이씨들은 지금도 해마다 시향을 지내고 있다. 세종 때에 와서는 이고가 살던 집 앞에 정문旌門을 세우고

　　高麗 孝子 翰林學士 李皐之碑

　　고려 효자 한림학자 이고지비

라는 비석을 세웠다. 현재 이고의 집 자리는 전혀 찾을 길이 없고 비석 또한 어디에 묻혀 있는지 알 길 없이 산 이름만 팔달이라 전해 내려오고 있다.

팔달산의 역사는 조선조 제22대 왕 정조 때부터 주목받기 시작했다. 원래 수원 도호부의 소재지는 현재의 화성시 송산동松山洞에 위치하였으며 읍의 주산主山은 뒤에 있는 화산이었다. 화산은 풍수지리상 왕릉의 천장 후보지로 천거되어 있었다.

정조가 사도 세자의 묘를 양주 배봉산에서 화산으로 천장함에 따라 수원 읍치와 민가를 '산하의 지세가 크게 트여 큰 고을이 될 수 있는 마땅한 곳'이라는 팔달산 아래로 옮기었고 이듬해인 1790년(정조 14)에 부사직 강유가 수원의 신읍에 성곽을 축조하고자 하는 상소를 올리게 된 것이다.

수원성(화성)의 둘레 약 5.7킬로미터 중 성곽의 약 절반 길이가 팔달산의 능선을 따라 축성되었으며, 서장대와 서노대西弩臺 등이 있는 해발 128미터의 팔달산 정산에 오르면 한강 이남 경기도의 동서남북을 전망할 수 있고 발아래로는 수원 시내가 한눈에 보인다.

팔달산은 시가지 중심부에서 사시사철 청솔 향내를 풍기며 사람들의 가슴속에 푸르름을 물들여 주고 있고, 산중에는 네 군데의 약수터가 있어서 사람들의 발길이 끊이지 않는다.

특히 차를 이용해 정상까지 오를 수 있는 회주 도로 양쪽에는 시민들이 심고 가꾸어 놓은 관상목이 훌륭한 풍치림風致林을 이루고 있으며 벚꽃과 개나리, 진달래가 피는 봄이 되면 경기 도청 뒷길은 그야말로 별천지를 이룬다.

또한 팔달산 중턱에는 난파蘭坡 홍영후洪永厚의 생전 업적을 길이 추모하기 위해 1968년 10월 15일 '수원 시민의 날'에 바위로 병풍을 삼아 세운 「난파 노래비」가 있는데 수원이 낳은 우리 음악계의 선구자 홍난파가 태어난 지 70년이 되는 1968년 가을에 세운 비문이라는 글이 〈고향의 봄〉 악보와 함께 새겨져 있다.

수원 성곽 4대문 중의 하나인 팔달문은 석축의 홍예문 위에 중층의 문루를 세웠는데, 주위 4면에는 여장을 돌리고 전면에는 반월형으로 옹성을 축조하였으며 우리나라의 성문 건축에서 일반적으로 볼 수 있는 형식을 모두 갖추었다. 문루는 정면 5칸, 측면 2칸의 평면을 이루었으며 내부에는 중앙에 높은 기둥을 1열로 배치하였는데, 상·하층 대량은 전부 이 고주高柱에 연결된다. 상층 벽주는 하층 대량 위에 세워지며, 이러한 중층 문루의 골격 구성에 대한 방법은 서울 남대문이나 동대문과 기본적으로 동일하다. 다만 이 팔달문은 옥내 4우隅에 높은 기둥을 세우지 않은 점에서 약간의 차이를 나타내고 있으며, 보물 제40호로 지정되어 보호하고 있다.

수원시 장안구 통수 바위
- 통소로 이별의 그리움을 달랜 부부 -

옛날 아주 오랜 옛날에, 금슬은 좋으나 슬하에 혈육이 없어 애를 태우던 한 부부가 있었다. 부부가 살고 있는 곳에는 마을 복판을 흐르는 냇물을 사이에 두고 동쪽과 서쪽에 산이 하나씩 있었는데, 그 산 위에는 신령의 혼이 깃들어 있다는 바위가 서로 마주 바라보는 형태로 자리 잡고 있었다. 그리하여 마을 사람들은 길흉사가 있을 때마다 두 바위 앞에 제단을 차리고 치성을 드리곤 했다.

부부는 화촉을 밝힌 지 10년이 지나도록 태기가 없자, 바위에 치성을 올리기로 하고 남편은 동쪽 산에서 그리고 아내는 서쪽 산에서 따로 기거하면서 백일기도에 들어갔다. 남달리 정분이 두터웠던 부부는 서로 만나지 못하는 백일 동안의 소식을 통소 소리로 대신하기로 약속하고 백일간의 이별을 아쉬워했다. 한 달이 지나고 두 달이 지나고 또 몇 날 며칠이 흐르는 기나긴 낮과 밤을 부부는 통소를 불고 듣는 것으로 서로의 안부를 알며 그리움을 달랬다.

그러다 백일이 불과 며칠 앞으로 다가온 어느 날이었다. 온 종일 부슬비가 내리던 날이었는데 아내가 있는 서쪽 산에서 끝내 통소 소리가 들려오지 않는 것이었다. 안타까움과 불길한 예감에 휩싸인 남편은 백일 안에 얼굴을 맞이하면 그동안의 기도가 허사가 되는지라, 응답 없는 통소를 종일토록 혼자 불었다.

이튿날, 또 다음 날도 역시 서쪽 산에서는 통소 소리가 들리지 않았다. 마침내 백일기도를 마치는 날이 되자 남편은 단숨에 냇물을 건너 서쪽 산으로 뛰어 올라 갔으나, 그곳 바위 밑 제단 앞에는 그의 아내가 통소를 가슴에 품은 채 숨져 있었다. 자식의 탄생을 갈구하던 아내가 뜻밖의 병고에 신음하다가 목숨을 잃은 것을 안 남편은 자신 역시 그토록 그리던 아내의 시신 앞에서 스스로 목숨을 끊고 말았다.

마을 사람들은 그 부부의 장례를 정성껏 치러 주고, 남편이 기거하던 동쪽 산의 바위를 '할애비 퉁소 바위', 서쪽을 '할미 퉁소 바위'라고 부르기 시작했다. 지금 불리는 퉁수 바위의 '퉁수'는 사람들이 부르던 소리가 음의 변이를 이룬 것으로 추측된다. 지금의 장안구 연무동 근린공원 위의 할애비 퉁수 바위와 맞은편 동네 장안구 조원동 산마루의 할미 퉁수 바위가 바로 그것이라고 전해진다.

수원시 장안구 송죽동
- 노송과 대나무가 많은 솔대 마을 -

송죽동松園洞의 일왕日旺 저수지는 조선 시대만 하더라도 연꽃과 주변은 푸른 숲으로 가꾸어져 있었으며 서울을 거쳐 수원으로 오는 사람이면 누구나 한번 쉬어가게 되는 명승지였다고 한다. '송松'자는 노송老松 지대의 송자를 따서 이름 붙였고 그 외 지역은 대나무, 갈대숲으로 이루어져 있어 '죽竹'자를 따서 솔대라 하였으며 한문으로는 송죽松竹으로 불리었다.

일왕 저수지는 연꽃이 많아 선비들이 이곳을 많이 찾았는데, 특히 조선 제22대 왕 정조는 부군인 사도 세자의 능을 참배할 때면 항상 머물러서 쉬어가던 곳이었다. 그 당시만 하더라도 저수지의 연꽃은 장관을 이루고 있었다 한다.

수원시 영통구 이의동
- 문종과 세조가 참배한 산의실 마을 -

이의동二義洞은 속칭 산의실山義室 마을로 불리운다. 이 마을에는 심온沈溫의 묘소가 있는데 세종의 부원군인 심온은 세종의 즉위년인 1418년 12월 무고로 수원에서 사사되고 만다.

그 뒤 용인현龍仁縣 산의리山義里에 유택을 마련해 안장하였는데 이곳에 심온의 외손자이자 세종의 맏아들인 문종과 둘째 아들 세조가 외조부 묘소를 참배한 후부터 마을의 이름이 산의실로 불리게 되었다고 한다. 한편 일제 강점기 치하 일본인들이 행정구역을 개편할 때, 임금이 2번 다녀갔다는 사적에 따라 마을의 이름을 이의리二義里로 하였다는 설도 있다.

1983년 2월 15일 행정구역 변경에 따라 이의리가 수원시로 편입되면서 이의동으로 행정구역 명칭이 변경되었다.

심온 묘소 앞 사당 안효사

경기도 성남 지역의
지명 유래

백제국 건설의 주체가 자리 잡은 성남시

기원전 18년경 한반도의 중심부인 한강 유역에 고구려 시조로 불리는 주몽朱蒙 세력에서 분파해 남쪽으로 유입해 온 온조溫祚와 비류沸流 집단이 마침내는 한강 이남의 마한馬韓 50여 개국을 통합하고 백제국을 건설하는 주체가 되었다.

기원전 5년, 형인 비류는 미추홀彌鄒忽로 분파해 가고 동생 온조는 하남河南의 위례성慰禮城(현 경기도 광주시)으로 도읍을 옮겨 이를 거점으로 성읍 국가를 이룩하여 그 세력을 펼쳐 나갔다. 이후 5세기 말엽인 475년에는 고구려의 백제 도성 함락과 백제의 남천南遷으로 한강 유역의 중요 지대는 고구려로 넘어가게 되었다.

553년(신라 진흥 14)에는 신라가 이 지역을 함락해 신주新州로 하였으며 668년(문무 8) 신라가 삼국을 통일하고 구주오소경九州五小京이라는 행정구역 편제에서 지금의 성남시城南市, 광주시, 서울 지방은 한산주漢山州에 편입되었다가 757년(경덕 16) 한주漢州로 개칭되었다.

그 후 현재 성남시를 포함한 한주 지역은 후삼국을 통일한 고려가 지배하게 되었다. 940년(고려 태조 23) 한주는 광주廣州로 지명이 바뀌었고 983년(성종 2) 광주목은 지방 행정조직의 최고 단위인 도道의 소관이 되어 조선 시대로 들어선 16세기 초까지 계속되었다.

그러다가 병자호란을 치르고 난 1636년(인조 14) 광주목은 부府로 승격되어 1652년(효종 3) 어제사禦制使가 설치되었고, 이는 1652년(숙종 8)까지 지속되다가 다시 유수부留守府로 승격되었다. 유수부는 과거 원래 존재했던 행정구역명이 있는 것이 아니라 부府 가운데 정이품의 외관 벼슬 유수가 있던 곳을 유수부라고 한 것이다. 광주 유수부는 1759년(영조 35)에 광주 유수로 승격되었으며, 1895년(고종 32)에는 군郡으로 개칭되어 한성부의 관할이 되었다.

1907년 이 지역에 세촌면細村面, 돌마면突馬面, 낙생면樂生面이 설치되고, 광주군 소관이던 의곡면儀谷面과 왕륜면旺倫面을 수원시로 이거시켰으며 양평군의 남종면南終面은 광주 관할로 이속되었다.

1946년 3월 3일에는 중부면 성남 출장소를 설치하고, 1964년 2월 24일에는 군조례 제68호로 광주군 성남 출장소로 승격하였으며, 1971년 9월 13일 도 조례 제470호로 경기도 성남 출장소를 설치하여 광주군 중부면 6개 리와 대왕면大旺面, 낙생면樂生面, 돌마면突馬面 전역을 합한 1만4천146제곱킬로미터를 관할구역으로 하였다.

　1973년에는 7월 1일 법률 제2597호에 의거하여 성남시로 승격되었으며 현재 47개 법정동(29개 행정동, 3개 출장소)으로 구성되어 있다. 동측은 광주군 동부면 광주읍에, 서측은 용인군 수지면과 광주군 오포면에, 북측은 서울특별시의 강남구와 각각 접하게 되었다. 이후 광주군은 광주시로 승격되어 동부면 광주읍은 경안동, 송정동, 광남동으로 분할되었으며, 용인군과 수집면은 용인시 수지구로, 오포면은 오포읍으로 승격되었다.

성남시 분당구 궁내동
- 덕양군의 무덤을 관리하는 궁이 있는 곳 -

　궁내동宮內洞은 조선 중종의 다섯째 아들 덕양군德陽君과 영희군永

덕양군 묘소. 경기도 성남시

禧君 부인 권權씨가 묻힌 무덤이 있다. 그리고 그 무덤의 관리를 위하여 작은 궁宮을 지었으므로 '궁안'이라 불렀는데 궁내동은 거기에서 비롯된 이름이다.

성남시 분당구 수내동
- 청백리 이병태가 숲을 가꾼 마을 -

수내동藪內洞은 고려 공민왕 때에는 낙계落溪라 부르던 곳이다. 이곳에는 청백리 이병태李秉泰가 살았는데 그는 조선 제20대 왕 경종景宗 때 홍문관 부제학을 지내고 제21대 영조 때 합천陜川 군수를 지낸 사람이다. 청백한 이병태가 마을 앞에 있는 숲을 가꾸었기 때문에 '숲안'이라 부르다가 한자 표기로 인해 수내동으로 바뀌게 되었다.

성남시 수정구 복정동
- 복스러운 우물이 있는 마을 -

복정동福井洞은 1973년 7월 1일 성남이 시로 승격할 당시 복정동, 창곡동倉谷洞으로 행정구역이 정해졌다. 그러다 1977년 6월 10일 동의 명칭을 변경하게 되었을 때 복정동과 창곡동을 합하여 복정동으로 개칭하게 되었다.

복정동의 지명은 물맛이 좋은 복스러운 우물이 있었던 때문이라고 하나 현재 마을 이름의 유래가 된 우물은 찾아 볼 수 없다. 일설에 의하면 영장산靈長山 상봉에 있는 칠성대七星臺의 감로천甘露泉이 그 우물이었다는 이야기도 있다.

성남시 수정구 수진동
- 세종의 아들 평원 대군과 양손자 제안 대군이 묻혔던 마을 -

수진동壽進洞은 조선조 세종 때 그의 아들인 평원平原 대군이 사망하자 영장산靈長山 남쪽에 장사를 지내고 그 묘를 돌보기 위해 수진궁壽進宮을 지은 데서 비롯되었다. 후에 평원 대군의 양손養孫인 제안齊安 대군도 평원 대군의 묘 가까이에 장사 지내고 수진궁에서 함께 관리했으며 영장산 산봉 북편의 칠성대에서 명복을 빌었다고 한다. 현재 평원 대군과 제안 대군은 경기도 포천시로 천장하였다.

성남시 중원구 모란 마을
- 대규모 마을 개발과 부동산 투기 -

모란은 중원구 성남동城南洞 일부와 수정구 수진壽進2동 일부를 말한다. 개발 전 행정구역상으로는 수진2리와 탄2리의 일부 지역에 속하던 곳으로 1961년 김창숙 예비역 대령이 '재향군인 자활단'을 조직하고 하천 부지를 개척하기 시작하면서 자신의 고향인 평양 모란봉에서 따낸 비공식 지명이다. 그 후 김창숙은 '모란 단지 사건'으로 물의를 일으켰으나 엄밀한 뜻에서 현재의 성남이 개척되기 시작한 것은 1960년대의 「재향군인 모란 개척 사업」에서 비롯된 것이라고도 할 수 있을 것이다.

모란 단지 사건은 일명 '김창숙 사건'으로 불리는 성남 개발 초기의 부동산 투기 사건을 말한다. 이 사건은 성남시(당시 광주시) 모란 지역 4천2백 만 평의 땅을 개발하여 인구 250만 명을 입주시킬 목적으로 5년에 걸쳐 1천328억 원을 투자한다는 주택지 개발 계획이었다. 이 모란 주택지 개발 계획은 광주시 대단지 면적의 12배, 투자액의 15배나 되는 엄청난 대규모 사업 계획이었다.

당시 모란 일대의 대원천이나 단대천은 치수 사업이 제대로 되어 있지 않아 비가 오면 자주 범람하였으므로, 김창숙은 제대 군인들을 동원해 주변의 구릉지와 자갈밭을 농토로 개간하였다. 이를 해결하고자 김창숙은 지금의 모란에서 가난한 제대 군인들을 모아 황무지 개간 사업을 시작한 것이다. 농지 개간이 점차 진척을 보이면서 이에 동조하는 사람도 늘어 그 숫자는 50여 명에 달하였다. 그러면서 자연적으로 마을이 형성되자 김창숙은 이곳을 모란으로 명명하고, 재향 군인 개척단을 '모란 개척단'으로 공식화한 것이다.

마을이 형성되자 김창숙은 입주민들의 편의를 위해 5일장인 모란장과 모란 우체국, 풍생 중학교와 풍생 고등학교의 전신인 모란 학원도 개설하였다. 이 사업 계획의 중심인물인 김창숙은 거물급 인사들을 배후에 두고 대규모 사업 계획을 발표하기에 이른다. 건평 7천 평에 달하는 모란 시청을 비롯하여 6개의 구청, 1백 개의 동, 그리고 120여 학교에 인구 250만 명이 거주할 수 있도록 4천2백 만 평의 부지를 개발한다는 것이었다.

주민들은 뜨거운 호응을 보냈고, 김창숙은 곧 정지 작업을 추진해 20평짜리 택지 분양증을 1매당 3만8천원에서 11만 원씩 팔았다.

이러한 개발은 당국의 허가 없이 8개월 동안 진행되었는데 광주 대단지에 부동산 투기 바람이 불면서 그 여파는 모란 단지까지 영향을 끼치기 시작했다. 1970년 겨울 서울시에서 개발하던 광주 대단지에 부동산 투기 붐이 일자 서울시는 전매 행위 금지 조치를 내리게 되었는데, 그러자 부동산 투기꾼들의 관심이 인근 모란 단지로 옮겨진 것이다.

1971년 5월 김창숙은 입건되었고, 같은 해 8월까지 팔려나간 분양증은 무려 8천여 매에 달했다. 그때까지 6만9천여 평의 정지 작업이 이루어졌는데 불과 6개월 만에 986동의 건물이 들어섰고 6천6백여 명이 이미 입주를 마친 상태였다.

여기에 모란 단지 내에 엄청난 외국 자본과 대기업체가 들어선다는 발표까지 하였으나 그해 11월 김창숙이 유죄판결을 받으며 사건은 일단락되었다. 정부 당국은 곧 사태 수습에 나서 모란 단지에 이미 입주했던 전원을 광주 대단지인 현재의 성남시 산성동으로 전입하도록 하였다.

성남시 분당구 정자동
- 국난이 부끄러워 정자에 머문 이경인 -

정자동亭子洞 지명의 유래를 알기 위해서는 우리 역사의 치욕적인 사건인 병자호란에 대한 이해를 우선하여야 한다. 조선조 인조 때 일어난 병자호란으로 조선은 청나라에게 신하의 예를 행하기로 한 굴욕적인 화약을 맺었다. 이때 정촌亭村 이경인李敬仁은 이천利川 부사 겸 광주병마진관廣州兵馬鎭官으로 재직하였는데 그는 인조를 모신 바 있어 호국공신으로 공신녹권功臣錄卷을 받았다.

그런 이경인이 치욕적인 국난을 부끄럽게 여겨 이곳 탄천변炭川邊에 정자를 건립하고 독서를 하였다 하여 정자동으로 불리기 시작하였다.

성남시 분당구 낙생
- 병자호란에 남한산성을 지키지 못한 진세규 -

낙생樂生은 현재의 백현동栢峴洞의 낙성落城 시장 일대이다. 확실한 연대는 알 수 없으나 백현동 앞뜰에 낙성 시장이 선 후부터 낙생으로 불리었다고 한다. 처음에는 시장의 이름을 따서 낙성이라고 불렀으나 '떨어질 락落' 자가 좋지 않다 하여 비슷한 음을 딴 것이 '즐거울 락樂' 자로서 낙성樂城이라 부르다가 그것이 변하여 낙생樂生이 되었다고 한다.

또 다른 이야기도 전한다. 인조는 병자호란에 충주 병사 정세규鄭世規가 군사를 끌고 왕을 도우려한다는 소식을 듣고 기다렸으나 정세규가 이 지역에서 패전하였으므로 인조는 할 수 없이 항복하였다고 한다. 때문에 남한산성南漢山城을 지키지 못한 곳이라 하여 낙성落城이라 부르다가 후에 낙생樂生으로 바꾸었다는 것이다.

성남시 분당구 이매동
- 두 개의 매화꽃 형국을 이룬 산세 -

이매동二梅洞은 1971년 9월 13일 경기도 광주군 돌마면突馬面에서 성남 출장소 돌마지소로 기구 개편되었으며, 1973년 성남시로 승격당시 이매동二梅洞, 서현동書峴洞, 야탑동野塔洞이라 칭하였다. 다시 1977년 6월 10일 동 명칭 개편시에 이매동으로 통합하여 개칭되었다. 이 마을에는 약 2백 년 전 순흥順興 안安씨가 입주하여 마을을 이루고 살았는데 이때 '임의술' 이라 부르다가 1915년부터 이매리二梅里라 부르게 되었다고 한다.

이매리는 풍수지리설에 의해 산세가 두 개의 매화꽃 형국을 이루고 있어 붙여진 이름이다.

경기도 고양 지역의
지명 유래

일제가 남긴 잔재 일산이라는 지명

민족의 강 한강과 이별과 눈물의 임진강을 양팔로 끼고 앉은 곳이 바로 경기도 고양시 신도시 일산구이다. 일산一山이란 지명을 살펴보면 참으로 어처구니없이 붙여진 이름이라는 사실을 알게 된다.

일산이란 명칭이 처음 공식 지명으로 등장한 것은 일제가 경의선을 부설하던 1904~1905년경이

임진강

다. 즉, 현재의 일산역을 만들면서 그 명칭을 인근의 한산韓山(또는 寒山)의 명칭을 따 일산이라 한 것이다.

이 이름은 일본식 한자 지명으로서, 1914년도 일제의 제3차 행정구역 때 공식적으로 '일산리'라는 행정구역 명칭으로 정해진 일제의 잔재이다. 본래 이 지역 옛 이름으로 기록을 살펴보면 와야촌瓦野村 또는 와동瓦洞 마을이라 불렸다.

신라 진흥왕 때 전국을 9주5경으로 나누어 다스릴 때 고양 지역을 한산주漢山州라고 했다는 것과 후에 고봉현高烽縣(또는 高峰縣)으로 개칭했다는 기록으로 보아 '한산'과 '고봉'은 상당히 비슷한 뜻을 가진 것으로 판단된다.

한국어 발달 과정상 한민족 → 위대한 민족, 한글 → 큰글, 위대한 글·훌륭한 글·높은 글, 한강 → 큰 강·넓은 강 등의 뜻으로 볼 때, 한산(큰산) → 고봉산 → 일산으로 변이된 것으로 보인다.

현재의 일산 일대는 조선조 1413년(태종 13)에 고봉현과 덕양현의 앞 글자와 뒤의 글자를 따서 고양현으로 정하였다. 일산의 옛 이름은 중면中面으로 그 이전에는 고봉현에 속해 있었으며 고봉현에는 주엽동에 있던 황조향 역시 포함되어 있었다.

『신증동국여지승람』, 1755년의 『고양군지』 등에는 모두 중면이라는 명칭으로 이 구역이 표기되어 있는데 일산은 보이지 않는다. 1755년 당시 중면에는 저전일패리 84호, 저전이패리 90호, 주엽리 105호, 풍동리 45호, 산황리 54호, 백석리 114호, 도중리 41호 등 총 533호에 남자 1천88명, 여자 1천26명이 살고 있었다. 그러다가 1980년 중면이 읍으로 승격되면서 그 명칭이 일산읍으로 되었고, 1989년 일산 신도시가 발표된 것이다.

우리 선현들이 자연과 지리의 특성을 잘 살려 지어 놓은 아름답고 뜻 깊은 이름을 되살려야지 일제가 임의대로 남긴 이름이 아직까지도 무의식적으로 사용한다면 그것은 문제이다. 아직까지도 남아 있는 일제의 잔재를 청산하고 우리 고유의 정신을 바탕으로 하는 문화를 발전시켜 나가야 할 것이다. 이는 국수주의와 다른 각 나라 고유의 정체성을 유지하기 위해 필요한 원론이다.

고양시 북한산성
- 북풍을 타고 침략한 오랑캐를 방어한 곳 -

북한산성北漢山城은 경기도 고양시 덕양구 북한동에 소재한 사적 제162호이다. 이 성은 삼국시대부터 조선 시대에 이르기까지 장구한 세월 동안 북방을 제어하던 중요한 산성의 하나였다. 전면적이 16만8천989평에 달하는 산성으로 백제가 한강 남쪽의 위례성에 도읍을 정할 때 도성을 지키는 북방의 전초가 되는 성으로서 132년(백제 개루 5)에 성곽을 쌓았다.

당시 백제의 주력군이 이 성에서 고구려의 남진 세력을 막았으며 그 후에는 백제의 제13대 근초고왕의 북진정책에 따라 북벌군의 중심 요새가 되기도 하였다. 또한 제21대 개로왕蓋鹵王이 왕위에 오른 지

북한산성 전경

21년이 되던 해인 475년에 막강한 고구려의 남진군은 북한산성을 7일간 공격하여 치열한 공방전 끝에 산성이 함락되고 백제의 도성도 유린되었으며 개로왕은 고구려군에 사로잡혀 살해당하였다.

이때가 고구려의 제20대 왕인 장수왕이 즉위한 지 63년이 되는 해로 고구려가 남진 정책을 쓰면서 영토를 확장하던 가장 강력한 융성기였다. 이로 인해 백제는 지금의 공주인 웅진성熊津城으로 도읍을 옮기게 되었으며 또한 백제와 신라는 고구려의 남진을 막으며 연합하였다.

고려 현종 때는 거란의 침입을 피해 이 산성으로 태조의 재궁梓宮을 옮기게 되었느데, 이때 산성의 증축이 있었다. 또 1232년(고려 고종 19)에는 몽고 군과의 격전이 이곳에서 벌어지기도 하였으며 1387년(우왕 13)에는 산성의 개축 공사가 다시 이루어졌다.

조선왕조에 이르러서는 임진왜란과 병자호란 등의 외침을 빈번히 당하자 한성漢城의 외곽 성으로 재차 축성론이 일기도 했다. 1711년(숙종 37)에 왕명에 의한 대대적인 보수공사와 아울러 축성 공사가 광범위하게 시작되어 7천620보의 석성이 완성되었다. 산성의 규모를 보면 대서문, 동북문, 북문 등 13개의 성문과 산성 내에 동장대, 남장대,

중성문, 북장대를 설치하였다. 이듬해에는 130간의 행궁을 건립하였으며 또한 140간에 달하는 군창軍倉도 있었다.

그리고 산성 내에는 승군도 배치하였는데, 승군이 지내던 중흥사重興寺는 136간에 달하는 대사찰이었으며 그 외에도 12개에 달하는 군소 사찰이 있었다. 또한 99개의 우물과 26개에 달하는 저수지가 산성 내에 마련될 정도로 산성의 규모는 엄청났다.

특히 숙종 때의 군사 편재를 보면 수성대장에는 영의정이 겸하고 훈련, 어영, 금위의 3개 군문이 모두 이곳에 배치된 적도 있을 만큼 나라를 지키는 중요한 위치에 자리하였다. 현재는 산성에 대서문 만이 남아 있고 성곽의 성가퀴는 허물어졌으나 성체는 완전히 보존되어 산성과 외성으로서의 면모를 뚜렷이 간직하고 있다.

한편 옛날부터 북한산성 문안에서 사람이 죽으면 대문으로 시체가 나오지 못하고 시체가 나오는 문이 따로 마련되어 있었다. 그 문을 시구문이라 불렀는데 현재 시문안屍門安이라 부르는 곳으로 시신과 영혼을 보내던 문이었다.

고양시 현천동
-고양8현 민순이 탄생한 마을-

덕양구 현천동玄川洞은 고양 8현의 한 분인 행촌杏村 민순閔純이 살던 곳이다. 민순은 벼슬을 하지는 않았으나 덕이 깊고 학문이 높은 이

민순 묘비. 경기도 고양시

였다. 그는 학문을 구하고자 하여도 집안이 가난하여 종이를 구할 수가 없었기에, 생각 끝에 큰 가랑잎에다 글씨 연습을 하였다. 그리하여 이듬해 봄이 되어 삼각산 줄기에서 얼음이 녹고 물이 흐를 때가 되면 민순이 겨울에 연습하였던 가랑잎이 흘러내리면서 개울물이 완전히 검은 먹물이 되어 흘렀다 한다. 그리하여 이곳을 현천玄川, 거무내, 검은내, 먹골 등으로 부르기 시작하였다.

1519년(중종 14) 장사랑將仕郎 민학수閔鶴壽의 아들로 태어난 민순은 어려서는 신광한申光漢의 문하에서, 장성한 뒤에는 서경덕徐敬德의 문하에서 수학하였다. 서경덕으로부터 성인이 되기 위한 수양 방법으로 '주정主靜'을 접하고 크게 감화받은 민순은 자신이 거처하던 곳의 이름을 습정재習靜齋라 하였다.

민순은 1568년(선조 1) 효행으로 천거되어 효릉孝陵 참봉에 임명되었으나, 곧 학행이 알려져 전생서典牲署 주부主簿로 승진되고, 이어 공조와 형조의 좌랑을 거쳐 토산兎山 현감으로 나갔으나 곧 벼슬을 버리고 고향인 고양으로 돌아가 학문에만 전념하였다.

그는 1575년(선조 8) 사헌부 지평으로 다시 조정에 들어갔다. 이때 마침 인순仁順 왕후가 상을 당하여 예관들이 오사모烏紗帽와 흑각대黑角帶로 상복을 정하자, 그는 송나라 효종孝宗의 백모白帽 3년의 옛 제도로 고쳐 준용할 것을 건의하였다. 나중에 이 일이 물의를 빚게 되자 민순은 그해 6월 다시 사직하고 고향으로 돌아와 초야에 묻혔다. 그 뒤에도 용강龍岡 현령, 청풍淸風 군수를 지내고 사헌부 장령을 거쳐 수안遂安 군수의 벼슬을 거쳤으나 모두 임명된 지 얼마 되지 않아 사직하였다.

그는 그 뒤에 제수된 관직도 모두 사퇴하고 향리에서 후진 교육에 힘을 기울였으며 홍가신洪可臣, 한백겸韓百謙, 홍치상洪致祥 등이 민순의 문하에서 배출되었다. 1591년(선조 24) 세상을 떠난 민순의 본관은 여흥驪興, 자는 경초景初, 호는 행촌杏村과 습정習靜이며 저서로 『행촌집』이 있다. 민순은 개성의 화곡서원花谷書院, 고양의 문봉서원文峯書院에 제향되었다.

고양8현과 민순의 제자 이신의

고양8현은 행촌 민순을 비롯하여 추강秋江 남효온南孝溫, 사재思齋 김정국金正國, 모당慕堂 홍이상洪履祥, 복재服齋 기준奇遵, 석탄石灘 이신의李愼儀, 추만秋巒 정지운鄭之雲, 만회晩悔 이유겸李有謙이다.

이중 정지운과 홍이상은 고향이 고양이고, 그 외의 학자들도 고양에 정착해 살았던 인물들이다. 민순의 묘가 고양시 현천동에 자리하고 있다는 사실이 이를 뒷받침해 준다. 이들은 사림의 주요 인물들과 직접 연결되어 있었는데 남효온은 정필재와 김종직金宗直의, 김종직은 한훤당寒暄堂 김굉필金宏弼의 문인이었으며, 기준은 조광조의 영향을 받은 인물이었다. 또 정지운은 김안국金安國과 김정국 형제의 문인

추강 남효온 묘비. 경기도 김포시　모당 홍이상 묘비. 경기도 고양시　복재 기준 묘비. 경기도 고양시

으로서 퇴계退溪 이황李滉의 학문에 깊은 영향을 주었으며, 민순은 화
담 서경덕의 문인으로 이들은 이렇듯 서로 연계되어 있었다.

　　김안국이나 김정국 역시 조광조의 정신을 따라 행동하다가 기묘사
화에 관련되어 파직당하였다. 그리고 홍이상, 이신의, 이유겸은 각기

석탄 이신의 묘비. 경기도 고양시　추만 정지운 묘비. 경기도 고양시

민순과 허협의 문인들이다.

고양8현은 조선조 선비의 대명사라 일컬어지나 진정 중요한 것은 이들이 팔현으로 일컬어진다는 사실이 아니라 그들의 어떤 점으로 인해 현재까지 고양8현으로서 후대인들의 칭송을 받느냐일 것이다.

임진왜란의 많은 전투에서 대부분의 승리는 관군보다도 의병들의 활약으로 얻은

김종직 초상

경우가 더 많았다. 이신의 장군도 고양8현의 한 사람인 민순의 제자로서 스승에게서 영향을 받았을 것이고, 그 밖에도 고양 지역의 많은 민병들이 여기저기서 창궐하여 임진왜란을 승리로 이끄는 주역이 되었다.

고양8현의 8명은 모두 문봉서원에 제향되었는데, 그들이 서원에 모셔진 이유는 그 인품과 업적이 후대인들의 귀감이 되기에 충분하기 때문이다. 추강 남효온이 자신의 생각을 임금에게 상소하다가 죽음을 당한 생육신生六臣의 한 사람이었음은 이를 증명해 준다.

공자는

"삼군을 거느린 장수의 뜻은 빼앗을 수 있어도 필부의 뜻은 빼앗을 수 없다."

고 말하였다. 선비야말로 그 절개와 기개가 단순히 맹목적으로 발휘되는 것이 아니라 선비의 정신이 공적인 행동으로 이어지는 바탕이 되는 것이다. 물론 이때의 행동은 사적인 경우가 아니라 공적인 경우

라야 할 것이다.

이와 같은 봉공奉公의 정신이 선비의 정신이 되는 것으로 진정한 선비란 나라를 위해 힘써 일하는 것에 투철한 까닭에 그들의 이러한 선비 정신은 나라의 운명이 풍전등화에 처해 있을 때 발휘되는 것이다. 이신의 같은 인물이 의병을 일으켜 일본군에 대적했던 것은 어쩌면 당연한 귀결이라 하겠다.

임진왜란 당시 고양에서 벌어졌던 행주대첩은 관군의 지휘와 선비 정신을 모태로 한 고양 지역의 민간인이 하나가 되어 승리로 이끈 업적이다. 훌륭한 스승은 뛰어난 제자로 가르쳐 기르고, 훌륭한 제자는 스승의 가르침을 뛰어나게 배워 실천한다는 것이 고양8현이 전하는 교훈임을 되새겨야 하겠다.

고양시 덕양구 도라산
- 지혜로 일본군의 공격을 막은 이신의 -

1592년(선조 25) 임진왜란이 일어나자 선조는 수도 한양을 내놓고 평양성마저 뒤로 한 채 의주까지 몽진하게 되었다. 우리 백성들은 나라를 빼앗긴다는 울분과 적개심, 그리고 공포에 휩싸였고, 이 당시 사회적 지도층은 충효 사상을 근간으로 하는 유학자들로서 그들은 전국 각처에서 의병을 일으켰다.

고양에서는 행주산성에 승군대장인 최영 그리고 민간인과 더불어

행주산성의 토성

아녀자까지 의병으로 참전하였다. 또한 석탄 이신의는 오늘날의 도내동道乃洞 도라산을 정점으로 의병 3백여 명을 모집하여 창릉천 건너편의 현 용두동에 포진한 일본군을 상대하였다.

병력상으로는 상대할 수 없을 정도로 큰 차이가 있으니, 우선 작전상 일본 군대의 기를 꺾어야 했다. 그래서 이신의는 3백여 명의 병사 대열로 하여금 산을 계속 돌도록 하여 일본 군대가 조선 군사의 수를 착각하여 감히 공격하지 못하도록 했다는 것이다.

임진왜란이 끝난 뒤 석탄 이신의의 높은 지휘력에 감복한 나머지 도라산의 정상에

石灘 李愼儀 將臺碑

석탄 이신의 장대비

를 세워 그 뜻을 기렸는데 언제인지 산 아래 모퉁이 흥도초등학교 건너편으로 옮겨졌다.

이신의 장대비

그리고 산의 이름도 병사들이 돌았다고 하여 도라산이라 부르게 되었고, 마을 이름도 음의 변이와 한자음의 변화를 거쳐 도내동이라 불리게 되었다는 것이다.

지혜로 일본군의 공격을 막아 고양을 수호한 이신의는 어떤 인물인지 한번 살펴보자. 이신의는 명문 귀족인 전의全義 이李씨의 자손으로 시조는 금강나루에서 사공을 하던 이로 이름은 치였다.

고려 개국 당시 후백제의 견훤甄萱을 고려의 왕건王建이 직접 정벌할 때 남쪽 금강나루에서 일어난 일이다. 갑자기 상류 쪽에서 소낙비가 와서 강을 범람할 정도로 물이 불어나 군사들이 도강을 할 수 없게 되었다.

그때 마침 한 사공의 절대적인 도움으로 왕건은 무사히 강을 건널 수 있었고 도강의 성공으로 전쟁의 승부에 큰 영향을 끼쳤다고 한다. 그 공을 치하하고자 태조 왕건은 다시 사공을 찾게 되었고 사공이 자신의 이름을 치라고 밝히니 왕건은 왕명으로

"그날 넓은 강에서 그대가 없었다면 어찌하였겠는가. 사공 치도 고맙지만 치가 몰고 온 나룻배와 그 배를 움직이는 노가 있었기 때문에 우리가 불어난 강물을 무사히 건널 수 있었던 것 아닌가."

하며 '棹노도' 자를 이름으로 지어주었다고 한다. 왕건은 이름을 하사한 후 도에게 통합삼한삼중대광대사익착공신統合三韓三重大匡大師翊贊功臣으로 벼슬을 내리고 전의후全義候에 봉하였다. 그 후 뱃사공 도는 전의 이성산李城山 아래로 이주하여 그곳에 정착하였고 세계世系를 이어 왔다.

정간공 이명 묘소. 서울시 강북구 월계동

 고려 창국의 제왕인 태조 왕건과 인연을 맺은 전의 이씨의 후손들
은 날로 번성하였고 또한 지혜로워 많은 후손들이 조정에 출사하는
영광을 얻었다.

 특히 조선조에 와서 시조의 11대손 정간공楨幹公 이명李蓂이 성군
세종으로부터 〈가전충효家傳忠孝 세수인경世守仁敬〉이란 친필의 글귀
를 하사받았다.

 임진왜란에 공을 세운 후손 이신의는 조선 인조仁祖 때의 문관으로
시호는 문정文貞이다. 일찍 부모를 잃고 행촌 민순의 문하에서 학업을
받은 이신의는 남원 부사, 홍주(홍성) 목사 등 여러 관직을 거치며 지
방을 잘 다스려 여러 번 표창을 받았다.

 당시 간신들이 화를 일으켜 영창 대군은 이미 죽고 바야흐로 인목
대비를 서궁에 유폐하려 하자 이신의는 분함을 참지 못하고 항소抗疏
4백여 언言을 올림으로써, 흉당에게 몰려 회령에 귀양을 가기도 하였

다. 그러나 그는 1623년(광해 15)의 인조반정仁祖反正 후에는 형조 참판에 이르렀다.

김장생 초상

이신의는 1627년(인조 5) 정묘호란을 만나 왕을 모시고 강도江都(강화)로 들어가던 도중 체류하다가 수원 마정리馬井里에서 죽었다. 이신의는 후일 이조판서에 추증되고 숙종 때 시호가 내려졌다.

그는 도량이 넓고 청백하며 일을 처리하는 데 밝았으나 벼슬에 있는 것을 자신의 본뜻으로 여기지 아니하였다. 이신의의 저서로 『석탄집』이 전하며 그는 사계沙溪 김장생金長生과 가장 친교가 있었다.

고양시 북한산 자락의 청담동
- 사기가 푸른 연못처럼 보이다 -

경기도 고양시 북한산 자락에 있던 동네에는 사기를 굽던 지역이 있었다. 맑은 물과 양질의 찰흙이 있어 과거 질 좋은 사기를 생산하던 곳이었다. 당시 동네에서는 사기를 구워 파랗게 약칠을 해 말리는 작업을 하느라 사기를 죽 늘어놓았는데 이것을 높은 곳에서 보면 맑고

북한산 사기골 청담동이라고 새겨진 돌

푸른 연못처럼 보였기 때문에 청담동이라 하였다는 기록이 있다.

그러나 청담동의 흔적에는 다음과 같은 이견도 있다. 지금도 맑은 물을 찾아 피서객들이 모이는 사기골의 골짜기 입구 암석에는 청담동淸潭洞이라고 씌어 있다. 청담동이라는 글자로 보아 근처 골짜기 어느 곳에 맑은 물을 가두었던 연못이 있었음을 알 수 있다.

또 작은 촌락이 있어 그 연못을 사용하면서 살지 않았나 하는 생각도 해보게 된다. 그러한 판단이 드는 것은 홍양호에 대한 기록을 보면 알 수 있다. 홍양호는 조선조의 학식 높은 선비로 1724년(경종 4) 태어나 이조판서, 판중추부사를 지내고 1802년(순조 2) 79세의 나이로 세상을 떠난 어른이다. 홍양호가 청담동에서 살면서 『고려대사기高麗大事記』 등 수십 편의 저서를 남겼다는 기록이 있다.

경기도 파주 지역의 지명 유래

파주시 도라산
- 마의 태자가 눈물을 흘리며 돌아본 서라벌 -

파주시 군내면 백연리에는 도라산都羅山이 있다. 신라의 마지막 경순왕의 아들 마의麻衣 태자는 자신의 천년 사직을 버리고 금강산金剛山으로 들어가게 되었다. 이때 이 산에 들러 머리를 깎고 사라져 가는 고국 서라벌徐羅伐을 눈물로 돌아보았다 하여 도라산이라 부르게 되었다.

도라산 근처의 도라산역은 민간인 통제구역인 비무장지대DMZ 남방 한계선에서 7백여 미터 떨어진 남한의 최북단 역이다. 2002년 2월 20일 미국의 조지 부시George Walker Bush 대통령이 방문하여 세계적으로 주목을 끌기도 했다.

남북 화해의 미완성 역이기도 한 도라산역은 2001년 10월 임진강역 개통에 이어, 2002년 2월 12일 설날에는 철도 운행이 중단된 지 52년 만에 임진강을 통과하는 특별 망배 열차가 운행되었다. 도라산역에 평양 205킬로미터, 서울 56킬로미터라 쓰인 이정표는 남북 분단의 현실과 앞으로 극복해야 할 희망과 기대를 담고 있다.

도라산역은 남방 한계선상의 남측 최북단 역인 관계로 향후 경의선 철도 연결이 완료되어 남북 왕래가 가능해질 경우 도라산역에서 북한은 물론 중국이나 러시아를 가게 되는 경우, 관세 및 통관 업무를 담당하는 역사성을 지니게 될 것이다. 도라산역은 한반도 분단의 상징적 장소이면서 남북 교류의 관문이라는 이중적 의미를 아울러 내포하고 있다.

도라산 인근에는 전망대가 설치되어 있는데 이 전망대는 송악산 관측소 폐쇄에 따라 대체 역할을 위해 신설되었다. 이는 북한의 생활을 망원경을 통해 바라볼 수 있는 남측의 최북단 전망대로서 개성의 송학산, 김일성 동상, 기정동, 개성시 변두리, 기차 화통(장단역), 금암골 (협동 농장) 등이 보인다. 도라 전망대는 일반인에게는 1987년 1월부터 공개되었다.

도라 전망대 바로 옆에는 남북한 대치의 살얼음판을 여실히 보여주는 제3땅굴이 있다. 1978년 아군에게 발견된 제3땅굴은 파주시 문산까지의 거리가 불과 12킬로미터, 서울까지의 거리는 52킬로미터 지점에 있다. 이 땅굴은 폭 2미터, 높이 2미터, 총 길이 1천635미터로 1시간당 무장 군인 3만 명의 병력 이동이 가능하다. 북한이 무력 남침을 기도했음을 여실히 드러내는 산 증거라 하겠다.

북한은 이 땅굴이 적발되자 남한에서 북침용으로 뚫은 것이라고 억지를 쓰기도 했는데 땅굴 내부 갱도를 살펴보면 굴을 뚫을 때의 폭파 흔적이 남쪽을 향하고 있어 북한의 주장이 거짓임을 알 수 있다. 2002년 5월 31일부터는 엘리베이터, 최첨단 시스템을 갖춘 DMZ 영상관, 상징조형물, 화장실, 기념품 판매장 등의 시설이 설치되어 관광객들에게 다양한 볼거리를 제공하고 있다.

파주시 문산읍 반구정
- 황희가 갈매기를 벗 삼아 여생을 보낸 곳 -

반구정伴鷗亭은 고려 말기와 조선 초기의 문신이며 명재상인 방촌尨村 황희黃喜가 관직에서 물러나 갈매기를 벗 삼아 여생을 보내던 곳이다. 반구정은 임진강 기슭에 세워진 정자로 낙하진에 인접해 있어 원래는 낙하정洛河亭이라 하였다. 황희 사후에도 그를 추모하는 팔도의 유림들이 유적지로 수호해 왔으나 애석하게도 한국전쟁 때 모두 불타버렸다.

고려 말인 1363년(고려 공민 12) 판강릉부사判江陵府事 황군서黃君瑞의 아들로 송경松京(개성開城) 가조리可助里에서 태어난 황희는 14세 때에 음관으로서 안복궁安福宮 녹사錄事가 되었고 21세에 사마시, 23

세에 진사시를 마쳤다. 그는 27세에는 문과에 급제하고 이듬해 성균관 학관이 되었으며 고려가 망하자 두문동에 은거하였다. 그러나 황희는 조선에 들어와 태조의 요청으로 다시 관직으로 나가 여러 벼슬을 역임하였다.

반구정. 경기도 파주시

황희가 정치가로서의 수완을 발휘한 것은 47세에 지신사知申事가 되던 때부터이다. 그는 태종의 극진한 예우를 받고 육조六曹의 판서判書를 역임하는 동안 내외의 요직에 있으면서 문물과 제도의 정비에 노력하여 훌륭한 업적을 많이 남겼다.

그러나 1413년(태종 13) 황희가 세자 이제李禔(양녕 대군)의 폐립 문제에 반대 의견을 밝히자 태종의 노여움을 사서 좌천되었다가, 뒤에 관직을 박탈당하고 남원南原으로 축출되었다. 그러나 태종은 1422년(세종 4)에 황희를 소환하여 직첩을 도로 주었고 세종에게 부탁하여 곧 등용토록 하였다. 그는 1431년(세종 13)에는 영의정에 올라 국정을 위임한 이래 꾸준히 정치에 힘쓰다가 1449년(세종

방촌 황희 초상

31)에 86세의 나이로 은퇴하였다.

황희는 평소에 관후하고 인자하며 청백한 관원 생활을 했기에 청백리의 귀감이 되었다. 그는 벼슬에서 물러난 지 3년 뒤인 1452년(문종 2) 세상을 떠났으며 세종묘世宗廟(영릉英陵)에 배향되었다. 황희의 본관은 장수長水, 초명은 수로壽老, 자는 구부懼夫, 호는 방촌厖村, 시호는 익성翼成이다. 그의 저서로 『방촌집厖村集』이 전한다.

허목 초상

한편 낙하정이 불타버린 뒤 일대의 후손들이 부분적으로 복구해 오다가 1967년에 시멘트로 개축을 하고 1975년에는 단청과 축대를 보수하였다. 이어 1998년에는 유적지 정화 사업의 일환으로 반구정과 앙지대 등을 목조 건물로 개축하였다.

반구정은 임진강이 내려다보이는 강안 기암절벽 위에 위치하고 있는데 미수眉叟 허목許穆이 지은 『반구정기伴鷗亭記』를 보면

〈정자는 파주 서쪽 15리 임진강 아래에 있고 조수 때마다 백구가 강 위로 모여들어 들판 모래사장에 가득하다. 9월이면 갈매기가 손으로 온다. 서쪽으로 바다는 30리이다.〉

라고 아름다운 풍광을 묘사해 놓았다. 반구정이 위치한 좌측의 높은 대지에 앙지대仰止臺가 있으며 반구정 아래에는 황희의 영당이 위치하고 있다.

지금은 볼 수 없는 두문동

태조의 조선 건국 수난사

태조 이성계가 대업을 실현하게 된 것은 그가 왕위에 대한 야망을 가지고 있었다는 이유 때문만은 아니다. 그는 미묘하게도 변경 여진女眞에서 천호千戶 환조桓祖의 아들로 출생하여 사방의 싸움에 나가 어려운 군공을 누적하였다. 그리고 마침내 정계의 실권을 잡게 되기까지 이성계의 행적을 보면 그는 용감하고 성실했던 충직한 무장이었지 기지와 모략으로 왕위를 엿본 정객은 아니었다. 이성계는 오직 그때의 당면한 난관을 타개하는데 전력을 기울이는 것 밖에는 여념이 없었다고 하는 것이 옳을 것이다.

이성계가 사냥 도중 말에서 떨어져 황주黃州에 드러눕게 되자, 그의 와병을 기회로 정몽주鄭夢周는 이성계를 일망타진하려고 하였다. 그러나 이를 눈치챈 이방원에게 정몽주가 피살되자 고려 조정은 극도로 공포에 휩싸였고, 공양왕은 정몽주의 계획에 협력한 불안을 이기지 못하였다. 결국 스스로 이성계의 사저로 문병을 간 공양왕은 이성계에게 술을 주며 풍악을 울렸다. 눈물까지 보이며 이성계의 덕을 칭송한

정몽주 초상

배극렴 묘소. 충청북도 증평군

공양왕은 문서로써 서로를 해치지 말 것을 동맹하자고까지 하였다. 고래로 열강 동맹은 있었으나 군신 동맹이란 있을 수 없다는 말에도 불구하고 자손 대대로 서로 해치지 않겠다는 뜻의 동맹을 맺자고 한 것이다.

정계를 독점하다시피 한 이성계 일파의 정객들은 시중侍中 배극렴 裴克廉 등을 공민왕의 후궁인 안安씨에게 보냈다. 교서를 받아서 왕궁에 간 정비는 그 죄를 지적하여 공양왕을 원주로 쫓아냈고, 정비의 교서를 가지고 이성계에게 국사를 감리하게 하면서 고려 왕조와 대립하게 되었다. 태조의 즉위는 자연스러운 가운데 권력이 집중되어 고려의 마지막 왕 공양왕을 폐하고 군신의 추대를 받는 형식을 취하였다. 그 격렬한 투쟁은 결코 처음부터 왕위를 목표로 하였던 것은 아니었다 하겠다.

어제까지 고려 왕조의 중신重臣이었던 이성계는 더 이상 일개의 신하가 아니었다. 한반도의 새로운 통치자가 된 이성계의 사저는 이미 전殿이 되었고, 그의 이름은 성계가 아니라 태조로 불리게 되었다.

일찍이 그는 안변安邊에서 있을 당시 닭이 울고, 거울이 깨지는 꿈을 꾼 일이 있다. 이성계가 이 꿈을 주인집 노파에게 이야기하자 노파는 운봉산雲峰山 중에 고명한 대사가 있으니, 그에게 해몽을 받음이 좋겠다 하였다. 그리하여 운봉산으로 대사를 찾아간 이성계가 꿈 이야기를 하자 대사는 한참 동안 눈을 감고 있더니,

"만가의 닭소리, 천가의 다듬이 소리, 그것은 높은 위에 올라 천하에 으뜸이 될 전조로 꽃잎이 날렸으니 열매를 맺을 것이오. 떨어지는 거울은 반드시 큰 소리를 낼 것이니, 이 또한 세상에 큰 이름이 날 길몽입니다."

하였다. 말을 마친 대사는 이성계의 상을 보더니

"과연 공은 왕의 상이라."

라고 말하였다. 일개 무사이던 이성계는 이 길몽에 커다란 희망을 갖지 않을 수 없었다. 이후 이성계가 명나라를 무찌르러 가던 길에 의주에서 점을 치니 점쟁이가 글자를 짚으라 하였다. 그가 짚은 글자는 '문間' 자였고 점쟁이는 글자를 풀이하기를

"문문門자에 입구口이니 구口자는 바른 편에 붙이면 군君이 되므로 당신은 앞으로 임금이 될 것이다."

라고 하였다. 안변에서의 해몽과 의주에서의 점괘가 다 같이 자신이 장차 왕이 된다는 똑같은 말이 나온 것이다. 그러나 아직 확신할 수 없던 이성계는 한 걸인에게 돈을 주며 점쟁이 노파에게 가서 점을 보

도록 했다. 당연히 '문間' 자를 짚으라 일렀는데, 노파가 말하기를

"구口가 문 앞에 있으니 그대는 걸식할 팔자로다."

하여 태조는 그제야 점괘를 믿었다는 일

화가 있다.

이것은 후세에 만든 이야기일지도 모르

나, 태조가 안변에서 해몽한 자리에 석왕

사釋王寺를 세우고 태조가 왕위에 오른 뒤

운봉산에 있던 무학無學 대사를 찾아 한양

천도를 상의한 점 등을 보았을 때 위작한

전설이라고만은 보기 어렵다.

무학 대사 초상

두문동으로 들어간 고려의 절신들

결국 이성계는 신하로서 왕위에 올라 한반도의 새 패자로 군림하게

되었다. 역대로 새로이 왕권을 장악하게 된 이들은 옛 구조의 잔재 숙

청에 전력을 다했으나, 고려의 태조 왕건은 예외였다.

이태조도 그에 착안하며 고려조를 계승받아 국명도 고려로 하고,

수도도 송도에 그대로 둔 채 고려조의 구신들도 기용하려 하였다. 먼

저 고려조 시대의 동료로 친교가 두텁던 이색에게 사자를 보내 과거

를 청산하고, 새로운 조정에 헌신할 것을 요청한 것도 그러한 표현의

하나였다.

이색은 고려의 중신으로써 그의 명성은 고려 말에 전국을 뒤흔들었

는데 박학다식할 뿐 아니라 고결한 인격은 뭇사람의 중앙을 일신에

모으고 있었다. 더욱이 명신 정몽주가 태조의 철퇴를 맞아 쓰러진 이후의 고려 중신으로는 이색이 대표라 할 만했다.

이색 초상

이색도 사람이므로, 성현도 세속에 따르라는 말과 같이 그 또한 왕조가 바뀐 이상 고절을 지키며 생명을 위태롭게 하지는 않으리라는 것이 태조의 심복이자 고려조 전복 음모에 중대한 역할을 맡은 정도전의 생각이었다. 태조는 이색을 잘 아는지라 그리 쉽게 변절할 것 같지는 않았으나, 그렇다고 정도전의 말대로 왕의 부름에는 응하지 않을 수 없으리라 생각하였다.

드디어 이색에게 특사가 보내졌고 사자의 기별은 즉시 참내하라는 것이었다. 이색이 초청에 응할지 않을지 태조가 초조해 하고 있는데 오히려 자신의 예상을 깨고 참내한다는 회신이 왔다.

정도전 초상

궁중에는 갑자기 화기가 돌았다. 신하 없는 궁중에 그것도 고려에서 가장 중신인 이색이 신왕조에 나타나는 것이었다. 이색만 붙잡으면 나머지는 문제될 것이 없을 정도로 그의 영향력은 컸고, 태조는 왕위에 등극할 때보다도 더 흥분하였다.

이윽고 이색이 궁중으로 들어오자 신왕 이태조는 몸소 왕좌에서 내려 그를 맞이했다. 예상 못 한 바는 아니었으나 이색의 무례함에 태조와 측근자들은 당황하였다. 이색은 왕이 내려와 맞음에도 고개만 끄덕할 뿐 신하로서의 예를 다 하지 않는 것이었다. 그러나 태조는 그를 책하지 않고 다시 왕좌로 돌아갔다. 이를 본 이색은

"공이 왕좌에 앉는다면 이 사람은 물러가오. 공의 초청은 동관同官으로서였고, 나는 그에 응했을 따름이오."

하고 자리에서 일어났다. 그러나 태조는 감정을 억제하고 재삼 새 정권의 정치에 참여할 것을 권하였다. 그러자 이색은 차디찬 일별을 태조에게 던지고 그대로 나가버렸다. 궁중에서는 물의가 등등하였고 그중에서도 정도전, 조준 등 새 정권의 공신들은 이색의 목을 베어 시범을 보여야 한다고 주장하였다. 그러나 이색 한 사람의 목은 벨 수 있을지 몰라도 이색에 따른 민중의 목을 다 벨 수는 없었다.

태조는 생각다 못해서 길재吉再에게 특사를 보냈다. 길재 또한 고려 중신의 한 사람으로 그는 당시 송도에 없었다. 태조가 창왕을 폐하고 공양왕을 세울 때, 이미 이성계의 흉중을 들여다 본 길재는 시골로 내려가 은거하고 있었기 때문이다. 길재는 이색보다 더하여 참내조차 하지 않았다. 정도전 일파의 강경론이 대두되어 길재를 잡아 올렸으나, 그는 끝내 궁궐에 들어서지 않고 짧은 편지 한 장에 시골로 가겠노라는 뜻만을 전할 뿐이었다.

이에 태조는 새 조정의 호조전서인 조윤趙胤을 불러 이후의 계책을 강구하기로 했다. 조윤은 조준趙浚의 동생으로 태조가 조윤에게 선후

책을 상의하자 그는 아무 말도 않고 섰다가,

"오직 한 길이 있을 뿐입니다. 사람의 한 번 잘못은 뉘우치면 그만이니, 공이 과거의 이성계로 돌아가 사직에 가서 사죄를 기다리는 것이오."

조윤 묘비. 경기도 성남시

하는 것이었다. 조윤의 대답은 태조에게 뜻밖이었으나 공명록에 조윤의 이름이 올라 있던 것은 태조의 오해였다. 형인 조준이 공명록에 임의로 동생의 이름을 써 넣었던 것이다.

"공은 나를 잘못 안 듯하오. 망국의 불초한 신하가 죽지는 못할지라도 역모에 가담할 수는 없소. 조윤은 오늘부터 조견趙犬으로 개명하고 호를 종견從犬으로 개변하니 금후에는 종견이라 불러주기 바라오."
하며 조윤 역시 물러가 버렸다.

이렇게 하여 이색은 시골로 내려가서 4년 뒤 별세했고, 조윤은 청계산淸溪山 위에서 고도를 내려다보며 통곡을 하며 나라 잃은 슬픔을 달래었다. 그 봉우리를 망경봉望京峰이라 부르는 것도 이러한 일에서 유래된 것이다.

태조의 인망은 여지없이 유린되었다. 거리에는 때 아닌 아이들의 노래 소리가 높았으니 그것은 이태조를 역적으로 보는 가사였다.

다음으로 태조의 초청을 받은 것은 원천석元天錫이었다. 유학의 명신 원천석도 이태조를 우롱하였으며, 다시 김자수金自粹를 찾았으나 그는 음독 자결을 하고 말았다. 김진양金震陽, 이숭인李崇仁 등 고려 말의 이름 있던 신하들은 하나도 빼지 않고 청하였으나, 그들은 신조 불참 동맹의 서약을 한결 같이 지켰다.

운곡 원천석 묘비.
강원도 원주시 치악산

태조는 신하 없는 왕이 되었고, 백성 없는 통치자가 되었다. 깊은 수심과 울분 속에 쌓여 침식을 잃어 가던 태조는 몸소 산중에 숨어 있는 조윤을 다시 찾아 마음을 바꿔 줄 것을 간곡히 청하였다. 그러나 조윤은 태조의 말을 끝끝내 듣지 않았으며, 오히려 태조가 그의 충절을 아끼어 산당을 지어 주었으나 조윤은 그 산당조차 거부하고 종적을 감춰 버렸다.

이렇듯 망국 고려의 신하들이 새 나라 조선의 신하가 되기를 거부하고 숨어든 곳이 현재의 황해북도 개풍군 광덕면 광덕산 서쪽 기슭의 두문동杜門洞(당시 경기도)이었다.

김자수 묘소(좌)와 고인의 유언에 따른 그의 와비(우). 경기도 광주시

파주시 탄현면 오두산성
- 백제의 북방 전초기지 관미성 -

　오두산성烏頭山城은 파주시 탄현면 성동리 자유로가 지나는 오두산
의 정상 부분과 산사면에 띠를 두르듯이(일명 테뫼식) 축성된 돌로 쌓
은 성이다. 오두산은 한강과 임진강 하류가 맞닿은 곳에 표고 119미터
로 솟아 있으며 주변에 높은 산이 없어 산 정상에 서면 서쪽으로는 북
한 지역이, 남쪽으로는 김포 평야가 한눈에 들어온다. 오두산은 또한
서쪽으로는 한강이, 북으로는 임진강이 흐르고 있어 두 강이 만나 서
해로 흘러드는 길목에 위치하는 까닭에 한강과 임진강의 중 · 상류로
향하는 길목을 제압할 수 있어 군사적으로 중요한 지리적 조건을 갖
추고 있다.

　현재 오두산 정상에는 통일 전망대가 들어서 있어 산성의 규모와
원형은 확인하기 어려울 정도로 훼손된 상태이다. 한강과 인접해 있
는 가파른 북쪽 절벽 위에 약 10여 미터의 성벽이 잔존하고 있는데,
산 정상 부근에는 여기저기 성벽을 이루었던 것으로 보이는 석재들이
흩어져 있다. 삼국시대부터 시작해 조선 시대까지 계속해서 수축된
것으로 보이는 오두산성은 한국전쟁 이후 거의 유실되거나 파손되었
다.

　그러다 1990년 9월부터 1991년 11월 사이의 발굴 조사에서 석성의
규모가 밝혀지고 삼국시대에서 조선시대에 걸친 토기, 백자, 기와, 철

촉 등의 유물이 다수 발견되었다.

최근 오두산성은 문헌의 기록을 확인하였을 때, 고고학적으로 백제의 관미성關彌城일 가능성이 제기되어 주목받았다. 백제의 북방 전초기지였던 관미성은 396년 병신丙申년에 있었던 관미성 전투에서 고구려 광개토왕廣開土王이 백제의 아신왕阿辛王을 공격하고 수도 위례성을 함락시키기까지 남하 정책 경로를 밝혀주는 중요한 단서가 되는 곳이다.

문헌에 나타나는 이 성의 명칭은 여러 가지가 있는데 그 변화 과정을 살펴보면 『고려사』, 『신증동국여지승람』, 『대동지지』 등에 오도성烏島城, 오두산성鰲頭山城(또는 烏頭山城) 등으로 표기되어 있다.

오두산성의 이름이 고려를 거쳐 조선 시대 후기까지 사서에 계속 나타나는 까닭은 성의 중요성이 당시까지도 인식되었음을 반영하는 것이라 하겠다.

또한 지명이 오도성, 오두성 등으로 변화를 보이는 것은 오두산의 외형상 특징에 따른다. 즉 이곳은 한강과 임진강이 만나면서 삼면이 깎아지른 형상으로 자라나 까마귀 머리와 유사한 형태의 지형을 하고 있어 이와 같은 성 이름이 만들어진 것이라 하겠다.

오두산성의 규모에 대해서는 『동국여지東國與地志』에 2천71척, 『대동지지』에 2천72척으로 나타나 있다. 이를 당척唐尺을 기준으로 계산해 보면 약 621미터 정도의 길이였을 것으로 추정된다.

성의 설치와 폐쇄에 관해서는 『동국여지지』와 『문헌증보』에 나타난 바와 같이 삼국 시대에 축성되었음을 알 수 있으며, 『대동지지』에서는 백제의 관미성이라고 지칭하여 아주 구체적인 위치를 비정하여 놓았다. 하지만 이 근거가 다른 사서를 참고로 한 것인지 아니면 당시의 일반적인 견해를 기본으로 한 것인지에 대해서는 확인할 수 없다.

18세기 후반에 씌어진『문헌증보비고』에 '금폐今廢'라는 기록이 있는 것으로 보아, 오두산성이 폐쇄된 시기는 18세기 이전인 것으로 보인다.

오두산성의 위치에 대하여는 학계의 통설이 정리되지 않은 채 강화 연안설, 임진강 하구설, 예성강 연안설 등 여러 가지 설이 분분한 상태이다. 한편, 경희대 고고미술사연구소에 의해 실시된 발굴 조사는 성벽 확인 작업에 머무는 것에 그쳤으나 오두산성의 연대가 삼국 시대까지 올라갈 수 있는 가능성을 보여 주었다. 또한 진흥왕 이후 신라와 고구려의 접경 지역인 이 지역과 성동리 일대에서 발굴 조사된 바 있는 신라 고분과의 연관 관계는 신라의 한강 경략 과정을 살펴볼 수 있는 근거를 제공할 것으로 보인다.

파주시 웅담리와 상서대
- 윤관의 애첩 웅담이 죽은 못 -

파주시 법원읍 웅담리熊潭里에는 다음과 같은 이야기가 전하고 있다. 고려 제16대 왕 예종睿宗 때의 일이다. 고려를 쳐들어왔던 17만 대군의 여진족을 무찌른 장군 윤관尹瓘이 파주 파평산 기슭에서 한가한

윤관 묘비(좌)와 사당 여충사 표석(우). 경기도 파주시

나날을 보내고 있었다.

그곳에는 글과 가무에 뛰어난 곰이라고 불리는 미모의 기생이 있었다. 어느 날 윤관은 기생 곰과 함께 한 정자에서 시를 읊으며 술잔을 주고받고 있었다. 정자 아래에는 깊은 연못이 있었는데 윤관이 기생에게

"허허, 이젠 너의 춤을 보고 싶구나. 내가 가락을 읊을 터이니 너는 춤을 추도록 하거라."

하였고 곰은 춤을 추기 위해 일어섰다. 그러나 곰은 이미 몇 잔의 술을 마신 탓으로 취흥이 도도하였고, 몸을 비틀거리며 춤을 추던 곰은 그만 발을 헛디뎌 정자에서 떨어져 연못에 빠져 죽고 말았다.

눈앞에서 이 같은 장면을 목격해야 했던 윤관은 몹시 놀라고 또한 무척 슬펐다. 그리하여 윤관은 죽은 곰을 생각하면서 그녀가 빠져 죽은 못을 곰담이라고 불렀다.

또 다른 이야기도 전한다. 윤관의 애첩 이름은 '웅단'으로 전장에 나간 윤관을 기다리다 그리움을 견디지 못하고 결국 상서대尙書臺 옆 개울로 몸을 던져 죽고 말았다. 웅단이 떨어져 죽은 그 연못의 이름에서 유래되어 웅담熊潭 또는 곰소, 곰시로 불리게 되었다는 것이다. 그리고 웅단이 몸을 던진 곳을 낙화암落花岩이라 하여 지금도 낙화암비가 세워져 있다.

그 후 웅담 주위에 마을이 생겼는데 사람들은 마을 이름을 웅담에서 따 웅담리라 불렀다고 한다.

상서대는 웅담리에 있는 별장지로 윤관이 상서尙書 벼슬에 있을 때 여가를 틈타 시문과 휴양을 즐기던 곳이다. 이후 상서대는 윤관의 후손들이 학문을 닦던 유서 깊은 자리로서 묘소가 실전된 파평 윤씨 후손들의 비단을 모신 추원단追遠壇이 위치하는 곳이기도 하다.

상서대는 건축물 없이 장방형의 담장을 두르고 사주문四柱門을 세워 출입할 수 있도록 하였다. 내부 중앙 우측으로

坡平 尹公 尙書臺

파평 윤공 상서대

라 쓰여진 비와 그 뒤로 묘소가 실전된 파평 윤씨 10위의 추원단이 일렬로 세워져 있다. 윤관은 내부에 느티나무를 직접 심었는데, 느티나무는 임진왜란 때 병화로 타 죽었으나 같은 자리에서 다시 새싹이 자라났다는 노거수 두 그루가 보호수로 지정되어 있다.

파주시 파평면 파평 용연
- 파평 윤씨의 시조 윤신달이 탄생한 연못-

늘노리에 있는 파평 용연坡平龍淵은 파주를 본관으로 하는 대표적인 성씨인 파평坡平 윤尹씨의 시조 윤신달尹莘達이 탄생한 연못이다. 파평 용연에는 다음과 같은 전설이 전한다.

신라 말인 893년(진성 7) 8월 15일 한가위에 용연 일대 하늘에 난데없이 구름이 뒤덮이고 안개가 사방에 자욱하게 끼기 시작해 지척을 분간할 수 없을 정도로 주위를 뒤덮었다. 그러더니 잠시 뒤에는 뇌성 벽력까지 온 천지를 진동하였다. 이때 윤온이라는 할머니가 마침 못 가운데를 보게 되었는데 안개 낀 못에서 별안간 빛이 솟으면서 금궤 하나가 물위로 떠오르는 것이었다. 놀란 노파 윤온은 두려운 마음이 드는 가운데도 기이한 생각이 들어 마음을 다잡으며 상자를 건져 열

파평 윤씨 발상지인 용연(좌)과 시조 발상지비(우). 경기도 파주시 파평면 눌노리

윤신달 묘소. 경상북도 포항시 운주산 아래

어 보았다.

그런데 상자를 열어 본 윤온은 너무도 놀란 나머지 움직일 수도, 소리를 지를 수도 없어 아무 말도 못한 채 잠시 동안 눈만 둥그렇게 뜨고 있었다. 찬란한 금궤 속에는 오색의 아름다운 깃털에 싸인 어린 사내아이가 들어 있었던 것이다.

윤온이 아이를 가만히 살펴보니 좌우 어깨 위에는 일월을 상징하는 붉은 점이 있고 양쪽 겨드랑이에는 81개의 비늘이 나 있었으며, 또한 발에는 북두칠성처럼 일곱 개의 흑점이 있는데 흑점에서는 황홀한 광채가 나고 있었다. 그뿐 아니라 아이의 손바닥에는 윤卅자 무늬가 있었다고 한다.

윤온은 이 아이를 거두어 집으로 데려와 잘 양육하였다. 인물이 수려했던 사내아이는 자랄수록 영특하기까지 하여 장성하여서는 큰 벼슬을 지냈는데, 그가 바로 파평 윤씨의 시조인 윤신달이다.

파평 윤씨 시조인 윤신달이 용연에서 떠올랐을 때 겨드랑이에 잉어의 비늘이 있었기 때문에 잉어를 먹지 않는다는 속설은 파평 용연의 전설에서 기인한 것이다.

또한 파평 윤씨 대종회에서 펴낸 시조 윤신달의 현손인『윤관 장군 일대기』에 의하면, 윤관이 함흥咸興 선덕진宣德鎭 광포廣浦에서 거란 군대의 포위망을 뚫고 강가에 이른 다음 잉어 떼의 도움을 받아 무사히 강을 건너 탈출하였다. 적병이 뒤쫓아 왔을 때에는 잉어 떼가 이미 흩어져버렸다. 윤씨들은 이 고사에 따라 시조의 목숨을 구해 준 은혜가 있다 하여 잉어를 먹지 않는다고 한다.

파주시 파평면 궁터
- 태조 왕건이 자주 왕래했던 마을 -

늘노천이 흐르는 하류 파평면 금파리金坡里 지역 임진강 변 언덕에는 궁터라 불리는 곳이 있다. 이곳은 옛날 파해평사현坡害平史縣이 있었던 곳으로, 지금의 금파리와 장파리長坡里의 편평한 장마루 언덕이 이어지는 지역으로서 지형을 따라 마을 이름이 붙여진 것이라 하겠다.

고려를 건국한 왕건은 개성에 도읍할 당시 임진강 주위에 토성을 쌓고 이 마을 청사가 있던 자리에 아담한 이궁離宮을 건립하여 자주 왕래하였다. 궁에서 마주 바라보이는 산 중턱에는 샘물이 있는데 임금이 마셨다 하여 어수御水라 불렸으며 물맛이 좋은 약수이자 수원 또한 풍부하여 1978년부터는 금파리 주민들의 상수원으로 사용하고 있다 한다.

또한 고려가 망할 당시 돌 위에 좀이 먹는다는 석두충石頭蟲, 말머리에 뿔이 난다는 마두각馬頭角, 까마귀의 머리가 희게 된다는 오두백烏頭白의 세 가지 유언비어가 이곳에서 나왔으며 결국은 그렇게 되었다는 전설이 내려오고 있다.

파주시 광탄면 영장리
- 임진왜란의 원혼이 헤매는 곳

영장리靈場里 보광사普光寺 일대는 임진왜란 당시 서산西山 대사(휴정休靜)가 이끌었던 승병 수백 명이 목숨을 잃은 곳이다. 이 지역에는

보광사. 경기도 파주시 영장리

영혼들이 원한에 사무쳐 헤매고 있다 영장리靈場里라 부르게 되었다.

영장리에 있는 대고령동大古靈洞은 험준한 고령산古靈山 앵무봉鸚鵡峯 아래의 자연 마을이다. 이곳은 임진왜란 당시 많은 승병들이 죽어 일명 영산靈山으로 호칭되었으며 소령원昭寧園에 국장과 동시에 보광사에 영혼을 안치하고 고령산으로 개칭하였다. 특히 영산에 수많은 영혼이 묻혀 있다 하여 대고령동이라 부르게 되었다.

파주시 영장리 뒷박 고개
- 영조가 수월한 참배를 위해 고개를 낮춘 곳-

광탄면 영장리 혜음령惠陰嶺 동쪽 편에 있는 뒷박 고개는 임진왜란 때 전투가 장기화되면서 조선과 일본이 서로 뺏고 빼앗는 상황이었다고 한다. 명明나라의 장수 이여송李如松이 '되려 패했다'는 뜻으로 '되패 고개'라고도 하였다.

또한 영조의 생모 숙빈淑嬪 최崔씨의 묘소인 소령원昭寧園을 가려면 이 고개를 지나야 했다. 영조는 소령원에 참배를 자주 올렸는데 이 고개가 가파르다 보니 참배에 어려움이 있었으므로 왕이 고개를 '좀 더 파서' 낮추라 명령하였기 때문에 '더파기 고개'로 부르게 되었다. 그러다 뒷박처럼 갈라졌다 하여 다시 뒷박 고개로 불리기 시작했다고 한다.

파주시 광탄면 판문교
- 상사병으로 죽은 억쇠가 흑룡이 된 곳 -

촌장의 딸 옥화를 사랑하게 된 억쇠

지금으로부터 약 6백여 년 전의 고려 말엽, 지금의 판문점 부근 한 마을에 어여쁜 딸 하나를 둔 촌장이 살고 있었다. 촌장의 딸 옥화는 미모가 몹시도 고와 옥화를 본 인근 총각들은 첫눈에 홀딱 반해 하나같이 짝사랑에 가슴을 태웠다.

옥화가 사는 마을 인근 동네에는 성질이 우악스럽고 기운이 황소 같은 장사로 소문이 자자한 억쇠라는 총각이 있었다. 그런데 이 억쇠도 우물가에 있던 옥화의 모습에 반해 짝사랑을 하다가 급기야는 상사병으로 자리에 눕고 말았다. 억쇠의 어머니는 평소답지 않은 아들의 모습에 무슨 일인지 알 도리가 없어 애만 태울 뿐이었다.

어머니가 가슴을 치며 속 시원히 말을 하라고 하여도 억쇠는 끙끙 앓기만 할 뿐이었다. 이렇게 식음을 전폐하고 앓아 누운 지 닷새가 지나자 억쇠의 건장한 모습은 사라지고 못 알아 볼 지경으로 변해버리고 말았다. 이러다 아들을 잃을까 걱정하던 어머니가 어르고 달래자 억쇠는

"그럼, 어머니! 내 소원 들어 줄 테여?"

하는 것이었다. 어머니가 무슨 일이든 말만 하면 어미가 들어 줄 테니 무슨 사정인지 말하라고 타이르듯 말하자, 억쇠는 어린아이처럼 얼굴을 붉히기 시작했다. 평소 억쇠에 대해 무디게 자란 사내라 생각하던

어머니는 억쇠의 말에 그만 어이가 없었다. 아들의 사정을 알고 보니 바로 장가를 들고 싶다는 것인데 다른 사람도 아닌 촌장의 딸이 그 상대였다.

조상에게서 물려받은 재산은 없었지만 억쇠의 나이 벌써 열아홉이 되었으니 장가가겠다는 말은 당연한 일이었다. 게다가 기운이 힘이 장사 같은 사내에 외아들이니 어미의 마음 같아서는 하루라도 빨리 짝을 지어 후사를 보고 싶은 마음도 컸다. 그런데 아들이 몇 날 며칠 식음을 전폐하며 마음에 두었던 처자가 촌장의 딸 옥화라는 말을 들으니 어머니는 당황하지 않을 수 없었다.

어머니는 황황히 억쇠의 말을 가로막았다. 아무리 철이 없고 못 배운 자식이기로서니 그렇게 말도 안 되는 마음을 먹을 수 있을까 하는 생각에 어머니의 가슴은 답답할 뿐이었다. 마을 촌장을 대대로 해 온 지체 높은 집안에다 재산 많고 거기다가 인물까지 뛰어나서 감히 마을 사람들은 넘겨다보지도 못하는 옥화였다. 만약에 이런 소리가 마을에 퍼지는 날에는 영락없이 멍석말이를 당해 쫓겨날 일이었으니 억쇠의 어머니는 땅이 꺼지도록 한숨을 내쉬었다.

아무리 생각해도 억쇠와는 빗대어 보기도 미안한 일이었다. 어머니는 아들을 나무라기도 하고 좋은 말로 타이르기도 하며 단단히 일렀으나 남녀 간의 정분이란 어찌할 수가 없었다. 억쇠는 이 같은 현실에 더 한층 가슴이 쓰리고 허전한 마음을 달래지 못하고 애간장을 태웠다. 억쇠는 급기야 큰 병에 걸려 죽을 지경에 이르러서는 옥화의 이름만을 불러댔다.

일이 다급해지자 억쇠의 어머니는 하는 수 없이 촌장에게 찾아가 백배 사죄하며 아들의 사연을 사실대로 말하였다. 그러자 촌장은 억쇠 어머니의 염려대로 행여 소문이 날까 두렵다고 손사레를 치며 일언지하에 혼담을 거절해 버렸다. 억쇠의 어머니는 눈물을 머금으며 촌장에게 매달려 갖은 애원을 다해 보았으나 소용이 없었다.

상사병으로 죽은 억쇠의 원한

상사병을 앓던 억쇠는 결국 병이 들어 죽고 말았다. 그런데 억쇠가 죽은 지 불과 며칠도 되지 않아 판문점 마을에는 괴이한 일이 연달아 일어나기 시작했다. 판문점과 근처 덕현동을 양쪽에 두고 흘러 내려오는 사천砂川이 자꾸 범람하여 그 위에 놓인 판문교板門橋가 물에 떠 내려간 것이었다. 온 마을 사람들이 힘을 다해 새로 둑을 쌓고 다리를 놓으면 그 다음날로 억수같은 비가 퍼붓고 물이 넘쳐 결국에는 둑을 무너뜨리고 다리를 삼켜버리는 일이 반복되었다.

"사천강이 넘쳤다!" "다리가 떠내려 갔다!" "홍수다!" 하는 외침이 마을에서 그칠 사이가 없게 되자 마을 사람들은 이유를 알 수 없는 변괴에 점차 두려워 떨었고, 별의별 소문이 퍼지기 시작하였다.

옥화의 아버지인 마을 촌장도 타던 속을 어쩌지 못하고, 하루는 견디다 못해 강둑을 살펴보러 홀로 나갔다. 강둑에는 웬 여인이 소복을 곱게 입고 앉아 구슬픈 노래를 부르고 있었다.

"사랑 사랑 짝사랑에 병들어 죽은 총각, 사천강에 흑룡 되어 원한을 품었으니 어이할꼬. 그 아씨를 어이할꼬…"

촌장은 여인의 구슬픈 노랫가락을 듣고 있다가 깜짝 놀랐다. 짝사
랑에 병들어 죽은 총각이 사천강에 흑룡이 되어 원한을 품었다니, 그
것은 분명 자신의 딸 옥화에게 반했던 억쇠를 두고 하는 말이 분명했
다. 촌장은 아무래도 이상한 생각이 들어 조심조심 곁으로 다가가 나
직이 여인을 불렀다. 그러나 여인은 날카로운 웃음소리만을 남기고는
바람 소리와 함께 사라져 버렸다. 귀신을 본 촌장은 온 몸에 소름이
돋고 혼비백산하여 겨우 마을로 도망쳐 왔다.

후들거리는 다리를 끌며 겨우 집에 돌아온 촌장은 아무리 생각해도
이 말을 입 밖에 낼 수가 없었다. 사천강이 자꾸 넘치는 까닭도, 판문
교가 자꾸 떠내려가는 것도 다 억쇠의 원한 때문인 것만은 분명했다.
그러나 만약에 마을 사람들이 그 사실을 아는 날에는 억쇠의 원한을
풀고 마을의 불길한 사건을 해결하기 위해 자신의 딸 옥화를 제물로
바치자고 할 것이 뻔했다. 촌장은 이러지도 저러지도 못하고 혼자 속
으로만 끙끙 앓다가 나중에는 자리에 눕고 말았다.

그러던 어느 날 밤 옥화가 꿈을 꾸었는데 머리가 셋이나 달린 시커먼
용이 나타났다. 옥화는 대경실색하여 어찌할 바를 모르고 있는데 흑룡
은 껄껄 웃기 시작했다. 놀란 옥화에게 흑룡은

"놀랄 것 없소! 나는 당신을 짝사랑하다가 뜻을 못 이루고 죽은 억
쇠라는 사람이오! 내 생전에 못 이룬 사랑이 한이 되어 죽은 뒤 사천강
의 흑룡이 되었소. 마을에 홍수가 난 것도, 다리가 떠내려 간 것도, 당
신 아버지가 병이 든 것도 다 내가 조화를 부린 탓이오!"

옥화는 흑룡의 말에 흐느껴 울며 제발 아버지만은 살려 달라며 애

원하였다. 흑룡은 한바탕 웃고 나서는 옥화를 그윽이 바라보며 천천히 말하였다.

"내 이제부터 방법을 이를 것이니 잘 들었다가 그대로 실행하면 다시는 사천강에 홍수가 나는 일은 없을 것이오. 다리도 떠내려가지 아니할 것이며 당신 아버지의 병도 나을 것이오!"

옥화는 머리를 조아리며 흑룡에게 꼭 일러주는 대로 실행하겠노라고 몇 번이고 다짐하였다. 그제야 흑룡은 해결 방법을 옥화에게 일러주었다.

"다음에 새로 다리를 놓거든 정성들여 제사를 지낸 다음 옥화 당신이 맨 처음 그 다리를 건너시오. 그럼 다시는 홍수가 나지 않도록 내가 보살펴 주리다. 잊지 마시오!"

흑룡은 이 말을 마치고는 어디론가 자취를 감추어 버렸다.

옥화를 데리고 사라져버린 흑룡

이튿날 아침 일어난 옥화는 아무리 생각해도 이상한 꿈이기에 몇 번을 망설인 끝에 간밤의 꿈 이야기를 아버지께 말하였다. 촌장은 더 이상 피할 수 없음을 인정하고, 옥화의 꿈대로 실행할 것을 마을 사람들에게 일렀다.

마을 사람들은 그날로 사천강에 새로 다리를 놓게 되었다. 돼지를 잡고 산나물을 마련하고 무당을 불러 떡시루를 곳곳에 놓은 뒤, 촌장이 제주가 되어 우선 용왕께 정성껏 제사를 드렸다. 그러자 흐렸던 날씨가 곧 맑게 개이고 산들산들 바람까지 알맞게 불어 왔다. 이윽고 제사가 끝나자 촌장의 딸 옥화는 새 옷으로 갈아입고 조심조심 다리를 건너기 시작했다. 다리 양쪽에서는 인근 마을 사람들이 모여 피리를 들고 꽹과리를 치며 옥화가 다리를 건너는 모습을 지켜보았다. 옥화의 아버지도 안심 반, 걱정 반으로 딸이 다리를 건너가는 모양을 물끄러미 바라보았다.

그런데 옥화가 다리 중간에 막 이르렀을 무렵 갑자기 마른하늘에 천둥과 벼락이 일며 시커먼 먹구름에 사나운 바람이 몰려 와 마을은 온통 어둠에 싸여 버렸다. 바로 그때 시커먼 먹구름 속에서 머리가 셋 달린 흑룡이 튀어나와서는 다리에 서 있는 옥화를 덥석 낚아채더니 쏜살같이 하늘로 올라가는 것이었다.

촌장은 두 발을 동동 구르며 딸의 이름을 소리쳐 불렀으나 옥화는 비명 한마디 지르지 못하고 어느새 구름 속으로 사라지고 말았다. 촌장은 그만 정신을 잃고 쓰러져서는 겨우 목숨만 건질 수 있었다.

흑룡이 옥화를 데리고 사라져버린 다음날부터 하늘은 희한하게도 맑게 개이고 그 후부터 사천의 물도 나날이 줄어 홍수는커녕 갈수록 강폭이 좁아지더니 나중에는 잔잔한 냇물로 변하였다. 물론 그 뒤에 놓인 다리도 떠내려가는 일이 없게 되었다. 그리하여 임진강으로 흘러 들어가는 사천강 지류 위에 놓인 판문교는 무심히 흘러가는 세월과 냇물을 묵묵히 굽어보며 억쇠의 짝사랑을 말해 줄 뿐이었다.

시대가 바뀌고 세월이 흐름에 따라 통나무 다리는 콘크리트 다리로 변해 남북을 잇는 구실을 해 오던 것이 1950년 한국전쟁 때 폭격으로 부서지고 말았다. 현재 판문교는 앙상한 골격만 남은 채 물 속에 잠겨 있다. 옛날의 덕현동 뒷산에 올라보면 판문점 회담 장소 왼편의 냇물 위에 부서진 다리가 있는데 이것이 짝사랑의 전설을 간직한 판문교이다.

파주시 광탄면 진대밖이
- 이여송 동생들의 죽음과 명나라 군의 철수 -

경기도 파주시 광탄면 용미4리 진지동은 임진왜란과 관련이 있다. 때는 1592년(선조 25)으로 일본의 풍신수길豊臣秀吉(도요토미 히데요시)이 대륙 침략을 성공시키기 위해 25만의 대군을 이끌고 부산에 상륙하였다. 이것이 임진왜란의 시작으로 소서행장小西行長(고니시 유키나가)이 이끄는 일본 군대는 5월 2일 임진강에 이르러 15일간의 치열한 전투 끝에 승전을 거듭하며 진격하였다. 그들이 송도를 거쳐 평양성을 함락시키는 동시에 조선 전역으로 침략을 감행하자 조정은 할 수 없이 명나라에 원군을 요청하게 되었다.

이에 명의 장수 이여송이 20만의 대군을 이끌고 조선으로 들어와 1593년 1월 8일 평양성을 탈환하고 진격하니 황해도 봉산, 백천, 개성에 주둔한 일본 군은 한성으로 철수하기에 이른다.

이여송이 이끄는 명군들이 광탄면 용미리에 진을 치고 전열을 가다듬는 사이, 일본 군사들은 한양으로 전부 집결하여 벽제관으로 쳐들어왔다. 조선에서는 승장僧將 처영處英이 이끄는 승병들이 치열한 격투를 벌였으나 수만의 희생자를 내었고, 이때 고령산 전역에 걸쳐 명나라와 조선 군사의 시체가 즐비하였다 한다. 신음 소리가 하늘을 진동시키는 가운데 이여송의 동생인 이여백李如伯과 이여매李如梅가 전사하자 비참한 슬픔 속에 명나라 군은 평양성으로 철수하였다.

그 후 마을 주민들은 이를 추모하기 위해 진대를 세워놓고 마을 이름을 진대밖이라 칭하였다고 한다.

파주시 월롱면 옥석리
- 기묘사화에 조연의 옥석비를 땅에 묻다 -

고려 말인 1374년(공민 23) 태어나 조선 초인 1429년(세종 11) 생을 마칠 때까지 조정에서 활약한 조연趙涓이란 충신이 있었다. 조연은 태조의 생질甥姪 즉, 여동생의 아들로서 일생 동안 우국충정을 하다 세상을 떠났는데 조정에서 옥석비를 하사하여 예장을 치른 뒤 묘소를 안치한 마을을 옥석동玉石洞이라 부른다고 전해진다.

1519년(중종 14) 조연의 현손 조광조가 왕도 정치를 바탕으로 한 급진적인 개혁 정치를 펼쳤다. 그러다 조광조의 반대 세력들은 궁중의 오동나무에 주走, 초肖, 위爲, 왕王이란 글자 모양으로 꿀을 발라 벌레가 꿀을 먹게 하여 '조위왕趙爲王'이란 글자가 선명하게 나타나도록 했다. 글자의 내용인즉 주走자와 초肖자가 합치니 조趙자가 되어 조광조가 왕을 속이고 왕이 되려고 한다는 뜻이다. 그들은 이를 핑계로 조광조를 모함하였고 조광조는 전라남도 화순군 동복으로 유배당하였다가 그곳에서 사약을 받았다.

조광조의 죽음은 그것으로 끝나지 않고 왕을 폐하려 했다는 역적의 누명을 쓰고 문중의 뿌리까지 뽑힐 지경에 이르는 한편, 조상의 묘를 파헤쳐 시신을 꺼내 목을 베는 부관참시까지 당하였다.

이에 옥석비의 주인인 조연의 묘소까지 위험해지자 문중에서는 옥비를 마을 어귀 논 가운데 묻어버리고 뿔뿔이 흩어져 살게 되었다. 당시의 상황을 까맣게 잊을 만큼 세월이 흐르자 자손들은 조연의 묘소 위치를 잊게 되었고 문중에서는 조상을 모시지 못하는 죄를 스스로 안게 되었다.

그러던 중 문중의 누군가가 황해도 어느 고을 군수가 되어 행차하다가 하루는 지금의 파주 지역에서 머물게 되었다. 군수는 그날 밤 꿈을 꾸었는데 백마를 탄 신령이 나타나 서쪽 방향을 가리키며 어느 어느 방향에 너희 가문에서 찾는 묘소가 있다고 가르쳐 주는 것이었다. 다음날 아침 일어난 조씨 가문의 군수가 이상하게 여기며 방문을 여니 흰 눈이 무릎까지 내렸는데 새벽길에 서쪽 방향으로 말 발자국이 나 있었다.

그곳은 꿈속에서 신령이 말한 방향으로, 군수가 나타난 발자국을 따라 10리를 가니 말 발자국은 온데 없이 사라지고 그 앞에 묘소가 있었다. 파보니 군수는 그것이 곧 조상 조연의 묘소라는 것을 알게 되었다. 그 후 자손들은 묘소를 정비하고 다시 문중의 어른을 모실 수 있게 되었다.

조연의 묘역은 월롱면 덕은리德隱里 낮은 구릉에 위치하고 있는데

긴 장방형 돌로 쌓은 계절階節에 호석을 두른 장방형 봉분 1기, 묘비 2기, 문인석 2기, 장명등 1기, 상석 1기, 향로석 1기로 이루어져 있으며 직경 30센티미터 내외의 잡석들로 곡장을 쌓아 묘역을 표시하였다. 한편 부인의 묘는 동북쪽으로 2백여 미터 떨어진 곳에 홀로 위치하고 있는데 후손들의 말을 빌면 묏자리가 협소했기 때문이라고 한다.

조연의 원래 비는 옥개석이 없는 갈碣의 형태로 비신의 높이 125×39×18센티미터, 대석 18×42×65센티미터의 크기인데 마모가 심해 비문은 앞면의 몇 자를 제외하고는 알아볼 수 없다. 또한 한국전쟁의 영향으로 총탄 자국이 어지럽게 남아 있으며, 묘역의 전면 우측으로 새로운 묘비가 세워져 있다.

문인석은 135×40센티미터의 크기로 아담하며 얼굴과 코가 길게 새겨져 있고 입은 굳게 다물어져 있어 해학적이면서도 강인한 인상을 준다. 장명등은 141센티미터의 크기인데 보존 상태는 양호한 편이다.

후손들이 조연의 숨겨진 옥비를 찾고자 수많은 세월 동안 노력하였으나 결국 찾지 못하였다. 한양漢陽 조趙씨 일가는 지금도 마을 어귀 한 곳에 그 옥비가 묻혀있을 것이라 믿고 있다.

파주시 검산동 조음바리
- 승려의 도움으로 아버지 신장의 묘소를 찾다 -

조음바리는 신장申橝의 아들들이 실전된 아버지의 묘소를 찾기 위

해 도승의 시주 밥그릇 괭매
기 소리의 도움을 받았다 하
여 조음발助音鉢이라 호칭하
던 것이 조음바리가 된 것이
라 한다.

조음발이길 표지판. 경기도 파주시

엄헌공嚴軒公 신장은 신성
용申成用의 7세손으로 1382
년(고려 우왕 8)에 태어났다. 고려 때 문과에 급제하여 검교를 역임한
신장은 어려서부터 재능이 뛰어나고 학문에 능숙하여 조선이 개국한
3년 뒤인 1394년(태조 3)에는 장원으로 급제하였다. 1402년(태종 2)에
는 문과에 급제하여 이조 좌랑에 있던 신장은 퇴임 뒤 전라도 나주羅
州로 낙향해 서당에서 유생들을 지도하였다.

그러던 중 1402년(세종 2) 그에게 직제학이 제수되자 아내와 다섯
아들 신맹주申孟舟, 신중주申仲舟, 신숙주申叔舟, 신송주申松舟, 신말

엄헌공 신장 묘소(좌)와 「고령 신씨 엄헌공 묘소」 표석(우).

주申末舟를 두고 한양으로 상경하였으며, 이어 공조 참판으로 승진하였다.

신장은 「남산지곡南山之曲」을 짓는 등 문학과 유학에도 조예가 깊었으며 글씨도 잘 써서 대제학에 발탁되어 오래 머물렀으나 1433년(세종 15) 52세의 조금은 이른 나이로 세상을 떠나고 말았다.

신장의 고향 나주에서 한양까지는 너무 먼 천리 길이라 아내와 당시 21세였던 큰아들 맹주, 18세였던 둘째 아들 중주만이 상경하여 장례를 치렀다. 그들은 신장을 지금의 경기도 파주시 검산동 조음바리에 모시게 되었고, 시묘를 마친 얼마 후 아내 또한 세상을 떠나자 맹주와 중주 형제가 쌍분으로 장례를 모셨다.

그런데 아들들이 시묘를 마치고 돌아갈 무렵은 궁중이 어수선한 때라 그들은 만일의 상황에 대비해 묘비를 파묻고 분묘와 묘역을 파헤쳐 흔적을 없애고, 암표만을 남긴 채 고향인 나주로 돌아갔다.

그러나 맹주와 중주가 의외로 빨리 죽게 되자 남은 아들들은 부모의 묘소를 찾을 길이 없었다. 그러던 중 신장의 3남인 신숙주가 1439년(세종 21)에 등과하게 되었다. 신숙주는 단종 때 도승지를 역임하다 세조가 등극하자 병조판서에 올랐으며 1457년(세조 3) 좌찬성을 거쳐 이듬해 우의정으로 승진하는 등 가세가 번창하였다. 그러자 신숙주는 동생인 신송주와 신말주를 시켜 말로만 들었던 선친 묘소에 가서 부모의 묘를 기필코 찾도록 하였다.

두 형제는 즉시 활을 메고 경기도 파주시 월릉산으로 가서 곳곳을 두루 이 잡듯이 찾기 시작했다. 어느 날 한 골짜기에 들어가게 되었는데, 이때 한 승려가 집집마다 들려 괭매기를 치며 시주를 받는 것을 보게 되었다. 이들 형제는 도승에게 물어보면 알지도 모른다는 생각에 승려에게 달려가 혹 신장이란 사람의 묘소를 아느냐고 물었다.

그러자 승려는 괭매기를 두드리고 합장하며 말하기를

"이 산 위쪽의 골짜기에 모셨다는 말만 들었습니다."

하며 사라졌다. 형제는 승려가 가리킨 방향으로 허둥지둥 올라가다 마침 꿩 1마리가 날아가자 활을 당겨 쏘았는데 꿩이 떨어진 자리에 가 근방의 산 혈맥을 살펴보니 묘소가 있을 법하였다. 이에 그들은 열심히 여기저기 흙을 파기 시작했고, 얼마 지나지 않아 큰 돌을 발견하였다. 그들이 흙을 헤치니 비석이라 이를 닦고 자세히 본즉 선친 신장의 묘비가 틀림없었다.

수십 일 동안 고생 끝에 찾게 된 이들 형제는 기쁜 마음으로 상경하여 형인 신숙주에게 이 사실을 알리고 즉시 분묘를 하여 비석을 세우고 시향을 받들었다 한다. 그 후 신장의 묘를 찾기 위해 산 전체를 확인하였다 하여 산의 이름은 검산檢山이라 불리게 되었다.

파주시 교하읍 심학산
- 송익필이 산의 정기를 받아 탄생한 곳 -

파주시 교하읍 동패리에 있는 심악산深嶽山은 한강 하류에 있는 산으로 동편의 동패리東牌里, 서편의 서패리西牌里, 남편의 산남리山南里

송익필 묘소

3개 리로 둘러 있다. 이 산은 상봉과 중봉, 끝봉이 북에서 남쪽으로 나란히 솟아 있는데 봉우리마다 자그마한 내령이 뻗어 있다. 가운데로 우뚝 솟은 봉우리와 동체는 마치 큰 호랑이가 옆으로 누워 있는 형상 같기도 하고 어떻게 보면 물 위에 떠있는 큰 군함 같기도 하다.

또 장군 영병 비룡상천형이라고도 한다. 산정 꼭대기에는 문천무만 文千武萬의 명당이라는 풍수설이 있는데 바위로 둘러싸인 산봉우리의 중심부 10여 평 남짓 편편한 곳이 있는 자리는 수십 자를 파도 황토 흙이 나온다는 것이다. 바로 이곳이 천자가 나올 자리라 전해져 이 풍수설을 믿는 사람들은 밤중에 몰래 와서 시체를 암매장하고 갈 정도였다고 한다.

그러나 사람들이 심악산에 암장을 하고 가면 산이 울림과 동시에 동리 사람들은 질병에 걸리거나 마을에 이변이 생겼다. 이에 주민들은 일제히 산정에 올라 발굴 작업에 돌입하였고, 이후부터는 산소를 쓰지 못하도록 했다.

산정에는 신선암神仙岩이라는 4.5평 되는 마당 바위가 있으며 범 바위, 투구 바위, 아참 바위, 퉁소 바위 등이 산재하고 있다. 옛날에는 심악산 주위로 물이 흘러 한강 가운데 있는 섬으로 되어 있었는데, 한강 물을 막고 있다 하여 수막산水漠山으로 불리었다. 그러다 조선 시대로 내려와 언제나 홍수가 있을 때면 한강과 조수의 물로 인해 수막산이 물속에 잠기게 되므로 깊은 물에 들어갔다 하여 심악산深嶽山이라 불리게 되었다. 심악산은 송악산, 감악산, 심악산, 북악산, 관악산과 함께 경기 오악의 하나로 불리는 산이다.

그 후 조선조 숙종 때 왕궁에서 학을 기르다가 2마리가 도망을 치게 되었는데 궁궐에서는 학을 찾기 위해 사방으로 수소문하며 다녔다. 결국 학들이 심악산에 와 있는 것을 보고 잡아간 후 숙종이 이 산에서 학을 찾았다 하여 심학산深鶴山으로 명명하도록 했다. 아직까지도 항간에서는 수막산으로 부르는 사람들이 있으나 각종 문헌에는 심학산으로 명기되어 있어 정확한 명칭은 심학산이 맞다고 하겠다. 이 심학산 동편 중턱에는 유명한 법성사法成寺가 있고 그 위에는 속병이 잘 낫는다는 신기한 약수가 있어 많은 사람들이 찾는 산이기도 하다.

또한 심학산은 조선 시대에 유명한 학자 구봉龜峰 송익필宋翼弼이 정기를 받아 탄생하고 성장한 명산이다. 일설

구봉 송익필 유허 기념비. 경기도 파주시

안당 묘소

에는 송익필이 출생할 때 정기를 흡수하여 심악산의 초목이 일시 고사했다는 말도 한다.

송익필의 탄생과 관련한 전설은 다음과 같다. 산남리山南里에서 어머니를 모시고 사는 노총각 송사련宋祀連(정승 안당安瑭 서고모의 아들)이 어느 여름날 중봉에 있는 거북 바위에서 낮잠을 자고 있었다. 그런데 아래 고개인 거북뫼에서 두 마리의 청룡과 황룡이 올라와 송사련의 가슴에 안기는 것이었다. 송사련이 깜짝 놀라 일어나 보니 꿈인지라 이상하게 생각하며 하산하였다.

이날 밤 바로 정승 안당 댁에 기고가 있어 일을 도와준 송사련은 밤중이 지나 안당의 집에서 묵게 되었다. 그런데 송사련이 홀로 있는 방에 비녀婢女 연일延日 정正씨가 제사 음식을 가지고 들어오자 설레는 마음에 욕정을 참지 못한 그는 정씨와 관계를 갖고 같이 살게 되었다. 이로 인해 유명한 대학자 송익필과 송한필宋翰弼을 낳았다고 한다.

파주시 팔학골
- 조선 8현이 수학한 마을 -

남곤 묘비. 경기도 양주시

심정 묘비. 서울시 방화동

중종 후궁 경빈 박씨 묘비.
경기도 남양주시

1519년(중종 14) 홍경주, 남곤南袞, 심정沈貞 등의 훈구파는 신진 사류인 조광조가 중종의 후궁 경빈 박씨를 움직여 당파를 조직하고 조정을 문란하게 만들려 한다는 무고를 퍼뜨렸다. 훈구파는 기묘사화를 일으켜 조광조를 능주로 유배보내고 성균관 유생들을 몰아냈다.

당시 김정국金正國은 기묘사화에 연루되어 삭직당한 인물로 고향인 고양시 관산동 지영리(현 고봉동)로 내려와 학문에 전념하였다. 그는 명봉산鳴鳳山 서북맥 언덕 위 산림이 우거진 한적한 골짜기에 초당을 짓고 공부하였다. 이곳의 김정국에게 많은 선비들이 몰려들어, 그는 후학들의 지도도 겸하였다.

1537년(중종 32) 복관된 김정국은 전라도 관찰사가 되어 백성의 편안함을 위해 폐단을 없애자는 시정책 편민 거폐便民去弊를 건의하여 대부분 시행되었다. 이후에도 그는 백성을 위하는 선정을 베풀어 칭송이 자자하였다.

김정국은『성리대전서절요性理大典書節要』,『역대수수승통지도歷代授受承統之圖』,『촌가구급방村家救急方』,『사재집思齋集』,『기묘당적己卯黨籍』등을 편집한 유명한 문인이기도 하다.

1541년(중종 36) 김정국이 세상을 떠나자 파주시에 위치하는 장단군 진동면 하포리下浦里에 안장하고 좌찬성에 추종하였다.

당시 김정국을 비롯하여 민순閔純, 남효온南孝溫, 정지운鄭之雲, 홍이상洪履祥, 이신의李愼儀, 이유겸李有謙 등 성균관 학사 8현이 이곳에서 수학을 하여 지금까지 팔학곡八學谷이라 불리고 있다. 1688년(숙종 14) 고양시 관산동 문봉리에 후생들이 문봉서원을 세우고 1709년(숙종 35) 사액을 받아 이들을 배향하였다.

간신 한명회가 죽은 딸을 위해 축원한 파라골

영의정 한명회의 두 딸은 장순章順 왕후와 공혜恭惠 왕후로 각각 공릉恭陵과 순릉順陵에 묻혔다. 장순 왕후는 1460년(세조 6) 16세의 나이에 예종의 세자빈으로 책봉되어 인성仁城 대군을 낳았으나 이듬해 17세의 나이로 승하하고 1472년(성종 3)에 왕후로 추존되었다. 공혜 왕후는 1467년(세조 13) 11세의 어린 나이에 가례를 올리고 성종의 즉위

예종 비 장순 왕후의 공릉.

성종 비 공혜 왕후의 순릉.

와 더불어 왕비가 되었다. 그러나 공혜 왕후는 성종이 즉위한 지 5년째 되던 1474년 4월 자식 없이 18세의 나이로 승하하고 만다.

청춘에 죽은 딸을 가엽게 여긴 상당上黨 부원군 한명회는 이곳에 암자를 짓고 파라승娑羅僧으로 하여금 영혼을 달래는 축원을 하였다 하여 팔학골은 파라골이라고도 불린다.

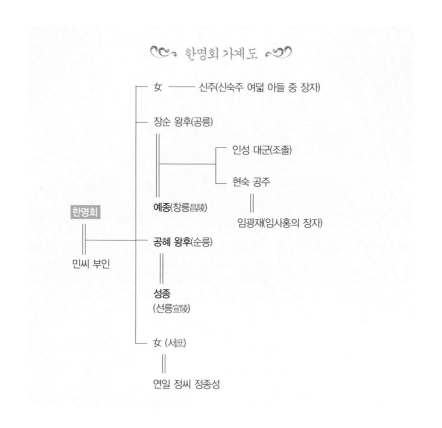

한명회 가계도

女 ── 신주(신숙주 여덟 아들 중 장자)

장순 왕후(공릉)
 ┌── 인성 대군(조졸)
 └── 현숙 공주

예종(창릉昌陵)   임광재(임사홍의 장자)

한명회

공혜 왕후(순릉)

성종
(선릉宣陵)

민씨 부인

女 (서庶)

연일 정씨 정종성

파주삼릉 공릉, 순릉, 영릉

　장순 왕후의 공릉恭陵, 공혜 왕후의 순릉順陵, 사도 세사의 형 진종眞宗의 영릉永陵을 가리켜 파주삼릉坡州三陵이라 한다. 각 능의 앞 글자를 따서 공순영릉恭順永陵이라고도 부른다.

　공릉은 조선 제8대 예종睿宗의 원비 장순 왕후의 능이다. 공릉은 당초 왕후의 능이 아닌 세자빈 묘로 조성된 관계로 초석과 난간이 생략되었으며, 봉분 앞으로 상석과 8각의 장명등을 세우고 좌우 양쪽에 문

영조의 장자 진종의 영릉. 경기도 파주시

인석 2기를 세웠다. 또 봉분 주위로 석마石馬, 석양石羊, 석호石虎 각각 2필씩을 두어 능 주변을 호위하도록 했다. 능 아래에는 정자각과 비각碑閣, 홍살문이 위치하고 있다.

순릉은 조선 제9대 성종의 원비인 공혜 왕후의 능이다. 순릉은 조선 전기의 능 형태를 따르고 있는데 소담한 돌기둥을 둘렀으며 봉분 앞에 상석과 8각의 장명등을 배치하고 양쪽으로 문인석과 망주석 2기를 두었다. 또 석양, 석호 각각 2필씩을 두어 능 주위를 호위하도록 하였으며 능 아래에는 역시 정자각, 비각, 홍살문이 위치하고 있다.

영릉은 조선 제21대 영조의 맏아들인 효장孝章 세자 진종眞宗과 그 비 효순孝純 왕후 조趙씨의 능이다. 진종은 1719년(숙종 45)에 태어나 1724년 영조 즉위와 더불어 왕세자로 책봉되었으나 1728년 10세의 나이로 서거하자 시호를 효장이라 하였다. 1762년 영조는 둘째 아들인 사도 세자를 폐위한 뒤 사도 세자의 아들 왕세손(훗날 정조)을 효장의 아들로 입적시켰다. 효장은 정조 즉위 후 영조의 유언에 따라 진종으로 추존되었고 능호도 올려 영릉이라 하였다.

조문명 초상

효순 왕후 조씨는 풍릉豊陵 부원군 조문명趙文命의 딸로 1727년(영조 3) 13세에 세자빈으로 책봉되었다. 효순 왕후는 다음해에 세자의 죽음으로 홀로 되었다가 1751년(영조 27) 37세의 나이로 세상을 떠났으며 효장과 함

◯◯ 영조를 중심으로 한 가계도 ◯◯

```
영조
 ├── 무육
정성 왕후 서씨
 ├── 무육
정순 왕후 경주 김씨
(영조와 51세 차이)
                            효장 세자(추존 진종眞宗)
                            (영릉)
제1후궁 정빈 이씨           효순 왕후 조씨(풍양 조문명 女)
                            사도 세자(추존 장조)
                                              정조
제2후궁 영빈 이씨           혜경궁 홍씨
```

께 왕후로 추존되었다. 영릉은 왕릉과 왕비의 능을 쌍릉으로 하여 2기
의 상석을 앞에 놓았으며 그 중간에 사각 옥형의 장명등을 배치하고
문인석 2기와 석양, 석호를 각각 2필씩 배치해 능 주위를 호위토록 하
였다. 능 아래에는 역시 정자각이 있으며 비각과 홍살문이 위치하고
있다.

파주시 시분동
- 깨어진 왕후의 꿈 -

경기도 파주시의 자연 마을로 시분골(시분동侍墳洞)이라는 곳이 있
다. 조선조 성종은 쇠곳마을에 정착한 정효상鄭孝常의 손녀이자 정온

혜빈의 조부 정효상 묘비(좌)와 아버지 정온 묘비(우). 경기도 파주시

鄭溫의 딸을 왕후로 책봉하였다. 그런데 정온의 딸은 궁궐로 들어가던 도중 갑자기 사망하고 말았다. 그리하여 정온은 딸을 쇠곳 마을 앞산에 안장하였는데, 정효상의 자손들은 산지를 모조리 매각해 버렸다. 이에 정씨의 묘는 보호받지 못하고 잡초만이 무성하게 되었으나 그녀의 분묘가 아직까지 남아 있기에 골짜기를 시분골이라 부르고 있다고 한다.

1432년(세종 14) 증좌찬성 정화년鄭和年의 아들로 태어난 정효상은 1451년(문종 1) 생원시에 합격하고, 1454년(단종 2) 별시 문과에 장원으로 급제하여 집현전 부수찬이 되고, 1455년(세조 1) 2월에는 원종原從공신 2등에 책록되었다.

정효상은 이듬해 6월에 경연 사경經筵司經으로 있으면서 단종 복위 사건에 연루된 혐의를 받았으나 화를 면하였다. 그는 1459년(세조 5) 6월에는 승문원 부교리로서 한가한 관직에 제수하여 학문에 전념하게 하는 한관독서閑官讀書의 혜택을 입었다.

그는 1466년(세조 12) 문과중시에 급제하고, 1468년(예종 즉위) 10월에는 동부승지에 발탁되어 남이南怡의 옥사를 다스리는 데 공을 세웠다. 정효상은 이로써 익대翊戴공신 3등에 책록되었으며, 가선대부에 올라 계림군鷄林君에 봉해졌다.

정효상은 1471년(성종 2) 3월에는 성종의 즉위를 도운 공으로 다시 좌리佐理공신 3등에 책록되고 정헌대부正憲大夫에 올랐다. 여러 벼슬을 거치며 1477년(성종 8) 지중추부사에 이른 정효상은 학문이 뛰어나고 우애가 돈독하여 명성이 있었다. 1481년(성종 12) 세상을 떠난 정효상의 본관은 경주慶州, 자는 가구可久, 시호는 제안齊安이다.

경기도 하남 지역의 지명 유래

하남시 춘궁동
- 온조왕의 궁이 자리 잡은 마을 -

백제의 도읍터 이전에는 현재의 춘궁동春宮洞에 사람도 많지 않고 농토가 별로 없어 주위는 산으로 둘러싸여 있었다. 산골로 농지가 부족해 봄이 되면 마을에 기근이 반복되었으므로 춘궁리春窮里라 하던 것을 백제 온조왕溫祚王의 궁이 자리 잡게 된 후부터 춘궁리春宮里라 칭하게 되었다.

온조왕은 백제의 건국 시조이다. 엄밀히 얘기하여 위례성에 토대를 둔 백제 왕실의 시조라는 표현이 더 적합할 것이다. 현존하는 문헌을 살펴보면 백제의 시조로 전하는 인물들은 여러 명으로 온조는 그중의 한 사람이다. 백제 초기에는 북쪽에서 한반도 중서부 일대에 남하한 부여족의 여러 집단들이 연맹체를 결성하고 있었다.

그들 중 연맹체를 주도한 세력으로 현 인천 부근으로 추정되는 미추홀彌鄒忽에 웅거한 집단이 대두하였고, 뒤이어 패권을 잡은 것이 위례성의 집단이었다. 위례성은 현 서울 부근 또는 광주廣州 부근으로 추정된다.

그리고 미추홀에서 일어난 집단의 시조로 전하는 것이 비류沸流이며, 그 뒤에 권력을 장악한 위례성 집단의 시조가 바로 온조이다.

『삼국사기三國史記』 등에는 온조의 아버지가 동명東明이라 하고, 동명을 백제의 시조라고도 하였다. 현존하는 문헌에 의하면 북부여北扶餘, 고구려(졸본부여卒本扶餘), 백제(남부여南扶餘) 등 부여족 사회는 모두 동명을 시조라 하고, 그를 숭배하는 제전祭典을 갖고 있었다.

온조의 아버지가 동명이라 하는 것도 그러한 부여족의 일반적인 상황과 관계가 있을 것이다. 또한 온조와 비류가 형제라는 이야기도 있는데, 이는 두 집단의 연맹 관계를 강조하기 위해 형제의 끈끈한 관계로 만든 것으로 보인다. 『삼국사기』 등에 온조왕이 치세한 일로 기록해 놓은 것들의 상당 부분은 실제로는 백제의 발전 과정에서 점차적으로 이루어진 일들을 소급해 놓은 것이다.

온조왕이 점차 힘을 더하게 되면서 기근이 반복되었던 춘궁리는 더 이상 배고픔에 시달리지 않아도 되는 마을이 되었다.

경기도 광주 지역의 지명 유래

광주시 곤지암리
- 신립 장군이 자신의 원통함을 호소한 바위 -

조선조 중기, 곤지암昆池岩에는 고양이 모양을 닮은 바위가 있었으며 이 바위에서 1킬로미터 떨어진 곳에는 신립申砬 장군의 묘가 있었다. 그런데 누구든지 이 바위 앞으로 말을 타고 지나갈 때면 말굽이 땅에 붙어 움직이지 않았으므로 말에서 내려서 걸어 다녔다고 한다. 어느 날 한 장수가 지나가다가 신립의 묘를 찾아가

"패전한 장수가 무슨 낯으로 행인을 괴롭히는 것인가!"

하고 꾸짖자 갑자기 벼락이 치며 바위가 두 쪽으로 갈라지고 고양이의 형태가 없어졌으며 옆으로는 큰 연못이 생겼다고 한다. 그 후로는

행인들이 자유롭게 왕래
할 수 있게 되었고 그때부
터 사람들은 이 바위를 곤
지암이라 불렀으며 동리
의 명칭도 곤지암리昆池
岩里로 명명하였다. 곤지

암 주변의 연못은 소하천과 연결되어 있었으나 현재는 복개되었다.

1546년(명종 1) 생원 신화국申華國의 아들로 태어난 신립은 임진왜
란에 활약한 장수로서 어릴 때부터 글 읽기보다 무예 닦기를 좋아하
였다. 그는 용맹함과 지략으로 맹활약을 펼치며 조정의 신임을 받아
승승장구하였다. 1592년 임진왜란이 일어나자 조정에서는 신립을 삼
도 순변사로 임명하고 보검을 하사하였다. 신립은 스스로 특청하여
유성룡柳成龍의 막하에 들어가 부장 김여물金汝岉 및 80명의 군관과
훈련을 받지 않은 민간인 수백 명을 모병
하여 충주로 향했다. 신립은 그곳에서 다
시 부장 몇 사람을 거느리고 조령鳥嶺으로
내려가 지형을 살피기 시작했는데, 이때
경상도 상주에서 일본군에게 패하고 쫓겨
오던 순변사 이일李鎰이 찾아 왔다. 이일은
군관 60여 명과 군졸 4천여 명을 이끌고
남하하던 중 신립의 소식을 듣고 그의 앞
에 찾아와 무릎을 꿇으며 죽여줄 것을 청

신립 아버지 신화국 묘비.
충청북도 진천군

한 것이다. 그러나 신립은 이일의 재주를 아껴 용서하고 오히려 선봉장으로 삼았다.

이미 일본 군대의 전세를 파악한 이일은 일본의 정세는 대적할 수 없는 대군이라고 보고하였다. 이에 김여물 등은 조선 군대의 수는 열세이므로 지형이 험한 조령에서 잠복해 있다가 전투를 벌이는 것이 유리할 것이라고 주장했다.

유성룡 초상

그러나 신립은 아군의 열세에도 불구하고 넓은 벌판에서 기병을 활용할 것을 극구 주장하였고, 군대를 돌려 충주성 서북 4킬로미터 지점에 있는 탄금대彈琴臺로 나아가 배수진을 쳤다. 이해 4월 28일에 탄금대에서 공격 준비를 마친 아군을 향해 소서행장을 선두로 한 일본군이 대대적으로 공격해 왔고, 열세였던 조선 군대는 결국 포위되어 참패를 당하였다.

그 결과 조선 군대를 믿고 미처 피란하지 않았던 충주의 사민士民과 관속들은 많은 희생을 당할 수밖에 없었다. 조선 군을 비롯한 일반 백성들이 섬멸당하자 신립은 그 책임을 통감하고 김여물, 박안민朴安民

등과 함께 남한강에 투신하여 순절하고 만 것이다.

23세 때 무과에 급제한 신립은 외직인 진주 판관으로 나갔던 당시, 문장가로 이름난 진주 목사 양응정梁應鼎을 스승

탄금대. 충청북도 충주시

으로 삼으며 관계를 맺었다. 이때 신립은 양응정으로부터 거친 성격을 고칠 것을 종용받기도 했다. 신립의 용맹은 누구 못지않았을지 모르지만 다혈질의 성격으로 상대의 말을 폭넓게 받아들이지는 못한 것이었는지도 모른다.

신립이 1583년(선조 16) 온성 부사로 있을 때 이탕개尼湯介가 거느린 야인들이 침입하여 훈융진訓戎鎭을 공격하였다. 신립은 첨사 신상절申尙節이 위급하다는 소식을 듣고, 유원柔遠 첨사 이박李璞 등과 합세해 적병 50여 명의 목을 베고 두만강을 건너 적군을 추격하여 야인들의 소굴을 소탕하는 전적을 세운다. 그는 또 경원부慶源府와 안원보安原堡에 침입한 야인들과 같은 해 5월 종성에 쳐들어온 이탕개의 1만여 군대를 물리치는 등 활약하였다. 이렇듯 신립은 평상시에 철기鐵騎 5백여 명을 정병으로 훈련시켜 그 민첩함이 귀신과 같았으므로 야인들이 모두 감복할 정도였다. 이때 육진六鎭을 지킬 수 있었던 것은 신립의 용맹함이 크게 작용하였다.

북방에서의 전승이 보고되자 조정에서는 1584년 3월에 신립을 함경도 북병사로 임명하고 당상관의 무관이 입는 공복公服인 남철릭, 환도環刀, 수은갑두구水銀甲頭口 등을 하사했다. 또한 신립의 노모에게는 매일 고기와 술을 보냈으며 병이 나면 의원을 보내어 치료하게 하는 등 조정의 지극한 신임을 받았다.

1587년(선조 20) 2월에는 왜선 18척이 전라도 홍양현興陽縣에 침입하자 신립이 우방어사右防禦使로 임명되어 군관 30명을 거느리고 토벌에 나섰다. 그러나 이미 왜구들이 철수한 뒤라 돌아오던 신립은 양가의 딸을 첩으로 삼았다는 삼사의 탄핵을 받아 파직되었다.

그의 무인으로서의 능력은 당시 조정에서 필요했던 일로 신립은 곧 함경도 남병사로 임명되었다. 1588년에는 신립이 고미포古未浦의 야인들의 마을에 출정하여 적병 20명의 목을 베고, 말 세 필을 빼앗아 돌아오는 공을 세웠다. 그러나 같은 해 10월, 그는 갈파지보乫波知堡의 수졸이 보장堡將을 맞대놓고 욕한 죄로 수졸을 목 베어 버렸다. 이일로 다시 대간의 탄핵을 받은 신립은 동지중추부사의 한직으로 전보되는 등 자신의 천성을 잘 다스리지 못하여 곤란을 겪어야 했다.

신립은 1590년 2월에는 평안도 병마절도사로 나갔다가 내직인 한성부 판윤에 이르렀다. 그는 항상 군비軍備의 부족함을 논하여 조선의 국방에 마음을 쓰는 등 무인으로서의 역할을 충실히 수행하기 위해 노력하였다. 뒤에 영의정에 추증되었으며 신립의 본관은 평산平山, 자는 입지立之, 시호는 충장忠壯이다.

광주시 퇴촌면
- 영의정 조영무가 낙향하여 자리 잡은 마을 -

현재의 퇴촌면退村面은 조선의 이태조 때의 개국공신으로서 영의정이었던 조영무趙英茂가 연로해지자 낙향해 자리를 잡은 곳이다. 이로 인해 후세에 마을 이름을 퇴촌이라고 했다고 한다.

퇴촌면은 처음에는 공무를 볼 사무실이 없어 관내 이석리二石里의

사갓집에서 집무를 하였
다. 1912년 6월 20일 광동
리 204번지로 공관을 옮겼
으나 1925년의 큰 장마로
인하여 사무소를 유실당하
였다. 그러나 다행히 면민
의 기부로 청사를 신축하

조영무 사당

게 되어 광동리 307번지로 옮겼고 1950년 10월에는 한국전쟁 당시
1·4후퇴로 파괴된 것을 수리하여 사용하였다. 그러던 중 1957년 12
월 25일 국고의 지원을 받아 광동리 327번지에 청사를 신축하여 현재
에 이르고 있다.

광주시 실촌읍
- 많은 명당에서 재인이 태어나 견실하게 산 마을 -

옛부터 실촌읍實村邑은 명당이 많고 기인이나 재인이 많이 태어난
마을로 알려졌다. 이런 인물들의 탄생으로 견실하다고 하여 실촌이라
칭하였으며 1895년(고종 32) 광주군 실촌이라 하여 14개 리를 관장하
였다. 1973년 7월 1일 대통령령 제6542호로 도척면 삼리와 초월면 신
대리가 편입되었다. 현재는 실촌읍으로 16개의 법정리와 33개의 행정
리로 구분되어 읍정을 실시하고 있다.

경기도 의왕 지역의 지명 유래

의왕시 오봉산
- 산의 혈맥으로 여섯 재상이 태어나다 -

경기도 의왕시 고천동古川洞에서 부곡동富谷洞으로 넘어가는 고개 못 미쳐 오른쪽에는 오봉산五峯山이 있다. 이 산은 5개의 봉우리가 있으므로 오봉산이라 불리게 되었다.

오봉산 기슭에는 그리 눈에 띄지 않는 묘가 하나 있는데 이 묘는 조선 숙종 때 증이조판서를 지낸 청풍淸風 김씨 김인백金仁伯과 증정경부인 안동安東 권權씨의 묘이다. 김인백의 아내 안동 권씨가 죽은 뒤 효심이 지극했던 셋째 아들 김극형金克亨이 이곳 오봉산 기슭에 묘를 썼다. 그 후로 우의정 김구金構를 비롯하여 영의정 김재로金在魯, 좌의

김구 묘비. 서울시 송파구 몽촌. 비문에 「우의정 충헌 김공묘 정경부인 전주이씨 부좌」라고 쓰여 있어 시신을 남편의 좌측에 모셨음을 알 수 있다.

김약로 묘비. 경기도 과천시. 비문에 「조선 의정부 좌의정 증 시충정 만휴 김공휘약로 묘 증 정경부인 연안이씨 부좌」라고 쓰여 있다.

정 김약로金若魯, 영의정 김상로金尙魯, 영의정 김치인金致仁, 좌의정 김종수金鍾秀 등 6대에 걸쳐 정승이 배출되었다고 한다.

의왕시 모락산
- 임영 대군이 세조의 살생에 괴로워하며 오른 산 -

모락산慕洛山은 경수京水 산업도로를 군포역과 대치한 가도 동쪽으로 의왕시 오전리에 위치하고 있다. 모락산 산정에 오르면 멀리 수원과 안양, 시흥의 평야가 펼쳐진 모습에 가슴이 시원해지고 기다란 물길처럼 달리는 경수 산업도로의 조망도 볼 수 있다.

임영 대군 묘소. 경기도 과천시

산의 이름이 모락이 된 데는 세조의 단종 사사 당시에 있었던 일 때문이다. 세조는 12세에 조선조 제6대 왕으로 등극한 단종을 사사하고 제7대 왕으로 올랐다. 골육상쟁의 처참한 과정을 목격한 세종의 넷째 아들 임영臨瀛 대군은 혈족 간에 살생까지 하며 왕위를 차지한 중형仲 兄 세조에 대한 반감으로 괴로워했다. 그리하여 임영 대군은 매일 이 산에 올라 옛 중국의 수도 낙양洛陽을 사모하며 소일하였고 그리하여 모락산이라 부르게 되었다.

경기도 시흥 지역의
지명 유래

시흥시 소래
- 당나라 소정방이 백제를 정벌하러 온 곳 -

소래蘇萊는 조선 시대에는 인천부仁川府의 신현면新峴面, 전반면男反面, 황등천면黃等川面에 해당하는 곳이다. 1914년 3월 1일 부령 제111호에 의거하여 부천군富川郡 소래면으로 지명이 바뀌었다가 1973년 7월 1일 법률 제2597호에 따라 시흥군始興郡에 편입되었다.

그 후 1980년 12월 1일에는 대통령령 제10050호에 의거하여 소래읍으로 승격되었으며, 1983년 2월 15일에는 대통령령 제11027호에 의거하여 옥길리玉吉里는 광명시光明市에, 계수리桂壽里 일부는 부천시富川市에 각각 편입되며 시흥군에서 분리되었다. 소래읍은 1986년 12월 13개 법정리와 43개 행정리로 편재되었다. 면적은 50.36제곱킬로미터로 현재는 시흥시에 편입된 상태이다.

소래의 유래를 알기 위해서는 그 지역에 위치한 소래산에 대해 알아봐야 한다. 소래산은 군포시 대야동과 시흥시 신천동, 인천광역시 장수동 경계에 있는 산으로 높이는 해발 299.4미터에 달한다. 이 산은 본래 옛 인천부의 진산鎭山으로서, 660년(신라 무열 7)에 당나라의 소정방蘇定方이 백제를 정벌하기 위해 중국 산동성山東省의 내주萊州를 출발하여 덕적도德積島를 거쳐 이 산에 왔다고 한다. 그리하여 산의 이름을 소정방의 '소蘇'자와 내주의 '래萊'자를 따서 소래산이라 하였고, 읍의 명칭도 산의 이름을 따서 소래읍이라 한 것이다.

강원도 지역의 지명 유래

정선군 남면 낙동리
- 7인의 고려 충신과 정선 아리랑 -

남면南面 낙동리樂同里는 고려가 망하고 조선이 건국된 뒤 고려 7인의 충신 채미헌採薇軒 전오륜全五倫, 수은樹隱 김충한金沖漢, 도총제都摠制 고천우高天祐, 존암尊菴 이수생李遂生, 황의옹黃衣翁 신안申晏, 죽강竹岡 변귀수邊貴壽, 김위金瑋가 와서 숨어 살던 곳이다. 고려의 구신인 그들은 두 임금을 섬길 수 없다 하여 절의를 지키고자 정든 송도松都(개성)를 버리고 멀리 강원도 정선까지 내려와 초근목피草根木皮로 연명한 것이다.

낙동리에는 옛 자연 마을의 하나인 거칠현동居七賢洞이 있는데 고려의 칠현七賢이라 하여 그들이 살았던 동리를 거칠현동이라 부르게 되었다. 마을 사람들은 '거치랭이'라고도 부른다.

이들 고려조의 구신들은 매일 산 정상에 올라가 고려의 서울인 송도를 보고 절을 하며 통곡하였으며, 망국의 한을 시로써 달래었다. 이 시가 인근에 알려져 정선 민요의 대표인 〈정선 아라리〉의 시초가 된 것으로 낙동리는 정선 민요의 발상지이기도 하다.

당시 칠현들이 자신들의 비통함을 한시漢詩로 지어 율창律唱으로 부르던 것을 지방 선비들이 듣고, 한시를 이해 못하는 주민에게 풀이하여 오늘날까지 전파된 것이다.

고려의 7현은 주周나라의 백이伯夷와 숙제叔齊를 흠모하며 산에서 나는 고사리를 비롯한 곤드레, 딱죽이 등의 나물을 뜯어먹으며 살았으므로 산 이름을 백이산白夷山이라 하였다. 현재 백이산에는 칠현사와 칠현들의 행적을 기술한 비석이 있다.

1391년(고려 공양 3) 우상시右常侍, 좌산기상시左散騎常侍, 형조판서를 차례로 역임한 전오륜은 1392년 고려가 망하자 두문동에 들어갔다가 조선 태조에 의해 본향안치本鄕安置의 처벌을 받았다. 그는 후일 풀려나서 서운산瑞雲山에 은거하기도 했다. 두문동 72명 중의 한 사람으로서 뒷날 안의安義의 서산서원西山書院에 제향된 전오륜의 본관은 정선旌善이다.

김충한은 고려 때 예의판서까지 지냈으며 역시 두문동 72현의 한 사람으로 조선조를 섬기지 않았다. 김충한은 전라도 남원南原 출신으로 마지막에는 호남湖南에 은거하였다.

고천우는 송도 사람으로 평장사 고준高濬의 아들이다. 고려 말 도총제에 오른 고천우는 이성계의 역성혁명 때 부조현不朝峴에 고려왕조를 배신하지 않을 것임을 밝히고 개성에 있는 두류산頭流山 배록동排祿洞에 둔거하였다. 이태조가 그를 개성 유수로 불렀으나 고천우는 "나는 망국亡國의 구신舊臣이라" 하고 끝내 나가지 않았으며 두문동 서원에 제향되었다.

두문동 72현의 한 사람인 이수생은 태조가 이조참의의 벼슬을 내렸으나 받아들이지 않았다. 이수생은 수안遂安의 율리栗里에서도 은거하였으며 그의 자는 명중明仲이다.

신안은 고려 때 음보로서 봉선고奉先庫 판관을 거쳐 종부시령에 이르렀으며 고려가 망하고 조선이 개국한 뒤 수차례 벼슬에 나올 것을 권유받았으나 응하지 않았다. 신안은 평산平山 황의산黃儀山에서도 은거하였다. 1417년(태종 17)에 신안이 죽자 시인들은 그의 절의를 높여 그가 살았던 곳을 배록동排祿洞이라 명명하였다. 신안은 후일 좌의정에 추증되었다.

변귀수 역시 고려가 망하자 칠현과 더불어 정선에 은거하였으며 두류산 배록동에서도 지냈다.

김위는 고려가 망하자 두류산으로 들어갔다가 정선 낙동리에서 은거하였다.

이들 칠현은 개성의 두문동에서 뿐 아니라 정선의 두문동 거칠현동에서도 은거했다. 조선의 개국 왕 이성계와 뜻을 달리하는 고려의 신하들은 정선에도 모여들었는데, 이들이 정착한 곳이 바로 한치 고개가

고려 유신 칠현비(좌)와 사당 칠현사(우). 강원도 정선군

있는 거칠현동인 것이다. 당시 이곳은 한치를 넘는 고개가 외부와 통하는 유일한 통로였기 때문에 바깥과 단절된 생활을 할 수 있었다.

이들을 위해 세워진 추모비 「고려 유신 칠현비高麗遺臣七賢碑」가 낙동리 거칠현동에 있다. 칠현의 충의와 정선 아리랑 가락을 후세에 전하고자 정선군 〈정선 조양회〉에서 1985년 건립하였다.

나라를 잃은 한을 담은 정선 아리랑의 시초

정선 아리랑은 앞서 밝혔듯 고려가 망한 뒤 불사이군不事二君의 충절을 다짐하며 두문동에서 은신하던 이들 중 7명이 정선 거칠현동으로 은거지를 옮기게 되면서 시작되었다.

이들은 사라져 버린 고려왕조에 대한 회상과 고향에 대한 그리운 심정을 한시로 지어 율창으로 부르곤 했다. 그들의 비통한 심정은 점차 주변으로 확대 전승되면서 소리에 애절함을 더해 갔다.

정선을 포함한 강원도를 시작으로 경상북도 북부, 충청북도, 경기도 동부 지역으로 전승된 노래는 오랜 세월 구비 전승되어 〈정선 아리랑〉, 〈정선 아라리〉의 이름을 갖게 되었다.

약 6백 년 전인 조선 시대 초기에 발현된 한시가 정선 아리랑 혹은 정선 아라리라는 명칭으로 불리게 된 것은 흥선興宣 대원군 대에 이르러서다. 흥선 대원군이 경복궁을 중수하던 조선 후기부터 아리랑은 전국적으로 널리 퍼지게 되었다. 그동안 명맥을 이어온 정선의 소리에 "아리랑 아리랑 아라리요"라는 음률을 붙여 부르면서 후렴구를 갖추게 되었고, 이를 바탕으로 〈정선 아리랑〉, 〈정선 아라리〉라는 명칭을 갖게 된 것이다.

일제 강점기에 들어서는 나라를 빼앗긴 민족의 서러움과 울분을 애절한 가락에 담아 불렀으며, 해방 이후 남북이 분단되고 한국전쟁을 거치면서는 반공의 분위기를 드러내기도 했다. 점차 현대로 오면서는 한민족의 통일에 대한 간절한 염원을 담아 부르기도 하는 등 정선 아리랑은 시대정신을 고스란히 담고 있다.

그러나 시대적인 아픔 외에도 정선 아리랑에는 남녀 간의 사랑과 그리움, 남편에 대한 원망, 시집살이의 서러움, 고부간의 갈등, 산골 마을의 지난한 삶, 육체적 노동의 고단함뿐만 아니라 삶의 유희 등 삶의 희로애락喜怒哀樂이 모두 담겨 있다.

6백 년이 넘는 세월 동안 구전되어 온 〈정선 아리랑〉은 지난 1971년 12월 16일에는 강원도 무형문화재 제1호로 지정되어 강원도의 대표적인 무형 문화유산으로 자리매김하였다.

정선 아리랑이 사랑받는 이유

정선 아리랑은 강원도의 서정을 대표하는 소리에만 그치는 것이 아니라 지금은 한민족의 가슴속 깊이 자리하였다. 정선은 최근까지도 첩첩산중에 있던 마을로 고립된 산골에 묻혀 살아가야 하는 지리적 여건에 있었다.

그곳의 토착민들은 산골살이에서 몸으로 부대껴야 하는 고단함과 서러움, 여자들의 경우 시집살이에 대한 버거움과 남편에 대한 원망과 그리움 등을 구성진 가락으로, 때론 풍자와 해학으로 달랬던 것이다. 정선 아리랑은 이렇듯 나물을 뜯거나 밭을 맬 때, 나무를 할 때, 떼를 매거나 탈 때 등에 부르는 노동민요로 끝나지 않고 잔치 때나 여럿이 둘러앉아 놀 때 유희의 공간에서도 널리 불려졌다. 심지어는 아이를 재울 때 자장가로도 부르던 다양한 기능을 수행하던 민요라 할 수 있다.

숱한 세월을 거치면서 이렇듯 어느 때나 불릴 수 있는 문화유산이 된 정선 아리랑의 가사는 현재까지 채록된 것만 해도 1천3백여 수가 넘어 세계 단일 민요 가운데 가장 방대한 가사를 보유하고 있다. 1천여 수가 넘는 각각의 노랫말에는 체화된 삶을 산 사람들의 정서가 시대마다 서로 다른 빛깔로 고스란히 쌓여 있다.

정선 아리랑은 가사 중심의 노래로, 명확한 음계와 가사를 기본으로 하는 서양 음악과 다르다. 정선 아리랑은 최고음과 최저음 사이의 폭이 크지 않고 음이 길게 늘어지고 단조로워 가락만 귀에 익으면 즉흥적으로 가사를 만들어 무한히 붙일 수 있다. 가사 자체도 두 줄의 짧은 형식으로 되어 있어, 누구라도 쉽게 가사를 바꿔 자신의 생각이나 느낌을 소리로 만들어낼 수 있다. 정선아리랑을 두고 '찍어다 붙이면 되는 소리'라는 표현이 존재하는 것도 이 때문이다.

사람들은 "아리랑 아리랑 아라리요…"가 정선 아리랑의 후렴이라고 생각하지만, 이는 가사 뒤에 일정하게 따라붙는 후렴이 아니었다. 둘이서 소리를 주거니 받거니 하다가 또는 여럿이 한마디씩 돌아가며 부르다가 갑자기 가사가 막히게 되면, 가사가 생각나지 않는 사람은 그 판을 깨지 않기 위해 자신의 순서에 "아리랑 아리랑 아리리요 아리랑 고개 고개로 나를 넘겨주게" 하였다. 이때 같이 자리한 사람들이 함께 불러주던 것이 시간이 흐르면서 후렴으로 자리를 잡으며 어울리는 소리가 되었고, 이 같은 삶의 소리를 정선 사람들은 '아라리'라고 불렀다.

정선 아리랑은 오랜 세월을 두고 자연스럽게 전국으로 퍼지며 각 지역의 문화적인 특성이 더해져 또 다른 이름의 아리랑을 낳았다. 정선 떼꾼, 출가한 남녀, 소리꾼, 장돌뱅이, 화전민 등등 정선 아리랑의 전파는 정선 지방의 민요를 전국으로 확산시켜 수많은 아리랑을 태동케 하였다.

정선 아리랑은 〈긴 아라리〉와 〈엮음 아라리〉로 구성되어 있다. 긴 아리랑은 가사가 느리고 길게 이어지는 가장 일반적인 정선 아리랑이며, 긴 아리랑 가사에 다 담지 못하는 삶의 응어리는 사설을 이야기하듯 자세하게 엮은 엮음 아리랑으로 불렀다. 앞부분은 사설 형식으로 촘촘히 엮어 가다가 후반부로 접어들며 다시 긴 아리랑 가락으로 부르는 엮음 아라리는 해학적이고 흥겨운 정서를 듬뿍 갖추고 있다.

한국인의 애잔한 삶이 담긴 구성진 노랫말과 소리는 해학적인 정서로 인해 쉽게 빠져드는 소리로서 많은 이들의 사랑을 받고 있다.

정선의 독자적 환경이 낳은 역사와 문화

앞서 밝혔듯 정선군 남면 낙동리에 망국 고려의 일곱 충신들이 은거하여 불리게 된 마을 이름이 거칠현동이다. 깊은 골짜기의 거칠현동에서 그들은 망국의 비통함과 삶의 무상함을 다음과 같은 한시로 읊었고, 그것이 정선 아라리의 시초가 되었다.

눈이 올라나 비가 올라나 억수장마 질라나
만수산 검은 구름이 막 모여든다.
명사십리는 아니라면은 해당화는 왜 피며
모춘 삼월이 아니라면은 두견새는 왜 우나.
아리랑 아리랑 아라리요
아리랑 고개 고개로 나를 넘겨주게.

이 은사隱士들은 스스로 조선왕조와의 인연을 만들지 않기 위해 깊은 골짜기로 찾아들어 거칠현동에서 산나물을 뜯어먹으며 생계를 이어갔다.

그러나 조선 말기 정선에 수령으로 부임해 오던 오횡묵吳宖默을 따라 원치 않는 깊은 산촌으로 와야 했던 부인에게는 한탄스러운 고개였다.

아질아질 성마령아 야속하다 관음베루
지옥 같은 정선 읍내 10년 간들 어이 가리.
아질아질 꽃베루 지루하다 성마령
지옥 같은 이 정선을 그 누구 따라 나 여기 왔나.

위의 〈정선 아라리〉는 정선 길의 아득함을 노래한 오횡묵의 아내가 부른 것이다. 또 이중환李重煥은 『택리지擇里志』에서 정선 지역의 지형에 대해

〈무릇 나흘 동안 길을 걸었는데도 하늘과 해를 볼 수 없었다.〉
라고 기록하고 있다.

오죽 그 길이 험하고 높았으면 지옥 같다는 표현을 썼으며 또 얼마나 깊었으면 손을 뻗어 별을 딸 수 있겠다고 표현했겠는가. 지금도 깊은 골짜기가 많은 강원도인데, 조선 시대 성마령 골짜기의 모습이 짐작이 될 것이다. 지금은 도로가 확장되면서 성마령이나 베루요새로 통하던 옛 길은 사라지고 없다.

이처럼 강원도가 독자적으로 지니고 있는 지리적 환경과 고려 말과 조선, 해방과 전쟁, 분단을 겪는 역사의 흐름 속에서 정선 아라리는 계승되고 확장되었다. 칠현의 한탄에 후대인들의 애환이 덧대어져 노래는 더욱 풍성해졌고, 삶의 고달픔을 해학으로 승화시키면서 자신들의 지난한 삶을 받아들이며 더욱 깊이 있는 문화로 발전되어 왔다.

인제군 백담사
- 깊이 숨은 무릉도원과 만해 한용운 -

백담사百潭寺를 찾는 길은 멀고 깊었다. 좀 지루할 정도로 산모퉁이를 돌고 돌아 걷는 길, 우람하지만 눈길을 사로잡는 높고 낮은 바위산 그 산등과 골을 타고 흐르는 옥수 줄기는 찾는 이로 하여금 신의 능력에 감탄케 할 뿐이다.

산허리를 감싸고 머무는 구름 안에 포근히 감싸여 있는 백담사. 마치 듣기만 하던 무릉도원이 여기가 아닌가 싶다. 무릉도원은 신선이 살았다는 전설적인 중국의 명시明時이다. 무릉도원이라는 이름은 중국 호남성 동정호의 서남쪽 무릉산 기슭 완강浣江 변으로 도연명陶淵明이 지은 『도화원기桃花源記』에서 나온 말이다.

중국 진秦나라의 난리를 피하여 동굴 안을 통과한 밝은 세상에 자리

백담사

잡은 사람들은 그곳이 하도 살기 좋아 바깥세상의 변천과 많은 세월이 지난 것을 몰랐다고 한다. 그래서 그곳을 무릉도원이라 일컫고 그곳에 사는 이들의 육체는 사람이지만 정신은 신선에 가깝게 살았다는 의미를 갖게 되었다. 그리고 그곳을 우연히 발견한 어부가 나중에 세상으로 돌아 나오면서 표시를 하여 두었으나 그 뒤 다시는 무릉도원을 찾을 수 없었다고 한다.

무릉도원처럼 백담사 또한 자신의 자리를 쉽사리 사람들에게 안겨주지 않는 곳이었다. 백담사는 힘겹게 찾아온 손님을 또 넓은 냇물 위로 설치한 출렁 다리로 건너게 한 뒤 문을 열어 준다. 사찰 경내에 들어서면 만해萬海(또는 卍海) 한용운韓龍雲 선생의 초상화가 보인다. 이 초상화는 한용운이 이 사찰과 무관하지 않다는 것을 보여주고 있다.

한용운은 충청남도 홍성의 평범한 가정에서 태어나 서당에서 당시의 학문인 한학을 배웠고 18세 때는 잠자던 백성들을 깨우는 개혁의 핵인 동학운동에 투신하였다. 그는 10년 뒤인 28세에는 불문佛文에 들어가 승려가 되었다. 한용운은 1908년 당시 선진국으로 발돋움하던 일본을 방문하고 온 뒤 국권피탈의 국치國恥를 참지 못하고 중국으로 망명하여 의병학교를 설치하고 독립군을 양성했다. 한용운은 이후 귀국한 뒤로는 독립에 관한 많은 책을 발간하였고 1919년 3·1운동 때 본격적인 독립운동의 서막인 「독립선언서」를 발표하였다. 한용운은 이 일로 체포되어 3년 간 감옥에 갇혀 있어야 했다. 그리고 1925년 그의 기념비적인 시집 『님의 침묵』을 세상에 내놓았다.

많은 활동을 이어가던 한용운은 만년에는 시작詩作에 전념하기 위

심우장 표지판(좌)과 심우장(우). 서울시 성북구

해 서울시 성북구 성북동 산기슭에 심우장尋牛莊을 지었다. '심우장'은 소를 찾는다는 뜻으로 일본에게 탈취당한 주권과 재산을 찾는다는 뜻이다. 그는 일본인들의 총독부가 보기 싫다는 뜻에서 일부러 북향집을 지었다. 그곳에서 생활하며 시작을 하던 한용운은 얼마간의 원고료로서 연명하였고 주권을 찾기 위해 너무나 많은 고행을 했음인지 중풍으로 별세하였다.

생의 마지막까지 조국을 수호하려던 만해 한용운의 정신을 기리기 위해 사회 각 계층에서 공적이 뛰어난 이들을 골라 수여하는 〈만해상〉을 제정하여 시행하고 있다.

한용운은 불문에 입문하여 깊고 깊은 백담사를 찾았는데, 그렇다면 이렇게 좋은 곳에 누가, 언제 사찰을 창건하였는지 살펴볼 필요가 있을 것 같다. 백담사는 강원도 인제군에 소재하고 있는 절로서 현재는 설악산 신흥사新興寺의 말사末寺로 되어 있다. 창건 연대는 이 땅에 불교가 한창 성했던 신라 때 자장慈藏 율사가 창건하였다고 한다.

처음 절 이름은 한계사寒溪寺로 불리었으나 화재로 소실되고 이후 운흥사雲興寺, 심원사深源寺, 영치사靈鷲寺로 불리다가 1457년(조선 3)에 백담사로 개명되었다. 이 절은 한계사로부터 시작해 10차례에 걸쳐 원인 모를 화재로 피해가 잦았다. 냇물을 끼고 있긴 하지만 불길을 잡지 못한 안타까움에 달리 방법을 찾으려 애썼으나 냇물을 끌어올 여력이 없었다고 한다.

생각에 생각을 거듭하다가 방법을 찾은 것이 오늘날 백담사를 낳게 되었다. 작은 우물이나 못을 파려고 했으나 그것마저 불가능하자 상징적인 방법을 모색해 낸 것이다.

처음엔 작은 구덩이를 파고 우물을 비유해서 '우물 정井' 자로 쓰기로 했는데 우물보다 규모가 큰 연못이 좋겠다고 의견을 모아 10군데, 50군데보다 많은 1백 군데의 구덩이를 파놓고 '못 담潭' 자를 택하여 푯말을 꽂아 놓았다. 그 후부터는 5백 년이 지난 현재까지 화재가 없었다고 하니 참 기이한 일이다. 이때부터 절 이름을 백담사百潭寺라 하였다.

백담사는 지형적으로 협곡하고 민가와는 멀리 위치한 천혜의 피난지였던 관계로 예로부터 정치적으로 불가피하게 피신을 해야 하는 사람들이 숨어들기도 했다. 현대에는 전두환 전 대통령이 잠시 지내던 곳으로도 유명하다.

승려 자장은 신라 진덕眞德 여왕 때의 인물로 속성俗性은 김金, 이름은 선종善宗으로 진골眞骨 출신이었다. 진골은 신라 때 골품의 하나로 부모 중 어느 한편이 한번이라도 왕족이 아닌 혈통과 섞인 경우 칭하던 품계이다. 그 위쪽은 성골이라 하였다. 한 예로 신라 통일의 주역이었던 김유신金庾信 장군도 본시 윗대에는 성골이었으나 김유신 대에 와서는 진골로 품이 낮아졌다.

진골 출신인 자장은 신라 조정에서 관리를 맡았던 무림武林의 아들로 어머니가 별이 떨어져 품에 안기는 태몽을 꾸고 사월 초파일 석가탄신일에 태어났다.

일찍이 부모를 잃은 김선종은 세상이 싫어 처자를 버리고는 원녕사元寧寺를 세워 혼자 살면서 독실하게 불법을 수련하였다. 신라 시대 재상에 해당하는 벼슬인 대보大輔에 결원이 생기자 왕은 자장을 여러 번 불렀으나 가지 않았다. 왕이 노하여 자장을 죽이려고 해도 그는 끝까지 불응하고 수도에만 힘썼다 한다.

635년(신라 선덕 5) 제자 등 10여 명을 데리고 당나라에 들어간 자장은 8년 후 장경 등 불법에 관한 서적을 많이 가지고 신라로 돌아왔다. 자장은 그 후 전국의 유명 사찰을 두루 다니며 수도와 제자승을 많이 키웠고, 만년에는 강릉의 수다사水多寺를 창건하고 뒤에 태백산 석남원石南院을 세웠다. 자장은 석남원에서 입적하기까지 수많은 사찰을 창건한 현적이 있으며 호국의 기본인 불교 정신을 높이 쌓아 천년이 지난 현재까지도 많은 불자들의 추앙을 받고 있다.

경상도 지역의
지명 유래

대구 팔공산
- 고려 개국을 위한 전투에서 여덟 장수가 전사한 산 -

팔공산八公山의 원래 이름은 공산公山으로, 고려의 건국 과정 당시 이 산에서 벌어진 전투에서 8명의 장수가 전사했다 하여 팔공산으로 불리게 되었다.

왕건이 공산 상수전相藪戰에서 후백제의 견훤과 전투를 하게 되었다. 도중에 왕건이 불리한 상황에 놓이게 되자 위험에 처한 왕건을 위해 신숭겸申崇謙, 충렬공忠烈公 전이갑全以甲, 충강공忠康公 전의갑全義甲, 충달공忠達公 전락全樂이 활약하여 위기에서 벗어날 수 있었다.

그러나 견훤 측의 장수 4명을 비롯하여 왕건과 고려를 위해 싸운 신

신숭겸 묘비. 강원도 춘천시

숭겸, 전이갑, 전의갑, 전락은 이 전투에서 전몰하였으며, 후백제의 장수 4명의 이름은 기록으로 전하지 않아 확인할 길이 없다. 공산에서 벌어진 전투에서 8명의 장수가 전사하였으므로 산의 이름을 팔공산으로 하고, 이 전투를 보통 팔공산 전투라 부른다.

927년(고려 태조 10) 후백제의 견훤은 금성金城(현 경주慶州)을 침략하여 경애왕을 자살하도록 하고 경순왕을 세웠다. 이에 태조 왕건은 그해 11월에 조위사弔慰使를 보내면서 정병 5천 기騎를 거느리고 가다 견훤을 대구 공산公山의 상수에서 맞닥뜨렸다. 전세는 고려의 대패였다. 태조는 평복으로 갈아입고 탈출하도록 하고 장수들만 남았으나 결국 중과부적衆寡不敵으로 전사하였다.

특히 팔공산 전투에서 맹렬히 싸우다 전사한 장수들 중 고려의 충신 전이갑, 전의갑, 전락은 강원도 정선 출신으로 삼충신三忠臣으로 불리게 되었다. 그들의 위패는 화암면 석곡리 석항동 삼충사三忠祠에 봉안하였다.

처음에는 별도로 사당을 마련하지 못했으나 후손 전봉진全鳳集, 전태우全泰佑 등에 이르러 창건하였다. 현재 전이갑과 전의갑, 전락에 대한 역사적 기록으로 우정모禹鼎模가 지은 「삼충사 창건기三忠祠創建記」가 있으며 전봉집은 「삼충사 상량문上樑文」을 창건하였다.

전이갑은 전항全恒의 9세손으로 정선군에서 태어났다. 하루는 전이갑의 어머니 구具씨가 푸른 옷을 입은 신인神人 세 사람이 어린 아이를 안고 나타나 자신에게 건네주는 꿈을 꾸었다. 꿈에서 신인들이 이르기를

"이 아이는 장차 공公이 일국에 찰 것이고 이름은 삼한에 찰 것이라."

하였다. 구씨는 그날부터 태기가 있기 시작하더니 아이를 낳는 날에는 서기瑞氣가 방 안에 서리고 특이한 향기가 집 안에 가득 차 사람들이 향기를 기이하게 여기며 모여 들었다. 구씨가 옥동자를 낳은 것은 정오 무렵이었다.

전이갑은 골격이 준수하여 장성하여서는 8척의 키에 힘은 큰 완력을 필요로 하는 강궁强弓을 다루고 15세에 이르러서는 말 타기와 활쏘기에 능하게 되었다. 전이갑은 지모智謀 또한 비상하여 학문에도 밝았으며, 이를 바탕으로 고려 태조 왕건을 도와 삼한三韓을 통일하고 공신에 올랐다.

태조는 팔공산 전투에서의 공으로 전이갑을 태사 겸 상서정선군太師兼尙書旌善君에 증하였다. 전이갑의 자는 자경子經, 호는 도원桃源이며 충렬사忠烈祠에 배향되었다. 전이갑의 후손은 20여 파派로 분파되었다.

전의갑은 전이갑의 동생으로 그 역시 고려 개국공신이다. 벼슬은 산기상문하시랑죽산군散騎常文下侍郎竹山君으로 팔공산 전투에서 사망하여 충렬사에 배향하였다.

전락 또한 전항의 9세손으로 전이갑의 종제從弟이다. 고려 개국공신으로 벼슬은 삼사좌복사三司左僕射에 이르렀으며 천안군天安君에 봉해졌다. 팔공산 전투에서 전사한 전락은 충렬사와 한천寒泉서원에 배향되었다.

잘못 기록된 그 이름, 전락

1999년 3월 5일자로 한국정신문화원에서 발간한 『한국인물대사전』을 살펴보면 고려 개국공신이며, 팔공산 전투에서 장렬히 전사한 장군 '락樂'에 대해 다음과 같이 적고 있다.

〈김락金樂 ?~927(태조 10). 고려의 개국공신. 918년(태조 1) 고려가 건국되자 이등공신이 되었다. 927년 원보元甫 재충在忠과 더불어 대량성大良城(현 합천陜川)을 공격하여 무너뜨리고 후백제의 장군 추허조鄒許祖 등 30여 명을 사로잡았다. 같은 해에 견훤의 군사가 신라를 쳐서 경애왕을 자살하게 하였다는 소식을 들은 태조가 군사를 이끌고 견훤의 군사와 공산公山(현 대구大邱)에서 크게 싸울 때 대장 신숭겸과 함께 위급해진 태조를 구하고 전사하였다. 태조는 지묘사智妙寺를 세워 그의 명복을 빌었으며, 아우 철鐵을 원윤元尹으로 삼았다. 1120년(예종 15) 예종은 그와 신숭겸을 추도하여 향가 〈도이장가悼二將歌〉를 지었다. 시호는 장절壯節이다.〉

이를 비롯하여 그 이외 다수의 한국사 인물편 또한 마찬가지이다.

그러나 위의 기록은 잘못된 것으로

〈팔공산 전투에서 전사한 장군 락은 강원도 정선 출신인 전의갑, 전이갑 장군의 종제(4촌 동생)인 '전락全樂' 장군이다.〉

라고 수정되어야 할 것이다.

현재 강원도 정선군 화암면 석곡리 석항동에 있는 삼충사에 모셔진 위패와 비문의 기록을 보면 잘 알 수 있는 대목이다. 한문으로 기록된 사기를 번역하면서 전全자를 김金자로 잘못 적은 것 같다. 그러나 이러한 기록에 의하여 많은 혼돈을 가져오게 되고 있음을 밝혀 두는 바이다.

하서리의 또 다른 이름
- 박제상의 아내가 오래도록 머물며 통곡하다 -

신라 제17대 나밀왕那密王은 이웃 백제의 변경 침입에 골머리를 앓고 있었다. 이 기미를 안 이웃 일본에서는 간계를 꾸미게 된다. 일신日臣을 보내어 백제를 적대하는 동맹을 맺자고 한 것이다. 왕이 그 뜻을 기뻐하자 일신이 가로되,

"대왕께서는 일본의 왕에게 왕자 하나를 보내어 그 동맹의 화의와 성심을 보이도록 해 주십시오."

하였다. 나밀왕이 생각하기에 어려울 것이 없는 일로 왕은 셋째 아들 미사흔未斯欣(또는 미해美海)을 맹약의 보증으로 일본에 인질로 보내게

된다.

그런 일이 있은 지 세월은 어언 30년이 지났고, 때는 미사흔의 형인 눌지왕訥祗王이 즉위한 지 10년이 되던 해였다. 눌지왕은 일본에 신하를 보내어 보고 싶은 아우의 귀환을 여러 차례 요구했으나 번번이 거절당하였다. 이에 눌지왕은 마지막으로 모책을 써서 왕제王弟인 미사흔을 돌려올 것을 마음먹었다. 이 모책을 맡고 나선 이가 바로 삽라군歃羅君 태수 박제상朴堤上이었다. 왕명을 받은 박제상은 집에는 들르지도 않고 당시 신라의 도선장인 율포栗浦(현 경북 경주군 양남면陽南面 하서리下西里)로 말을 달렸다.

당시 박제상에게는 젊고 정절한 아내와 아름다운 딸 셋이 있었는데, 박제상이 집에 들르지 않은 뜻은 모녀의 만류에 마음이 눅어질까 두려워서였다. 그만큼 충성에 지극했다기보다 오히려 박제상이 아내와 딸을 어느 만큼 사랑했는가를 엿볼 수 있는 일화라 하겠다.

남편 박제상이 율포로 떠났다는 소리를 들은 부인은 뒤쫓아 말을 달렸으나, 나루에 이르렀을 때는 박제상이 이미 닻을 올린 후였다. 박제상이 아내를 돌아보지 않고 순풍을 타고 멀어지자 부인은 배를 쫓아 망덕사望德寺 남쪽까지 달려가 남편의 이름을 마구 불러댔다. 시야에서 배가 멀어지자 박제상의 아내는 사장에 엎드려 마구 통곡했다.

부인이 모랫벌에 길게 드러누워 울었다 해서 옛 율포 앞 사장인 하서리 갯가를 장사長沙라 불렀다. 최근까지도 장사라 부르던 노인들이 있는 것으로 보아, 일제 때 행정구역 명칭이 새로 정해지기 전까지는 하서리 해변을 박제상 부인의 슬픈 사연을 대변해 주는 '장사'라고 하였던 것 같다.

또 『삼국유사三國遺事』에 의하면 그 지명을 벌지지伐知늡라 했다. 이 역시 쓰러져 우는 박제상의 아내를 사람들이 두 어깨를 끼고 부축해서 돌아가려 해도 부인이 발을 꼬고 앉아 일어서려 하지 않으므로 붙여진 이름이라 한다. 즉 벌伐(=야野)을 가로지르는데 너무 지지遲遲(지지知늡)했대서 붙여진 이름인 것이다.

한편 부인을 데려가려 할수록 더욱 용을 쓰며 모래벌판에서 뻗대었기에 소리나는 대로 땅 이름을 '벋디디'라 한 것을, 한문을 빌어 '벌지지伐知늡'라 했다는 설도 있다.

그렇게 신라를 떠나 일본에 도착한 박제상은 신라 왕이 죄 없는 자신의 부모를 잡아 죽였기에 도망을 왔다고 말함으로써 일본 왕의 의심을 받지 않게 되었다. 그런 연후에 박제상은 미사흔에게 접근하였고 강구려康求麗라는 신라 사람이 고국에 돌아가는 기회에 미사흔을 몰래 빼내어 무사히 신라로 돌아갈 수 있도록 하였다.

미사흔이 30년 만에 신라로 돌아오자 형인 눌지왕은 기뻐하며 손수 남부로 가서 동생을 맞이한 뒤 잔치를 베풀고 죄수를 대사하였다.

반면 신라에서 잔치가 막바지에 이르고 있는 동안 박제상은 모책으로 잡혀 갖은 악형을 받은 끝에 목도木島란 섬에 끌려가 소살燒殺당하였다.

남편이 화형에 처해졌다는 사실을 알게된 박제상 아내의 그리움은 원한과 슬픔에 범벅이 되어 부풀어 올랐다. 그녀는 매일같이 동해가 한눈에 담기는 치술령致述嶺에 올라 남편의 원혼이 어른대는 동쪽을 바라보며 통곡하였다. 때로는 세 딸을 거느리고 가서 울기도 했다.

그 후 왕실에서는 박제상의 아내를 국대부인國大夫人으로 추서하고, 또 박제상의 둘째 딸을 미사흔의 아내로 하여 공부인公夫人으로 추서하였다.

그러나 그런 것들로 부인의 한을 달랠 수는 없었고 끝내는 치술령에서 울다 지쳐 죽고 말았다. 더러는 부인의 지성에 하늘이 감동하여 승천했다 하고 망부석望夫石으로 굳어 버렸다는 전설로 전해진다.

왕실에서는 박제상의 아내를 치술신모鵄述神母 라 하여 신위神位에 올리고 신모사당神母祠堂을 지어 제사를 지내게 하였다. 신모 사당은 지금으로부터 165년 전인 1845년(헌종 11)에 증보한 『동경잡기東京雜記』에 기재된 기록으로 전해지고 있던 중 1971년 7월 대학 사료 조사단에 의해 현지의 무성한 수림 속에서 발견되었다.

신라의 충신 박제상은 영해寧海 박씨의 시조이며 중시조는 고려에서 전법사 판서를 지낸 박천명朴天命이다.

박제상의 아들은 세칭 백결선생百結先生으로 유명한 청빈의 상징 박문량朴文良이다. 그는 자비왕慈悲王 때 충언을 자주 간언했음에도 받아들여지지 않자 벼슬을 버리고 낙향하여 끼니를 굶고 옷을 겹겹이 기워 입으며 글을 읽었던 인물이다.

영해 박씨는 특히 신라와 고려조에서 훌륭한 인물을 많이 배출하며 명문의 기초를 다졌다. 박태고朴太古는 경창慶昌 궁주와 혼인해 영성군에 봉해졌으며 그의 아들 박용재朴用才는 예빈경에 증직되었다. 이를 비롯하여 박용재의 손자는 평장사를 지낸 박송朴松, 박송의 아들은 상서와 좌복사를 지낸 박득주朴得珠이며 박득주의 5세손이 대사헌 박경朴經이다.

다시 박제상의 30세손은 이곡李穀의 사위이자 이색李穡의 매부인 판위사사 박실생朴實生이며, 충선왕忠宣王으로부터 4대를 입사한 전법 판서 박원계朴元桂도 영해 박씨이다.

박제상 후손들의 관향 거무역리

신라의 충신 박제상 후손들이 관향으로 있는 거무역리居無役里는 경상북도 영덕군 병곡면에 있다.

이곳에서는 고려조의 시중 박세통朴世通의 아들과 손자 3세世가 살았다. 마을에 부역賦役이 없다 하여 동명을 거무역리라 부른다 하였다. 이제현李齊賢의 『역옹패설櫟翁稗說』에 이르기를

거무역리

〈동해현東海縣에 거북 같은 큰 물건이 있어 조수潮水를 타고 포구에 들어왔다가 조수가 밀려가자 빠져나가지 못하였다. 백성들이 이것을 죽이려고 하자 현령縣令인 박세통이 죽이지 못하게 하고 큰 밧줄을 만들어 양쪽에서 배로 끌어 바다 가운데에 놓아주었다. 꿈에 노부老父가 절을 하며, 어제 나의 아이가 놀러감에 날을 잘못 잡아 거의 솥에 잠겨 죽음을 면하지 못하게 되었는데, 공公이 요행히 살려주었으니, 음덕이 큽니다. 공과 더불어 자손 3대가 재상이 될 것입니다.〉

박세통 묘비. 「고려시중 영해박공휘세통지묘」

하였다 한다.

박세통 및 아들 박홍무朴洪茂 모두가 밀직
부사에 올랐으나, 손자 박함 朴瑊 만은 상장군
에 올랐다. 박함은 이에 마음에 들지 않아 시
를 지어 읊기를

〈거북아! 거북아! 낮잠에 빠지지 말라, 3대
재상이 다 헛소리구나.〉

하였다. 그러자 이날 저녁에 꿈속에서 거북
이가 말하기를

삼대 시중(현 국무총리) 공 신도비

"그대가 주색에 빠져 스스로 그 복을 깎았
을 뿐 나는 감히 덕을 잊지 않았다. 연후에
한번 좋은 일이 있을 것이다."

하였다. 과연 수일 후에 벼슬이 내려 박함은
복야가 되었다.

충청도 지역의 지명 유래

울고 넘는 박달재
- 경상도 선비 박달과 충청도 처녀 금봉의 애절한 사랑-

박달재는 경상도 선비 박달朴達과 충청도 처녀 금봉의 애절한 사랑을 노래한 〈울고 넘는 박달재〉로 더욱 유명한 곳이다.

박달재의 원래 이름은 천둥산과 지둥산이 연이은 영嶺마루라는 뜻을 지닌 이등령이었다. 인등산도 함께 있어 천天, 지地, 인人을 모두 갖춘 곳이 박달재이다. 풋풋한 농촌의 인심이 물씬 느껴지는 충청북도 제천시 평동리平洞里 마을을 뒤로 하고 아흔아홉 굽이굽이 고갯길을 넘어가며 펼쳐지는 해발 453미터 높이의 박달재는 드높은 산세와 파란 하늘이 맞닿아 그려낸 한 폭의 그림과도 같다.

박달재 관문. 충청북도 제천시

옛날에는 다릿재와 박달재를 넘으려면 걸어서 며칠씩 걸렸다. 고갯길이 워낙 험하고 가파른 데다 박달나무가 우거져 있어 산짐승과 도적이 많았기에 새색시는 친정에 가기조차 꺼릴 정도였다. 친정이 그리워도 갈 수 없는 슬픔에 시집가는 새색시가 눈물을 쏟는다고 해서 '울고 넘는 박달재' 라는 노래 가사로 붙여져 우리의 대중가요로 널리 불려 왔다.

이런 전설을 지닌 박달재는 지난 1996년과 2001년 두 차례 걸친 터널 개통 공사 완공으로 이곳을 찾는 관광객이 거의 없게 되었다. 그러자 제천시는 박달재의 옛 명성을 되찾기 위해 2007년 도·시비 30여억 원을 들여 박달재 정상 부문 1만여 평에 박달과 금봉의 만남, 사랑, 이별 등 못 다한 사랑을 형상화한 가요사 박물관을 설치했다. 또 박달재 4.5킬로미터 구간에 전통 체험 공간, 전망대, 초화원, 물레방아, 주막 및 폭포, 각종 휴식 시설, 상징 조형물 90여 점도 설치하는 등 박달재의 명소화 변신을 위해 애썼다.

박달이 죽어 이름 붙은 박달재

박달재 열두어 구비를 휘감아 오르면 정상 부근에 박달과 금봉의 조각상이 탐방객들을 맞이한다. 지금은 전설이 되어 버린 채 이별을 표현한 모습은 보는 이로 하여금 애절함을 느끼게 한다. 옛날 조선조에 영남에 사는 박달이라는 선비가 한양으로 과거를 보러 가는 길에 날이 저물자 하룻밤을 유숙하게 되었다. 그곳은 민족의 영산 치악산이 서쪽으로 달려가 구학산九鶴山을 만들고 다시 서북으로 뻗어 백운산白雲山을 이루는 곳이었다. 구학산에서 떨어진 맥이 남으로 흐른 곳이 바로 천등산天嶝山 박달령朴達嶺이다. 박달은 주막의 딸인 금봉이라는 처녀와 서로 사랑하게 되었는데 과거볼 날이 가까워지자 박달은 한양으로 떠나면서 과거 급제 후 다시 오마는 기약을 하였다. 박달은 과거에 급제하면 반드시 내려와 금봉을 아내로 삼는다는 약속을 하였으나 박달은 과거에 급제하지 못하여 내려갈 수가 없었다.

박달이 다시 기회를 보며 공부를 하던 사이 많은 시일이 흐르게 되었다. 금봉은 매일 박달이 넘어간 고개에 올라 낭군이 떠난 한양을 바라보며 기다리고 기다렸으나 구곡간장 한 달 두 달, 한 해 두 해가 지나도 박달에게서는 어떤 소식조차 없었다. 금봉은 스스로 생각하기에도 박달과는 신분 차이에 따른 귀천의 벽이 있다는 것을 느꼈고, 기다리다 못해 속은 것이라 생각한 금봉은 그만 병을 얻어 죽고 말았다.

수 년 만에 과거에 급제하게 된 박달은 비록 늦었지만 금봉과의 약속을 지키기 위해 단걸음에 주막에 당도하였다. 그러나 이곳을 찾아온 박달은 그토록 못 잊고 그리던 금봉이 자신을 기다리다 못해 죽었다는 야속한 사연을 들었다. 금봉의 초가에 머물며 그 사실을 매우 슬퍼하던 박달은 결국 낭떠러지에서 떨어져 목숨을 끊었고, 그리하여 이곳을 박달재라 부르게 되었다고 한다.

영남 선비 박달이나 금봉, 모두 때늦은 후회만 남겼으니 세인들이 그 이야기를 잊지 않고 있는 까닭은 박달의 죽음 때문이었다.

울고 넘는 박달재

천둥산 박달재를 울고 넘는 우리 임아
물항라 저고리가 궂은 비에 젖는구려.
왕거미 집을 짓는 고개마다 구비마다
울었소 소리쳤소 이 가슴이 터지도록.

부엉이 우는 산골 나를 두고 가는 임아
돌아올 기약이나 성왕님께 빌고 가소.
도토리묵을 싸서 허리춤에 달아 주며
한사코 우는구나 박달재의 금봉이야.

박달재 하늘 고개 울고 넘는 눈물 고개
돌부리 걷어차며 돌아서는 이별 길아.
도라지꽃이 피는 고개마다 구비마다
금봉아 불러 보나 산울림만 외롭구나.

애절하고도 호소력 있게 국민의 심금을 울리는 가수 박재홍朴載弘이 부른 〈울고 넘는 박달재〉는 현대인들에게 널리 보급된 인기 있는 노래이다. 애절한 곡조에 실린 사랑 이야기는 세월이 갈수록 많은 사람들의 가슴에 남아 무엇인가 생각하게 만든다.

요즘 백년가약을 해 놓고도 사소한 일로 쉽게 남남이 되어버리는 사랑에 비하면 신분의 벽을 넘어 한번 약조한 숭고한 사랑의 언약을 변치 않고 책임을 다하고자 한 후세에도 표본이 될 이야기이다. 이에 세인들은 박달과 금봉의 사랑을 기록하고 혹은 구전해 왔다.

고려와 거란 병사의 원혼이 잠든 슬픈 재

박달과 금봉의 사랑이야기가 전설처럼 머물고 있는 박달재는 또한 고려 김취려 장군이 거란병을 섬멸한 잿마루이기도 하다. 애절한 사랑 외에도 고려와 거란 병사들의 원혼이 함께 잠든 곳으로 두 가닥의 슬픈 역사가 남아 있는 재이다.

그리고 뜻 있는 제천 시민들이 김취려의 전승비를 세워 나라를 위해 혈전을 벌인 충신 장군의 넋을 기리는 역사를 또한 남겨놓았다. 이제는 현대식 휴게소가 자

김취려 위패. 숭의전 내

리한 그 고개를 넘는 독자들이 한숨 돌린 다음 한번쯤 이곳에 깃든 역사를 되새겨 주길 바란다.

오늘을 사는 현대인들은 그저 글로만 존재하는 것처럼 아득히 느껴지는 역사일지 모르나 770년 전 크고 작은 봉우리의 능선이 사면을 에워싼 험준한 협곡에서 고려와 거란의 병사들은 젊은 청춘을 묻고 이 땅을 떠난 불쌍한 원혼들임을 한번 더 상기하자.

1234년(고려 고종 21)에 험악한 전장에서 눈과 서리를 맞으면서 세월을 보낸 김취려는 군복과 군화를 한 번도 벗지 못한 채 힘없는 백성들의 길잡이로서의 생을 보내야 했다. 마음 편한 날이 없던 문하시중 김취려는 전쟁의 후유증으로 세상을 떠나게 되니 군주와 관료를 비롯한 온 나라 백성은 어버이를 여인 듯 슬퍼하고 소리 높여 울었다고 한다. 김취려의 춘추는 당시 63세로 고종 임금은 사후에 김취려의 공적을 높이 평가하며 위열威烈이란 뜨거운 시호를 하사하였다. 장군의 묘소는 두 곳에 자리하는데 어느 무덤이 진위인가를 따지기보다 후세인들의 가슴에 품은 장군에 대한 감사함이 오래오래 남도록 노력해야 할 줄 안다.

한편 박달재는 예로부터 동서를 잇는 문물의 유일한 통로로서 수많은 등짐 장수들의 애환이 절절이 베인 곳이기도 하다. 그 가난하던 시절 금봉이 한양으로 떠나는 연인 박달에게 쥐어 준 묵은 이 세상에서 무엇과도 바꿀 수 없는 소중한 마음이자 맹세의 정표였을 것이다. 현재도 고갯마루에 오르면 이곳저곳 도토리묵을 파는 선술집이 즐비하고 〈울고 넘는 박달재〉가 스피커에서 구슬프게 흘러나온다.

천안 삼거리 설화

우리나라의 봄은 천안天安 삼거리에서부터 시작된다. 천안 삼거리의 능수버들은 우수와 경칩이 지나 봄기운이 감돌면 얼른 연초록 옷으로 단장하고, 날씬한 실버들 가지는 나삼 소매인양 재치 있는 춤을 추기 때문이다. 우리나라 어디를 가도 시냇가에는 버들이 자생하여 이른 봄을 단장하지만 길에 버들이 심어진 것은 그리 오래되지 않았다.

지금은 가로수로 버들을 심은 곳도 많이 있지만 옛날에는 도로가 발달하지 않았으므로 가로수로 따로 심은 나무가 없었다. 오직 천안 삼거리 세 갈래 길에만 버드나무가 심어져 있어 천안 삼거리하면 능수버들을 연상하게 되었다.

또 이 버드나무를 심게 된 데는 애절한 사연이 있어, 천안 삼거리는

천안 삼거리 내 능수버들

더욱 유명해지기 시작했다.

능수버들에 깃든 능소 부녀의 사연

옛날 조선왕조 중엽에 유봉서柳鳳瑞라는 군정이 어린 딸의 손목을 잡고 무거운 발걸음으로 천안 삼거리에 다다랐다. 유봉서는 본시 양반의 자식으로 당장 아버지만 해도 통정대부의 교지를 받았기에 그는 어렵지 않은 가정에서 아버지의 그늘에서 태평스럽게 자랐다. 유봉서는 늦게 둔 외아들로 부모가 애지중지 기른 까닭에 뛰어 놀기만 했지 글공부는 게을리 하였다. 유봉서의 부모는 자식을 여럿 낳기는 하였으나 모두 한창 재롱할 나이에 잃었으므로, 마지막 남은 유봉서는 그저 건강하게 커주는 것만으로도 다행으로 여겼던 것이다.

그러던 중 유봉서의 나이 여남은 살에 이르렀을 때 가세가 걷잡을 수 없이 기울기 시작했다. 심한 홍수가 져서 많은 전장이 유실되었으며, 때마침 빚보증을 잘못 서서 집마저 빼앗기고 남의 산직散職 집으로 밀려나는 불운을 겪었다. 이제까지 행세하면서 살아오던 유봉서의 부친은 갑자기 밀어닥친 빈곤과 수모를 감내하지 못했고, 끝내 화병이 나서 세상을 하직하고 말았다. 엎친 데 덮친 격으로 어머니마저 쇠약해지더니 유행하던 염병에 걸려 남편의 뒤를 따르니, 유봉서는 천애의 고아가 되었다.

유봉서는 부모의 그늘에서 응석으로 자랐으나 철들 나이였으므로 자신의 처지를 받아들이고 고향을 떠나 막일을 해가며 살아가기로 했다. 고향에서 남의 집 살이를 하는 것은 명색이 양반의 자식으로서 창피한 생각이 들어 아주 먼 곳으로 떠나기로 결심한 것이다.

의지할 곳 없는 소년 유봉서가 며칠 걸어서 다다른 고장은 천안 삼 거리에서 그리 멀지 않은 마을이었다.

유봉서는 그 마을에서 비교적 잘 산다는 집에서 처음은 삭먹이로 일을 해 주었다. 그저 밥 얻어먹고 옷가지나 얻어 입으며 머슴살이하 는 것을 삭먹이 머슴이라 하였다. 옛날에는 곡식이 아주 귀해서 밥만 얻어먹으면 다행으로 여기고 더부살이 하는 사람이 허다하게 많았다.

유봉서는 처음에는 막일이 서툴렀으나 달리 살아갈 방도가 없었으 므로 열심히 일을 하였다. 주인 영감은 인품이 무던한 사람으로 나이 어린 유봉서를 잘 어루만지며 아껴주었다. 한두 해가 지나자 주인은 그에게 새경을 주고 장리長利까지 해 주었다. 많은 새경은 아니었으나 그래도 해마다 조금씩 올라 다섯 해가 지나고부터는 장정에 해당하는 새경을 받았다.

유봉서는 이렇게 10여 년 머슴살이하여 모은 돈으로 논 서너 마지 기와 밭 한 뙈기를 살 수 있었고, 또한 주인 영감의 주선으로 동네의 상사람(평민) 칠복의 딸과 혼례를 치르게 되었다.

칠복의 딸은 상사람의 딸이지만 안존하면서도 억척스러웠으므로 유봉서는 부모가 돌아간 이후 처음으로 안락한 생활을 누릴 수가 있 었다. 안정된 생활을 몇 해 하는 동안 딸아이도 하나 태어났으나 산후 여독이 가시지 않은 유봉서의 아내는 어린 것을 젖도 변변히 못 먹이 면서 말라가더니 그만 세상을 하직하고 말았다.

다시 고단하고 외로운 일상을 시작하게 된 유봉서는 암죽을 끓여서 어린것을 키우고, 농사를 지으며 고달픈 하루하루를 보냈다. 사랑하는 아내가 죽은 다음 홀로 지내는 것이 어려웠지만 어려운 중에서도 아이에게 정을 붙이면서 힘을 낼 수 있었다. 다행히 어린 딸은 그런대로 잘 자라 주었으며, 다른 또래 아이들보다 매우 영리했다.

유봉서는 해마다 군정에 나가지 않는 대신 군포를 꼬박꼬박 물어야 했다. 군포는 병역을 대신하는 세금으로 양반에게는 물리지 않았으니 유봉서도 고아만 되지 않았다면 군포를 물지 않아도 됐을 터였으나 이제는 떠돌이 신세였다. 또한 상인 칠복의 사위로서는 더군다나 군포를 모면할 길이 없었다.

그런데 딸이 7살이 되던 해에 큰 변고가 닥쳐왔다. 군정에 등록된 유봉서에게 수자리 명령이 내려 변경을 지키는 군 복무를 해야 하는 상황이 된 것이다. 어린 딸을 두고 수자리를 떠나야 하는데, 맡길 곳은 아무데도 없었다. 장인 칠복은 홀아비로 살다가 죽은 지 여러 해이고 처남은 가솔을 데리고 정처 없이 떠나간 지 이미 오래였기 때문이다.

유봉서는 어린 딸을 버리고 갈 수도 없고 데리고 갈 수도 없는 난처한 심정으로 딸아이의 손을 잡고 집을 떠났다. 그는 마음을 정하지 못한 채, 그저 북방 수자리의 집결지를 향해 걸어가다가 천안 삼거리에 도달하였다. 이제 더는 데리고 갈 수도 없는 처지여서 천안 삼거리 거북 바위에 앉아 쉬던 유봉서는 어린 딸을 부여안고 하염없는 눈물을 흘리면서 자신의 처지를 설명하였다.

"아버지는 나라의 의무 때문에 너를 데리고 갈 수 없다. 나는 고아로 어쩔 수 없이 상사람으로 전락했지만 너의 할아버지께서는 통정대부의 직함을 가진 분이시다. 너의 뿌리를 잃지 말고 굳세게 살면서 아버지를 기다려야 한다."

딸은 아버지와 헤어지는 것이 무섭고 두려웠지만 할아버지가 통정대부라는 말은 신기하게 들렸다. 통정대부가 무엇인지는 몰라도 할아버지가 보통 사람이 아니라는 생각이 든 것이다. 다행히 천안 삼거리의 주막집 주인 아낙은 마침 슬하에 자식 하나 없이 혼자 사는 사람이었기에 어린것을 말동무도 할 겸 길러주겠다고 하여 유봉서는 마음은 아프나 떼어 놓고 가기로 하였다.

자신의 신세를 한탄해 보아도 결국 소용이 없는 일로, 유봉서는 떠나기 전에 삼거리 길가에 버들을 꺾어 심었다. 그리고 딸에게

"이 버들을 아버지처럼 바라보며 살고 있으면 수자리를 마치는 대로 곧 돌아올거다. 그러니 그동안 잘 지내고 있어야 한다."
당부하고는 무거운 발길을 재촉하였다.

이때 유봉서가 심은 버들은 왕성하게 자라 천안 삼거리의 명물이 되었으나, 버들을 심은 유봉서는 영영 돌아오지 않았다. 아버지와 이별한 어린 딸은 눈물로 나날을 보내면서 아버지가 돌아올 날을 기다렸지만 버드나무만 무성하게 자랄 뿐이었다.

이름을 '능소' 라 하게 된 딸은 눈물 속에 외로이 자라야 했지만 그래도 별 탈 없이 성장하였다. 사람들은 능소 부녀의 애절한 사연을 기억하기 위해 수양버들이라고 부르던 것을 능수버들이라 불렀으며, 천안 삼거리에는 능수버들을 계속해서 심어 오고 있다.

화용월태 능소와 호남의 선비 박현수의 인연

2월의 새벽은 아직 냉기가 감도는 차가운 계절이다. 이때에도 능소와 수양모는 먼동이 트기가 무섭게 일찍 일어나서 집안의 청소를 말끔히 해치우고 장작불을 지펴 물을 데웠다. 이해는 식년시 과거가 있는 해인지라 삼남의 각지에서 과거를 보러 상경하는 길손이 많아서 주막거리는 무척 바빴다.

동녘 하늘이 벌겋게 물들며 어둠의 장막이 걷히기 시작하자 참새들이 짹짹거리는 소리가 들렸다. 버드나무에 앉아 있던 까치 한 쌍은 능소 모녀의 주막 추녀 밑까지 날아와 깍깍 짖고 날아갔다. 이때 능소가 자수 물통에서 손을 빼면서

"새벽까치는 반가운 손님이 온다는데 오늘은 누가 오실려고 하나."

하며 수양어머니 삼례를 바라보았다. 그러나 삼례는

"우리 집에 손님이 안 오는 날도 있니? 주막집에 손님 오는 게 뭐 그리 대수로운 일이냐?"

하며 시큰둥하게 별다른 반응을 하지 않았다.

그도 그럴 것이 이제 노파가 된 주인 아낙 삼례는 혈혈단신으로 의지할 사람이 한 명도 없었고, 수양딸 능소도 같은 핏줄이라고는 동서남북에 한 사람도 없었기 때문이다. 능소는 기다리는 사람이 한 사람 있기는 하나, 이제는 지쳐서 기다리지 않기로 한 지 오래였다.

능소가 7살이던 때 수양모에게 어린 딸을 맡기고 수자리를 떠난 아버지는 딸이 19살이 되어도 소식이 없었다. 그런데 간밤에 능소는 희한한 꿈을 꾼 것이다. 남쪽 하늘에서 오색마를 탄 도령이 자신을 향해

웃음을 지으며 달려오는 꿈이었는데, 새벽까치에 오색마 꿈이니 길조가 분명했다. 그러나 주막집 수양딸로 수양어미의 조력이나 들고 추근대는 술손님을 따돌리는 일이 일과였으니 특별히 기다릴 손님도 없는 처지였다.

능소는 불쌍한 고아로 자란 처자답지 않게 활발한 성품에 화용월태花容月態의 아름다운 품위는 재상가의 귀공녀와 같았다. 그러니 주막거리에 피어있는 이렇듯 아름다운 한 떨기 꽃을 꺾으려는 사람이 왜 없었겠는가. 몇 해 전에는 권 진사라는 자가 동첩으로 달라고 떼를 써서 곤욕을 치르기도 하였으며, 관기가 되라는 이방의 성화에 눈물을 흘리기도 하였다.

능소가 겪은 수난은 많은 얘깃거리로 천안 삼거리 사랑방의 화제가 되어 전해 내려왔는데, 능소의 신분을 기생으로 전하는 설화도 있다.

능소 모녀는 오전 이후부터 밀어닥칠 손님맞이 준비에 바쁜 손길을 놀리느라, 새벽까치에 대한 상념은 곧 잊어버렸다. 수양모 삼례는 기구한 운명의 여인으로 주막집 민며느리로 들어와 신랑 재미를 알 만한 젊은 나이에 남편과 사별하고 억세게 술장사를 해서 윤택한 살림을 꾸려 놓았다. 이렇게 살아오는 동안 두 번째 서방을 들여 보았으나 그 서방마저 정만 들게 하고 염라대왕의 부름을 받고 떠나 버렸다. 그 이후에도 점잖은 선비 손님을 만나 정분을 쌓아 보기도 하였으나 지금은 모두가 지나간 허무한 추억일 뿐이다.

이제 삼례는 일에만 힘을 쏟아 주막 외에도 길손을 재우는 봉놋방까지 겸하였으므로 사업만은 성황이었다. 이날도 모녀는 오전부터 손님이 밀려 눈코 뜰 사이 없이 바쁜 하루를 보냈다. 그런데 그들이 객실의 저녁상까지 치운 저녁 땅거미에, 누구한테 맞았는지 피멍이 든 얼굴로 기진맥진한 젊은 길손이 들어왔다. 길손은 들어서더니

"노자를 도적 떼에게 모두 털리고 잘 데가 없어 들어왔으니 하룻저녁 신세 좀 집시다."

하며, 평상에 털썩 주저앉았다. 삼례는

"돈 없는 분이 왜 봉놋방을 찾는 거요. 인심 좋은 사랑방이나 찾아갈 일이지."

하며 싸늘하게 대하였다. 그러나 길손은

"나도 공식하는 데는 과객 대접 잘하는 큰 사랑방 집이 좋을 줄 아는 터이나, 초행길에 길을 따라 오다 보니 날은 저물고 허기가 져서 더 갈 수가 없어 그러오. 내 후일 입신양명하면 몇 곱으로 갚아 줄 테니 오늘은 적선 좀 하시오."

하며 꼼짝을 하지 않았다.

삼례는 인심이 사나운 사람은 아니었으나 길손의 말하는 양이 얄미워 내쫓을 심산으로 팔을 거두어 부쳤다. 그런데 부엌에서 일하던 능소가 바깥에서 주고받는 말을 듣고 나오며 수양모를 가로막았다.

삼례는 하는 수 없이 지는 체하며 물러서 부엌으로 들어갔고 능소는 손님을 부축해 뒷방으로 인도한 뒤 저녁상을 차려 들어갔다. 젊은 길손은 너무 피곤한지 밥조차 제대로 넘기지 못했기에 딱하게 여긴 능소는 누른 밥을 폭폭 끓여 주었다.

길손의 몰골은 초라하나 기골은 범상치 않은 사람임을 한눈에 짐작

할 수 있었다. 능소는 깊은 사연이 숨어 있는 듯싶어 은근히 정성을 다하였다. 수양모 몰래 장작을 가져다 아궁이에 지펴 방을 덥게 하였으나, 방에서는 밤사이 앓는 소리가 끊이지 않았다.

능소는 아침에도 누른 밥을 끓여서 길손이 먹도록 했다. 능소는 식사를 마친 길손이 짚신을 찾아 신고 떠날 채비를 하자 수양모의 눈총을 맞아가면서도 만류하였다. 병객으로서 신세를 지는 것이 편치 않아 떠나려던 길손은 능소에 의해 마지못해 방으로 떠밀려 들어갔다. 길손은 송구한 눈빛으로 능소를 바라보면서

"소생은 전라도 고부古阜 땅에 사는 박현수朴賢秀라는 선비요. 시골의 한미한 선비이지만 올해는 식년시 과거 보는 해라 과거 길에 올라 여러 날 걸어오는 길이었소. 그런데 차령에서 산 도적을 만나 노잣돈을 털리고 매까지 맞아 이 꼴이 되었소."

하며, 길게 한숨을 쉬었다. 첫날 희미한 등잔불 밑에서 범상치 않은 선비임을 감지했던 능소는 길손이 과거보러 서울로 가는 길이라니 장차 큰 인물이 될 사람인지도 모른다는 생각이 들어 더욱 정성을 다했다. 능소는 바쁜 틈에도 선비의 간병에 마음을 쏟았다.

그러나 하루를 더 묵는 동안 타박상은 심하게 부어올랐으며, 노독으로 물집이 난 발은 덧이 나 욱신거렸다. 선비가 일어날 수조차 없게 되자, 능소는 노독이 풀리는 약을 구해서 달여 먹이고 타박상에는 고약을 발라 주었다. 이렇게 며칠이 지나니 부기도 빠지고 푸릇푸릇한 기운도 가셔, 선비의 얼굴은 환하게 돋아나기 시작했다.

능소는 낯선 길손이지만 정성껏 간병을 하다 보니 많이 무관해져서

한참씩 방에 앉아서 얘기를 나누는 정도가 되었다. 하루는 날씨 탓인지 손님의 발길도 일찍 끊어져 술청 목로가 한산하였다. 그래서 능소는 선비의 사연이라도 물어볼 겸 약을 가지고 살며시 방문을 열고 들어가 다소곳이 앉아 약을 주었다. 옛날은 남녀칠세부동석이 분명하였는데, 혼가 전의 처녀인 능소가 객실에 아무렇지 않게 들어갔으므로 그녀가 기생이었다는 설이 전해지는 것이다. 그러나 능소는 관기가 되라는 아전의 성화를 받은 일은 있어도 기생은 아니었다.

젊은 길손도 능소의 행색이 궁금하지 않은 것은 아니었기에, 자신에게는 생명의 은인인 능소의 사연을 알아보고 싶은 충동이 일었다. 먼저 능소가 입을 열어

"손님께서 과거보러 가신다고 하셨는데 초시 급제는 하셨는지요?"
물었다. 식년시 과거는 지방에서는 향시鄕試라고 불리우는 초시에 급제해야 과거에 응할 수 있는 것이었다. 선비는 범상치 않은 기골은 지녔으나 너무도 행색이 초라하였기에, 박현수는 자신을 의심하는데 수긍이 간다는 얼굴빛을 보였다. 그는 괴나리봇짐에서 전라 감영 향시 참방을 꺼내어 보이고는 신상 얘기를 하나둘 털어놓기 시작했다.

박현수는 고부 땅 한미한 선비의 가문에 태어났으며, 더욱 불행하게는 아버지가 일찍 돌아가셨기에 낮에는 밭을 갈고 밤에는 글을 읽으며 어렵사리 공부를 하였다. 능소는 손님들에게 들은 얘기로

"요즈음 과풍이 문란해져서 세도 줄이 닿거나 갖다 바칠 전답 문서라도 있어야 한다는데, 시골의 가난한 선비가 급제하기가 쉽겠습니까?"

하며 쓸쓸하게 되물었다. 이에 선비는 자신이 사사한 장성 땅의 스승 이사문李斯文 얘기를 하였다.

"이사문 선생이 소생을 가르칠 때 장원을 목표로 하라고 하셨습니다. 〈아무리 과거가 문란하더라도 장원 글이야 떼기야 하겠느냐?〉하고 말씀하셨습니다. 간당간당한 글로야 참방도 못할 터이므로 장원을 목표로 공부하라는 교훈 밑에 공부하였습니다."

박현수의 대답은 매우 자신에 차 있었다.

장성의 이사문은 당시 호남에서는 명망 높은 유학자로 제자 박현수가 과문 공부보다 모학에 열중하기를 바랐다. 그러나 박현수의 처지가 그렇지 못하니 과문 공부에 열중하되, 시폐를 아는지라 장원을 목표로 공부하도록 당부하였다.

박현수는 가문을 일으키고 어머니의 고생에 보답하는 길은 오직 과거에 급제하는 길밖에 없다고 생각하였고 사력을 다하여 초시에서 제2명(차상)에 급제하였다. 이어서 박현수의 과거 길에서 일어난 사연은 다음과 같았다.

박현수가 길을 떠나올 때 그의 어머니 서씨 부인은 명지전明紙錢과 노자를 괴나리봇짐에 꾸려 주었다. 과거는 현재처럼 수험료가 따로 있는 것이 아니라 대신 답안을 쓸 종이인 명지를 응시자가 사서 들어가야 했다. 그 명지를 살 돈을 명지전이라고 한다. 그리고 어머니는 노자가 부족할 수 있으니 정 어려우면 팔아서 쓰라며 은비녀, 은가락지를 넣어 준 것이다.

길일을 택해서 새벽동자를 해 먹고 집을 출발한 박현수는 날이 저물면 인심 좋은 집을 찾아 쉬며 한양 길을 재촉했다. 그렇게 한 푼도 축내지 않으려 노력하며 차령 고개를 막 넘으려 할 때 산적이 나타나서는 그의 행리를 수색해 쓸 만한 것을 모두 빼앗기고 말았다.

박현수는 가난한 선비의 과거 길이니 명지전 살 돈은 도로 달라고 애원하다가 무지막지한 산적들에게 사정없이 두들겨 맞아 참혹한 꼴로 능소의 은혜를 입게 된 것이다.

능소는 박현수의 자초지종을 다 듣고 나자 그의 처지가 너무도 자신과 같다는 생각이 들었다. 또한 박현수도 능소의 서러운 사연을 들으면서 그녀를 바라보니 마치 천상의 선녀가 수심에 잠긴 듯 지상의 인간이라는 생각이 들지 않을 정도로 절세가인이었다. 이제까지 그는 신세지는 것이 미안해서 능소의 얼굴 한번 제대로 바라보지 못했기에 이렇게 미인인줄은 미처 몰랐었다. 박현수는 황홀한 심정으로 능소를 바라보면서 이 측은한 여인을 구해줄 사람은 자신밖에 없다는 생각에 사로잡혔다.

박현수는 자신도 모르게 능소의 손을 살며시 잡았고, 능소는 불현듯 박현수가 오던 날 아침에 유난히 까치가 울었던 일이 떠올랐다. 능소는 꿈에 오색마를 타고 달려오던 도령이 바로 박현수인 듯한 상념에 사로 잡혔다. 능소는 박현수가 잡은 손을 뿌리치지 않고 얼굴에 홍조를 띄우며

"이 손 놓으세요. 과거 길에 아녀자의 손을 잡으면 행여나 불길할까 두렵습니다."

하며 그를 정감어린 눈으로 바라보았다. 박현수는

"우리는 아무래도 천생의 인연인 듯합니다. 천생의 인연을 잇는데 불길한 일이 있겠습니까?"

하며 능소를 끌어안았다. 능소 또한 아무런 저항 없이 그의 품에 안겼고, 두 남녀는 장래의 약속을 철석보다도 굳게 다짐하였다.

만단설화를 나누며 밤새는 줄 모르고 한밤을 지내던 둘은 새벽닭이 홰를 칠 때에야 제정신으로 돌아왔다. 그제야 박현수의 방을 나온 능소는 항상 같이 자던 수양모의 방문을 열고 살며시 들어갔다.

누워있던 수양모는 가만히 일어나 앉으면서

"너 거렁뱅이 선비에게 단단히 미쳤구나! 가만히 있어도 너 만한 용모를 지니면 부잣집 안방마님으로 부를 텐데 왜 정신을 못차리고 이러는 것이냐?"

하며 꾸짖었다. 그러나 능소는

"어머니 허락도 받지 않고 낯선 선비에게 허신을 한 것은 열 번 잘못이나 제가 사람을 잘못 본 것은 아니오. 저 선비는 반드시 과거에 급제할 것입니다."

하였다. 수양모는 능소가 순진하게 박현수의 말을 믿는 것만 같아 안타까운 듯 꾸짖었으나 능소는 박현수를 굳게 믿기로 결심하였다.

천안 삼거리에서의 두 번째 이별

박현수는 과거 날이 가까워오므로 날이 밝자 길을 떠나기로 하였다. 능소는 아쉬운 작별이지만 더 붙잡아둘 수 없는 처지이므로 정성껏 행리를 정돈하였다. 능소는 7살 때 떠난 아버지를 오매불망 기다리는 심정으로 정성껏 남자 의복을 지어 제 옷장에 넣어 두었다.

한편 수양모는 능소가 시집가게 되면 혼수로 쓰려고 필륙이며 엽전 꾸러미를 모아두게 했었다. 능소를 처음 맡아 기를 때는 두말할 것 없이 능소가 삼례에게 하해와 같은 은혜를 입었으나, 지금은 삼례가 능소의 덕을 입는 것과 같았다. 우선 노경에 딸이라고 부르는 의지가 있으며, 장사도 능소의 소문 때문에 날마다 방이 모자랄 정도였기 때문이다. 수양모 삼례는 하느님이 자신에게 베풀어 주신 것은 아무 것도 없으나 단 한 가지가 있다면 능소를 주신 것이라고 생각할 정도로 능소를 애지중지하였다. 그래서 능소의 마음을 사느라 엽전도 주고 필륙도 준 것으로, 능소는 그것들을 달리 쓸 곳이 없었으므로 장 속에 그저 넣어 두었던 것이다.

그러나 박현수가 떠나려 하자 능소는 그렇게 모아 둔 돈과 필륙을 내어 박현수의 행리에 넣고 바지저고리 지은 것을 함께 싸 주었다. 그리고 그녀는 박현수의 어머니 서씨 부인이 했다는 대로 명지전 값은 따로 전대에 넣어서 새 옷의 갈피 속에 넣었다. 박현수는 백년가약을 맺은 사이라고는 하지만 생판 모르던 사람에게 은혜를 입고 또한 생각지도 않은 금전적 도움까지 받으니 미안한 마음을 누를 수 없었다. 노자며 명지전 값을 달리 변통할 방도가 없는 처지에 박현수는 너무도 미안해서 사양했으나 능소는 정색을 하면서 넉넉한 준비를 해주었다.

그의 뒷모습을 지켜보던 능소는 박현수가 보이지 않을 때까지 바라보다가 두 눈에 고인 눈물이 결국에는 뚝뚝 떨어졌다. 능소에게는 천안 삼거리에서의 두 번째 애타는 이별이었다. 능소는 박현수가 부디 장원급제하여 돌아오기를 천지신명께 기원하면서 오랜 시간 돌사람처럼 꼼짝하지 않고 서 있었다.

한편 박현수는 능소의 배웅을 받으며 굳은 의지가 담긴 발길을 한양으로 옮겼다. 가는 길에 그는 과거보러 가는 선비들을 만나 많은 이야기를 들을 수 있었다.

시골에서 올라가는 선비들은 과거에 급제할 포부는 아예 가지지 않고 한양 물색이나 구경하러 올라가는 사람이 많았다. 선비들 중에는 이미 여러 번 과거에 낙방한 경험을 가지고 있는 사람들이 많았는데 그들의 얘기를 들으면 시골에서 뜨내기로 가서는 급제의 문턱에도 못 간다는 얘기가 대부분이었다. 박현수가

"신분과 성명은 적어서 봉하도록 되어 있는데 어떻게 누구의 과안인지 알아서 비점을 조작한다는 것이오?"

하고 물었더니 동행하는 선비들은 박장대소하며 웃었다. 그들은 어디서 온 선비이기에 세상물정이 그렇게 어두운 것이냐고 되물으면서 과장 부정의 유형을 낱낱이 이야기해 주었다.

그 유형 중 차술차작借述借作이라 하여 남이 대신 과천을 써주는 경우가 있으며, 다음으로 수종협책隨從挾冊이라 하여 책을 몰래 가지고 들어와 과문 작성에 이용하기도 했다. 그리고 정권분담呈券紛遝이라 하여 과천을 바꿔서 내기도 하며, 혁제공행赫蹄公行이라 해서 시험 문제를 미리 알아내는 방법도 있었다. 이것은 과천 작성의 비행이고, 채점상의 비행도 많이 있는 판국으로 구도 장원九度壯元한 율곡 이이 선생 같은 실력이나 있으면 몰라도 시골 선비는 여간해서는 급제가 안

된다는 것이었다.

박현수는 이제까지 급제하지 못할까 걱정이 안 된 것은 아니지만 스승 이사문이 이제까지 많은 제자를 길러 과거에 급제시켰으나 박현수에는 미치지 못하였다는 말을 자주 했었다. 그랬기에 그는 이제까지는 '참방을 못하랴' 하는 자신에 차 있었으나 이들의 얘기를 들으니 걱정이 안 될 수 없었다.

박현수는 겉으로 내색은 하지 않았으나 속으로는 긴장이 되기 시작했다. 거자擧子라면 누구나 급제를 갈망하지 않는 이가 없을 테지만 박현수는 자신만큼 과거 급제가 절실한 사람은 없을 것만 같았다. 그에게 어머님의 은혜에 보답하고 능소와의 가연을 이으려면 급제의 길밖에 없었다.

한양에 도착하여 민호民戶에 기식을 정하고 여장을 푼 박현수는 3월 중정中丁 과거 날을 발표하는 방을 붙인다기에 나가 보았다.

〈어명으로 과거 날을 석 달 후로 연기한다. 과거 일정을 알리는 방은 7월 초열흘에 붙인다.〉

충청도나 경기도 가까운 곳의 선비들은 집에 가서 기다릴 수 있으나 영호남 선비들에게는 심히 난감한 노릇이었다.

박현수는 곰곰이 생각해 보았지만 별 묘책이 떠오르지 않았다. 우선 능소가 준 돈으로 기식을 하면 되나 과거를 치르고 집으로 돌아갈 날까지 너무 긴 시간이 남았기에 근심이 되지 않을 수 없었다.

그가 기식한 방은 바깥으로 창문이 나 있어서 박현수는 문을 열어놓고 책을 꺼내어 읽었다. 책을 읽은 지 서너 시간이 흘렀을 무렵 대문 앞에서 왠 탁발승이 목탁을 두들기는 소리가 들렸다. 탁발 노승은 한참 염불을 외워도 안에서 기척이 없자, 글 읽는 박현수를 바라보며

"아무리 유교 공부를 하는 선비이기로니 빈도貧道가 이토록 염불과 덕담을 하는데 응구를 하지 않다니 그럴 수 있소?"

하며 힐난하였다. 박현수는 송구하여 자신은 객으로 과거 일이 연장되어 곤경에 빠져있는 사람이라는 것을 설명하며 양해를 구하였다. 그 말을 들은 탁발 노승은 문지방에 걸터앉으면서

"그래 글공부는 많이 했소? 요새 과거가 하도 문란해서…. 자아! 관상 좀 봅시다. 초년고생은 못 면할 팔자이고 중년은 대창이라. 신상은 잘 타고 났군, 그래. 이제 관상을 보았으니 심상을 한번 봐 볼까."

하며 시부송책에 대한 질문을 하는데 언변이 청산유수였다. 박현수가 진지한 자세로 대답을 하니 노승은

"대재로군! 좀 더 겪어 봅시다. 앞으로 생계가 어렵다니 우리 산막 같은 암자로 가지 않겠소? 악식으로 때를 이으리다마는 같이 갈 의사가 있으면 갑시다."

하였다. 박현수는 예사 승려가 아닌 탁발승과의 뜻밖의 인연에 기쁜 마음으로 따르기로 했다.

탁발승을 따라가는 박현수

박현수가 탁발승을 따라 찾아간 곳은 한양에서 30리나 떨어진 곳으로 암자는 진관사의 말사였다. 박현수는 토방에 여장을 풀고 노승이 탁발해 주는 곡식으로 밥을 지어 노승을 공양하였다. 반찬이라야 소

금을 넣은 국밖에 없었으므로, 박현수는 노승이 탁발을 나가면 글을 외면서 산으로 나가 더덕이며 나물을 캐어서 반찬에 올려놓았다. 이에 노승은

"대장부가 나물을 뜯다니, 촉한의 유현덕이 조조에게 의탁했을 때 소채 가꾸던 일과 비교할까?"

하며 크게 웃어댔다. 노승은 탁발하고 참선하는 여가에 박현수와 대화를 통해 그의 안목을 넓혀 주었고, 폭넓은 글을 짓도록 하였다. 박현수 또한 총명한 청년인지라 탁발 노승에 의지하여 있는 동안 불도의 심오한 이치에 대한 이해를 갖게 되었고, 폭넓은 인격 형성에 큰 도움을 얻었다. 박현수는 노장 스님을 극진히 모셨고 노승도 그를 친자식같이 대하여 석 달의 짧은 세월을 동숙하였지만 평생 끊지 못할 인연을 맺었다.

박현수는 천안 삼거리의 능소와 고부에 계신 어머니에게 소식도 전하지 못한 채 보내는 세월이라 조마조마하기는 했다. 그렇지만 열심히 공부하는 사이 시간은 유수같이 흘러 드디어 7월 10일, 과거 일정을 안내하는 방이 붙는 날이 되었다. 박현수는 오랜만에 스님과 함께 한양 성내로 들어가서 예조와 성균관에 붙여진 방을 보았다.

7월 15일에 과거를 시행한다는 방과 함께 3월에 과거를 치르지 않은 것은 임명된 시관들이 미리 시제를 유출시킨 것을 주상께서 탐지하여 시관을 교체하고 날짜를 연기한 것이라는 설명이 적혀 있었다. 이번에는 주상께서 시관을 궁중에서 유숙하게 하고 일체 외인과 접촉을 엄금하였다 하니, 시골 선비들의 얼굴빛은 밝아졌다.

박현수는 노승의 주선으로 종로의 지상인 오장석의 집에서 기식하면서 과거를 치르게 되었다. 주인은 중인의 신분이지만 아주 후덕한 사람으로 박현수를 잘 대접해 주었다.

　과거 날이 되어 박현수가 지필묵을 챙겨 과장에 들어서니 그곳에는 이미 선비들이 구름같이 모여 마음을 정돈하고 있었다. 이윽고 북소리에 맞춰 시관들이 교의에 걸터앉았다. 자못 엄숙한 분위기 속에서 글제가 나붙었다.

　박현수는 침착하게 초안을 과지에 기록하여 첨삭과 퇴고를 마친 뒤 제출할 과지에 옮겨 썼다. 그는 좀 아쉬운 점은 있었으나 별 어려움 없이 찬술을 마치고 다음으로 면강面講을 시작했다. 면강 때에는 책을 들고 맞추어보는 시관들보다 박현수의 강과 해설이 더욱 정확해, 시관은 이렇게 한 자의 착오도 없이 강하는 거자는 처음 보았다며 놀라워했다.

　박현수가 찬술과 면강을 모두 마치고 돌아와 노승과 주인에게 과거 본 이야기를 하자, 노승은 장원은 몰라도 급제는 틀림없다며 장담하였다. 사흘이 지나 과방붙이는 날이 되었다. 비천당 앞에서 모든 거자들이 웅성거리고 있는 곳으로 관복 입은 조관이 두루마리를 들고 나와 난간에 붙이기 시작했다.

　박현수는 극성스러운 사람들 때문에 뒷전으로 밀려 글자의 식별이 어려울 정도였다. 초조한 마음으로 헤집고 들어가는 그의 눈앞에 펼쳐진 두루마리에서 박현수의 이름 세 자가 보였다. 박현수는 한번 더 자신의 이름을 확인하고 노승이 기다리는 오장석의 점포로 달려갔다.

당시 승려의 도성 출입은 자유롭지 못하여 노승은 방을 보러 동행하지 못하였다. 박현수의 급제 소식을 들은 노승의 기쁨은 헤아릴 수 없었으며 주인 오장석도 자기 집 경사나 되는 듯이 좋아했다.

그러나 하나의 고개를 넘었을 뿐 또 준엄한 고개 하나가 남아 있었다. 전시라고 하여 33인의 급제자가 다시 시험을 보아 등급이 결정되는 순서가 기다리고 있었다. 이후 시험으로 장원, 차상, 차하가 결정되며 갑과, 을과, 병과가 결정되었다. 앞으로 등용에 있어서도 많은 영향을 주는 과시였기에 더욱 엄격하게 치러졌다. 모두가 용호상박의 고수들이었으므로 시관 또한 등급을 매기기는 것이 매우 어려웠다.

전시 날이 되어 박현수가 긴장된 마음으로 전시장에 나아가니, 과장에는 33인의 급제자가 자리를 잡고 표전表淺, 면강의 순으로 시험을 치렀다. 박현수는 어려서부터 한번 보면 이해를 충분히 할 정도로 총명하여 스승 이사문에게 칭찬을 받았고, 면강은 박현수를 따를 사람이 없었다. 사서오경 어느 구석에도 막히는 곳이 없어 시관은 칭찬을 금치 못하였다.

장원급제하는 박현수

이윽고 시험이 끝난 지 3일이 지나 발표하는 날이 되었다. 이번에는 방을 붙이는 것이 아니라 호명하게 되어 있었다. 박현수도 급제자들 사이에서 긴장된 마음으로 아침 일찍 비천당 앞뜰에 모여 하회를 기다렸다. 진시가 넘자 예조 당상관이 나와 큰 두루마리를 펴들며 호명하기 시작했다. 모두 관원의 입만 바라보고 있을 때 관원이 잔기침을

한 후

"장원에 박현수!"

하는 것이었다. 박현수는 자신의 귀를 의심하지 않을 수 없었다. 혹여 꿈이 아닌가 하였으나 이 기쁨은 꿈이 아닌 분명 현실이었다. 박현수는 예조 관원의 지시에 따라 관복으로 갈아입고 주상에게 알현하는 영광을 누렸다.

박현수는 퇴궐하여 3일 유가를 마친 며칠 뒤에는 주상의 부름을 받고 대궐에 들어갔다. 임소를 정하는 교지가 내리는 날로 다른 급제자들도 모두 들어와 있었다. 이윽고 이조 정랑이 교지를 바치니 승지가 받아 왕을 대신하여 전달하였다. 제일 먼저 교지를 받은 박현수의 벼슬은 홍문관 수찬으로, 정6품관인 이 벼슬은 학문을 잘하여 장래가 촉망되는 사람에게 주어지는 벼슬이었다.

이례적으로 음직으로 전력이 있는 사람은 전직에 한 등급 승차하여 발령하는 경우도 있으나 신참 급제는 8, 9품관에 임명되는 것이 보통인데 박현수의 출충한 실력을 인정한 것이었다. 전일에 천안 삼거리의 능소를 관기로 삼으려고 설치는 아전들을 제지하며 당자의 의사가 아니면 강제하지 말라고 분부하였던 유순조는 음직으로 있다가 이번에는 급제하여 곡성 부사로 발령받았다.

홍문관에 부임한 수찬 박현수는 대제학의 총애를 받는데 그리 오랜 시간이 걸리지 않았다. 대제학은 재상들의 모임 장소마다 박현수의 칭찬을 아끼지 않았고 그의 명성은 곧 재상들의 입에 오르내렸다. 이때 형조판서에게 과년한 딸이 있었는데 어찌어찌하다 보니 처녀로 스물을 넘기게 되었다. 형조판서는 내심 근심으로 지내던 중 박현수를 사위로 맞이하기로 마음먹고 대제학에게 그의 신상을 탐지하였다. 박현수는 아직 장가들기 전으로 편모슬하에 한미한 시골 선비임을 알아 낸 형조판서는 말만 꺼내면 성사될 혼인이라고 생각하였다.

형조판서는 대제학을 청해서 중매를 서줄 것을 당부하였고, 대제학은 박현수의 가세가 가난하여 스물이 넘도록 장가를 못 갔으니 형조판서의 구혼을 거절할 리가 없다고 속단하였다. 대제학은 그 자리에서 인편을 놓아 박현수를 형조판서 댁으로 불렀다. 수인사가 끝난 뒤 대제학은

"형판 대감의 따님이 있는데 대감께서 자네를 어여삐 보시고 서랑으로 삼으실 의향이 계시니 대감의 뜻에 따르도록 하게."
하고 말을 꺼내었다. 이에 박현수가 장가는 안 들었으나 정혼은 하였다고 말씀을 드렸다. 그러자 좌중에 앉은 사람들은 모두

"까짓 시골 정혼을 깨고 형판 대감 댁 사위가 되는 것이 백번 나은 것 아닌가."
하며 강권했다. 그러나 박현수는 막무가내였다.

"사내대장부가 아녀자와 맺은 언약을 저버릴 수 있습니까. 『논어』에도 먹는 것이나 국방보다도 신의가 중하다 하였습니다. 더군다나 세도 재상가에 장가들어 출세의 방편으로 삼겠다는 생각은 선비로 취할 일이 못되옵니다."
하며 완강히 거절하였다. 입장이 난처해진 것은 대제학이요, 얼굴이 면구해진 것은 형조판서였다. 대제학은 하는 수 없이 박현수를 동행

하여 자신의 처소로 돌아왔다. 박현수는 벼슬길에 올라가지 않아도 생명의 은인이자 과거 뒷바라지를 해준 능소와의 언약을 저버릴 수 없다고 진정으로 아뢰었다. 대제학은 규수 능소의 신분이 통정대부의 손녀라고는 하나 주막거리에 나와 있는 처지이니 사대부의 정실 아내로서는 부족할 것에 은근히 근심스러운 낯빛을 하였다. 그렇지만 대제학은 후일 능소를 정실부인으로 임금의 윤허를 얻도록 주선하였다.

박현수는 어서 근친하여 어머님도 기쁘게 해 드리고 능소도 만나고 싶었으나 쉽게 말미를 얻을 수 없었다. 수찬으로 봉직하니 녹봉이 있어 숙식의 어려움은 없었으나 하루가 여삼추如三秋였다. 박현수의 이런 심사를 짐작한 대제학은 박현수가 고향에 다녀올 수 있도록 시간을 만들어 주었다.

드디어 박현수는 대제학의 배려로 구종과 별배를 거느리고 머리에 어사화를 꽂고는 말안장에 높이 앉아 한양에 올라갈 때의 초라한 모습과는 대조적인 모습으로 길을 떠나게 되었다. 박현수는 급한 마음으로 길을 재촉하며 한발 한발 연인과 어머니가 계신 곳을 향하였다.

능소의 기다림과 재회

한편 능소는 박현수를 떠나보낸 후 날마다 새벽이면 정화수를 떠놓고 천지신명께 축원을 드렸다.

그러나 한번 떠난 낭군 박현수는 세월이 가도 영영 소식이 없었다. 능소의 애끓는 기다림은 팔자에 타고 난 듯 여겨졌다. 천안 삼거리는 한양 소식이 어두운 곳은 아니었기에, 능소는 과거가 연기되어 소식이 없음을 알고 처음에는 마음이 놓였다. 7월이 지나가고 과거에 낙방한 선비들이 허탈한 모습으로 고향으로 내려갔으며 행차가 끝나고 얼마 지나서는 과거에 급제한 사람들이 몇 행차나 지나갔다. 그들은 음식 잘하고 미인이 있는 능소의 주막에서 사처를 정해 쉬어 갔고, 이들에게는 당연히 이번 과거에서 일어났던 일들이 화제였다.

"이번 장원한 박현수란 선비는 행운을 지고 다니는 사람이야. 엄정한 시험 관리 때문에 시골 선비로서 장원 급제의 영광을 차지했고 형판 대감의 서랑까지 되었으니 사람이 복을 그렇게 타고나야 하는데."

하는 말 외에도 장원을 한 박현수에 대한 화제는 많았다. 찬술도 잘하지만 면강을 어떻게나 또렷또렷 잘하는지 시관이 당해내지 못했다는 이야기이며 이례적으로 정6품관을 제수받은 이야기를 늘어놓고 모두 선망하는 눈치였다. 화제는 이어져서 박현수가 앞으로 순탄하게 관운이 열리면 환옥環玉도 할 수 있을 재목이라는 등 칭찬 말이 풍성하였다.

능소는 박현수가 장원급제 하였다니 반가운 소식이나 형판 대감 댁 서랑이 되었다는 소문에는 배신감과 증오감에 사로잡혀 몸을 가눌 수가 없었다. 수양모 삼례는 처음에는 능소가 허랑하여 이 지경에 이르렀다고 비아냥거렸으나 식음을 전폐하여 날이 갈수록 수척해 가는 모습을 보자 나중에는 걱정이 되어 밥을 끓여 먹이며 위로하였다.

"본시 사내란 도둑놈이라 믿을 것이 못되는데 네가 철석같이 믿고 있는 것이 바보스러운 짓이지."

라며 까짓것 우리네 천한 계집이 하루 저녁 헌신한 것이 무엇이 그렇게 대수로운 일이겠냐며 위로하였다.

이런 상황을 몽매에도 모르는 박현수는 길을 재촉하여 천안 삼거리에 들어섰다. 첫날은 탁발 노승과 오장석 그리고 관원들의 전별을 받느라 시간이 늦어 겨우 시흥에서 자고 이튿날 길을 재촉해 평택에서 유숙하였다. 그는 이튿날 아침 일찍 출발하여 오전이 조금 넘어서는 천안 새술막에 도착할 수 있었다. 박현수가 새술막에서 점심참을 하자는 하인을 재촉해서 천안 삼거리로 향하자, 천안 저잣거리에는 자랑스러운 장원 행차를 구경하느라 길을 메운 사람들로 웅성댔다. 이윽고 박현수의 행차가 천안 원거리를 지나 삼거리 어구에 다다르자 갑자기 주막거리가 술렁대기 시작했다.

삼례네 문 앞에서 말을 내린 박현수는 곧장 주막 안으로 들어갔다. 주막은 장사를 안 하는지 술청 안이 조용했기에 박현수는 의아해 하며 주인을 불렀다. 조금 뒤 방문이 열리면서 삼례가 빗질 안한 부스스한 몸매로 나오다가

"이게 누구여! 우리 딸 능소를 저렇게 병들게 한 박 선비가 아니유. 에구 몹쓸 양반, 지금 우리 능소는 다 죽어가고 있소."
하였다. 놀란 박현수는

"아니 장모님, 능소가 죽어 가다니 그게 무슨 말이오?"
하며 삼례의 말을 따질 겨를도 없이 방문을 열고 들어갔다. 능소는 방문을 열고 들어오는 사람을 바라보니 오매불망하던 낭군인지라 반가운 마음에 와락 안기고 싶었으나 마음을 진정하였다. 침착하게 옷매무새를 만지며 일어난 능소는

"서방님의 장원급제를 축하합니다. 그리고 재상가 댁 규수와의 정혼도 아울러 축하드립니다."

하고 인사를 하였다. 서울에서 있었던 형판 댁과의 혼담 얘기가 천안까지 소문날 줄은 짐작조차 못한 일이었다. 능소는 다음과 같이 말하며 장 안에서 가위 하나를 내어 놓았다.

"과거가 끝난 지가 언제입니까. 그런 임시변통으로 둘러대시지 말고 마지막 제 소원이나 하나 들어주십시오. 소녀는 주막집 노파의 수양딸이나 남의 첩실 노릇은 하기 싫습니다. 그렇다고 일부종사 못하고 다른 사내 얻어 가기도 싫으니 이 가위로 제 머리를 깎아주오. 삭발하고 절에나 들어가렵니다."

하며 흐느껴 우는 능소 앞에서 박현수는 무슨 말로 설명해야 좋을지 쩔쩔맬 수밖에 없었다. 박현수는 입이 마르는 것을 간신히 진정시키고 능소에게

"일부함원一婦含怨은 오월비상五月飛霜이라 하였소. 내 어찌 그대와의 철석같은 약조를 어길 리가 있겠소. 내 장원을 하니 형판 댁에서 혼담이 있었으나 완강히 거절하였소. 근친 길이 늦어진 것은 조정의 말미를 못 얻어 그렇게 된 것이오. 자, 내 말을 믿고 이리 오시오."

하며 능소를 껴안았다.

이튿날 박현수는 고부 본가에 전갈을 보내어 소식을 알리게 하고 능소와의 혼례를 서둘렀다. 삼일 수가 길일이라 택일하여 초례를 올리기로 한 둘은 혼인 절차를 간소하게 하였으나 신랑 신분의 살림만은 남다른 데가 있었다.

신랑은 사모관대에 어사화를 머리에 꽂았으며 신부가 원삼에 족두리를 곱게 쓴 모습은 달나라의 여신 항아姮娥가 아닌가 의심하리만치 아름다웠다. 이 아름다운 가연佳緣을 보려고 많은 사람들이 모여 마당을 꽉 메웠다. 혼례가 진행되는 동안 마당을 메운 하객들의 입에서 가락이 흘러나오기 시작하였다.

천안 삼거리 흥

능수야 버들은 흥흥

제멋에 겨워서

휘늘어졌구나 흥흥

에헤야 에헤야 흥흥

성화가 났구나

계변 양류가 흥흥

사絲 사絲 록綠인데요

그 버들가지가

유색신有色新이로다 흥흥

에헤야 헤헤야 흥

성화가 났구나 흥흥

모든 사람이 함께 어울려 흥타령을 흥겹게 불렀고 신랑 박현수와 신부 능소도 덩실덩실 춤을 추며 흥타령을 함께하였다. 길 가던 길손도 따라 불렀고 구종과 별배도 따라 부르며, 양반 상하노소를 가리지 않고 제도의 굴레에서 벗어나 모두 흥겹게 천안 삼거리 흥타령을 불렀다.

천안 삼거리는 이별의 거리이자 상봉의 거리로, 그에 따라 이별과 상봉에 따른 애환을 담은 설화 또한 무수히 전한다. 천안 삼거리 설화의 특색은 기쁨으로 끝을 맺는다는 것이다. 천안 삼거리 전설은 흥타령의 가락처럼 기쁨뿐으로, 비극은 아예 형성되지 않았다. 천안 삼거리야말로 영남, 호남, 기호를 한데 모아 화합의 웃음꽃을 피우는 정다운 거리로 존재했다.

요즘 천안의 호두과자를 들어보지 않은 사람은 없을 것이다. 그리고 버스나 승용차를 이용하며 들르는 터미널에서도 볼 수 있는 것이 호두과자이다. 바로 이 호두과자에 들어가는 호두나무의 원조가 바로 천안 태화산의 광덕사에 있다. 절 입구의 「호두 전래 사적비」는 호두 모양의 옥개석을 얹어 웃음을 자아내고, 경내에는 몇 백 년의 수령을 자랑하는 호두나무가 지금도 의연히 서 있다.

호두는 고려 시대의 역관이며 재상을 지냈던 유청신柳淸臣이 1290년(충렬 16) 원나라에서 열매와 묘목을 가져와 전파되기 시작했다. 그는 광덕사 경내에 묘목을 심고 열매는 광덕면 매당리 고향집 뜰에 심은 이후로 천안이 호두의 주산지가 되었다.

호두의 효능은 머리를 맑게 하고 살결을 곱게 할 뿐만 아니라 노화까지 방지해 준다고 하고, 기름은 프랑스 요리에서는 빠질 수 없는 조미료로 쓰인다. 독특한 맛과 높은 영양가를 지닌 고소한 호두가 현대에 들어와서 천안 호두과자로 둔갑하였다. 이 과자는 본래 '학화鶴花'라는 할머니가 상품으로 개발한 것이다. 천안역 오른쪽에 있는 〈학화〉와 천안 고속도로 톨게이트 입구에 있는 〈학화 할머니집〉은 지금도 호두과자를 만들 때 팥 대신 진짜 호두를 넣어 그 맛이 일품이다.

유청신이 심었다는 호두나무는 늙어 죽었고 지금은 그 터만 남아 있는데, 옆에는 5백 년의 수령을 자랑하는 자식 되는 나무가 줄기를 하늘로 쳐들고 있다. 본래의 터에는 「유청신 선생 호도 시조목柳淸臣先生胡桃始祖木」이라 쓴 푯말을 세워 호두 전래의 유래를 일러 준다.

유청신은 본관이 고흥高興으로 『고려사』 125권에는 간신으로 분류되어 있다. 유청신의 본래 이름은 비庇이며, 그는 고려 공민왕 때 좌정승을 지낸 탁濯의 할아버지이기도 하다. 장흥부 고이부곡部曲에서 출생한 유청신은 어려서부터 몽고어를 잘하고 외교적 수완도 뛰어나 여러 차례 원나라를 다녀왔다. 유청신은 그 공으로 충렬왕忠烈王의 총애를 받아 당시 장흥(부곡리) 출신은 5품 이상의 벼슬을 할 수 없었음에도 특별히 허통되어 정3품 낭장에 임명되었다.

　　그는 이후 승진을 거듭하여 1294년(충렬 20)에는 우승지가 되고, 1296년에는 부지밀직사사에 임명되어 재추의 반열에 올랐으며, 다음 해에는 세자(후일 충선왕)의 요청에 의해 동지밀직사사, 감찰대부에 임명되었다.

　　이때 유청신은 조인규趙仁規, 인후印候와 함께 원나라에 파견되어 충렬왕의 전위표傳位表를 전달하였으며 1298년 충선왕이 즉위하자 광정원부사로서 참지기무를 겸하였고, 곧 판밀직사사로 승진하였다. 그러나 충렬왕이 복위하고 인후 등에 의해 한희유 무고사건이 일어나자 그는 여기에 연루되어 원나라에 압송되었다. 유청신은 1299년에는 차신車信, 최유엄崔有渰, 오인영吳仁永, 유복화劉福和, 홍선洪詵 등 충선왕 지지자들과 함께 파직되었다.

　　그는 그 뒤 다시 복직되어 도첨의찬성사에 올랐으며, 당시 원나라에 억류되어 있던 충선왕의 환국을 위해 노력하였다. 1307년 충선왕이 원나라 무종武宗 옹립을 도운 공으로 실권을 장악하자 유청신은 판군부사사로 중용되어 원나라 황제로부터 '청신淸臣'이라는 이름을 하사받아 본 이름을 버리고 개명하였다.

그는 1310년(충선 2)에는 정승에 임명되고 고흥 부원군에 봉해졌다가, 곧 도첨의찬성사 고흥군으로 강등되었지만 1313년에 다시 정승에 올라 1321년(충숙 8)까지 재임하였다.

그러나 1320년 고려 환관 임백안의 계략으로 충선왕이 토번土蕃에 유배되고, 이어 왕으로 등극한 충숙왕은 다음해인 1321년 원나라로 소환되었다.

유청신은 이때 원나라에 가서 권한공權漢功, 채홍철蔡洪哲과 함께 충선왕을 모함하고 심왕고瀋王暠에게 충성하며 심왕 옹립 운동을 일으켰다. 그는 이후 원나라에 계속 머물면서 오잠吳潛과 함께 고려에 원나라의 내지에 설치된 행성行省을 두자는 이른바 입성 책동立省策動을 벌였다. 그는 또 충숙왕이 정사를 제대로 돌보지 못한다는 무고를 하기도 하는 등 반역을 도모하였다.

1325년 심양왕 고의 옹립과 행성을 두자는 계획이 모두 실패하고 충숙왕이 환국하자, 유청신은 처벌이 두려워 고려로 돌아오지 못하고 그곳에서 9년 동안 머물다 1329년(충숙 16) 죽었다. 그의 시호는 영밀英密이다.

공주시 오룡리
- 숭선군이 공주 오룡리에 묻힌 까닭 -

　숭선군崇善君은 조선 제16대 임금인 인조仁祖의 후궁 소생으로 그의 휘는 징徵이다. 이괄李适의 난 때에 인조가 충청도 공주公州로 피난 간 일이 있었는데 당시 숭선군은 부왕을 따라 같이 갔었다. 숭선군은 공주의 아름다운 자연 경치에 황홀함을 느끼며 비록 피난길이지만 어느 정도 정서적으로 안정감 있는 생활을 할 수 있었다.

　숭선군이 하루는 공주 시가지를 벗어나 기분 전환을 할 겸, 이인면利仁面 오룡리五龍里에 당도하였다. 초라한 모습은 누가 보아도 왕자로는 믿기 어려울 정도였고, 때는 이미 오후를 지나 해는 차츰 서산으로 기울기 시작했다. 우거진 숲속에서는 산새들이 우짖고 살을 스치는 바람은 나그네의 고달픔을 더욱 북돋았다.

숭선군 묘소

숭선군은 이때까지도 점심을 먹지 못하였기에 온 몸에 피로감이 한층 휘감겨 옴을 느꼈다. 이 골목 저 골목을 기웃거리다 어느 집 앞에 이른 숭선군에게 한 처녀가 우물에 나와 물을 뜨고 있는 모습이 눈에 들어왔다. 숭선군이 갈증을 이기지 못하고 처녀에게 물을 청하자 여인은 수줍은 듯하면서도 물을 떠다주었다. 비록 의복은 보잘것없고 초라해 보였으나 어딘지 모르게 귀공자로 느껴졌던 것이다. 그리고 남자가 무척 허기져 함을 눈치챈 처녀는 자신의 집으로 안내하여 밥을 한 상 잘 차려 올렸다. 뿐만 아니라 밥상엔 집에서 빚은 술까지 꺼내 놓았다.

맛있는 밥을 배불리 먹고 술도 거나하게 취하게 되자 숭선군은 세상만사 시름도 다 사라지고 유쾌한 기분뿐이었다. 숭선군은 왕자의 신분을 일체 밝히지 않았고, 숭선군과 처녀 사이의 이야기는 점입가경으로 꽃을 피웠다.

해가 이미 서산에 기울어 어두워지자 숭선군은 다시 만날 것을 기약하며 총총걸음으로 발길을 공주 시내로 돌렸다. 이런 일이 있은 며칠이 지난 다음 숭선군은 다시 오룡리를 가게 되었고, 그 처녀를 찾으니 그녀는 전과 다름없이 반갑게 맞이하였다.

처녀의 말은 가식이 없는 진실 그대로의 표현이었다. 피난길에서 더구나 왕자임을 전연 모르는 처지에 이처럼 호의를 베풀 수 있을까, 숭선군은 스스로를 의심하면서 처녀의 인심이 후함을 절실히 느꼈다. 이 고마움을 무엇으로 갚을까 고민하던 숭선군은 두 번째 방문에서 처음에 찾아갔을 때 이상의 대접을 받고 보니 더욱 그 고마움이 뼈에

사무쳤다. 해가 저물고 숭선군은 처녀의 집에서 자게 되었다

처녀는 노모와 단 둘이 살고 있었는데, 어머니는 오랜 시일을 두고 병석에 누워 있었다. 별별 약을 다 써도 소용이 없다는 처녀의 말을 들은 숭선군은 진정으로 완쾌를 위한 기도를 올리고 잠이 들었다.

그런데 하늘에서 광선이 일직선으로 비치기에 숭선군이 바라보니 빛이 향하는 곳은 처녀의 집 뒤에 있는 큰 바위 옆이었다. 그리곤 어느 노승이 나타나

"날이 새면 그곳에 가서 땅을 파 보거라. 땅 속에 붉은 풀뿌리가 있으니 그것을 가져다 물에 담그면 약술이 될 것이다. 그것을 처녀의 노모에게 먹이면 곧 나을 것이다."
하며 구름을 타고 승천하는 것이었다. 숭선군이 깨어 보니 꿈이었다.

숭선군은 노승이 계시한대로 장소에 가 보았고 정말 붉은 풀뿌리를 발견하였다. 그것으로 약술을 만들어 처녀의 어머니께 드리자 복용 후 병이 낫게 되었다.

그 풀뿌리를 담근 술을 마시면 어떤 병이라도 곧 나았으므로 각처에서 환자들이 구름처럼 모여들어 병을 고쳤다. 그들은 모두 사례금을 자진해서 내고 가니 처녀는 곧 부자가 되었다. 그녀는 원래부터 불우한 사람을 잘 돕기로 이름이 높았기에 마을 사람들은 그녀가 좋은 일을 많이 하였으니 부자가 되는 것은 당연한 일이라고 생각하였다.

풀뿌리는 5개였는데 모두 용龍의 모습과 같았기에 마을 이름을 오룡리五龍里라 부르기 시작하였다.

숭선군과 처녀는 남매의 의를 맺고 서로 도왔다. 이괄의 난이 끝나

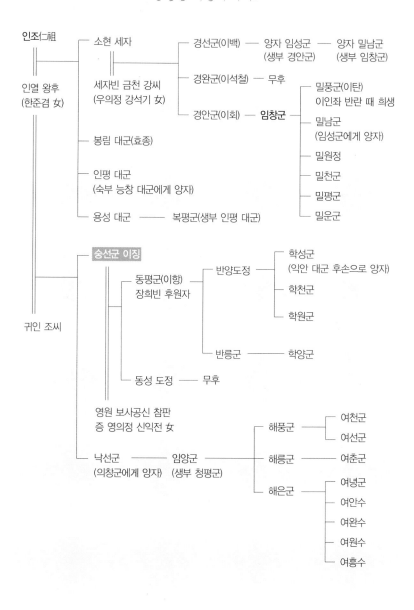

숭선군 이징의 가계도

인조仁祖
인열 왕후
(한준겸 女)

소현 세자
세자빈 금천 강씨
(우의정 강석기 女)

경선군(이백) ─ 양자 임성군 ─ 양자 밀남군
(생부 경안군)　(생부 임창군)

경완군(이석철) ─ 무후

경안군(이회) ─ **임창군**

밀풍군(이탄)
이인좌 반란 때 희생

밀남군
(임성군에게 양자)

밀원정

밀천군

밀평군

밀운군

봉림 대군(효종)

인평 대군
(숙부 능창 대군에게 양자)

용성 대군 ─── 복평군(생부 인평 대군)

귀인 조씨

숭선군 이징

동평군(이항)
장희빈 후원자

반양도정 ─── 학성군
(익안 대군 후손으로 양자)

학천군

학원군

반릉군 ─── 학양군

동성 도정 ─── 무후

영원 보사공신 참판
증 영의정 신익전 女

낙선군 ─── 임양군 ─── 해풍군 ─── 여천군
(의창군에게 양자) (생부 청평군)

여선군

해릉군 ─── 여춘군

해은군 ─── 여념군

여안수

여완수

여원수

여흥수

고 인조는 환도하였으나 숭선군은 공주에 남아 거주하며 오룡리를 자주 찾곤 하였다.

얼마 후 숭선군도 서울로 올라갔으나 말년에 병이 들어 죽게 되자 유언하기를 이인면 오룡리에 묻어달라고 하였다. 이 뜻을 받들어 그대로 이행하였고, 이런 연유에서 오룡리 마을 뒷산에는 숭선군의 묘가 지금까지 보존되어 있다.

『한국문집총간』, 경인문화사, 2003.

강길부, 『땅이름 국토사랑』, 집문당, 1997.

천안시지 편찬위원회, 『천안시지天安市誌』, 천안시, 1997.

『문봉서원과 고양팔현』, 고양문화원, 1991.

홍순석, 『한국인명자호사전韓國人名字號辭典』, 계명문화사, 1988.

『경기금석대관京畿金石大觀』2, 경기도, 1987.

강효석 편, 『대동기문大東奇聞』, 1925.

『수원군 읍지』, 1899(조선 고종 36).

정범조, 『해좌집海左集』, 1867(조선 고종 4).

일수—壽 간행, 『채미헌실기採薇軒實記』, 서산서원, 1866(조선 고종 3).

『홍재전서弘齋全書』, 1814(조선 순조 14).

『화성성역의궤華城城役儀軌』, 1794~1796(조선 정조 18~20).

혜경궁 홍씨, 『한중록閑(恨)中錄』, 1795(조선 정조 19).

정창순 등 편찬, 『동문휘고同文彙考』, 1788(조선 정조 12).

송시열, 『송자대전宋子大全』, 1787(조선 정조 11).

안정복, 『대록지大麓誌』, 1779(조선 정조 3).

심진현, 『인물고人物考』, 조선 정조.

유성룡, 『징비록懲毖錄』, 1647년(조선 인조 25).

김부식金富軾, 『삼국사기三國史記』, 1573(조선 선조 6).

서거정 등 편찬, 『동문선東文選』, 1478(조선 성종 9).

노사신, 『동국여지승람東國輿地勝覽』, 조선 성종.

김종서 등 편찬, 『고려사절요高麗史節要』, 1452(조선 문종 2).

『청구야담靑邱野談』, 조선 후기.

정인지·김종서 등 편찬, 『고려사』, 조선.

저자 미상, 『국조인물고國朝人物考』, 조선.

『조선왕조실록』, 조선.

문밖에서 부르는 조선의 노래
이은식 저 / 12,000원
노비, 궁녀, 서얼... 엄격한 신분 사회의 굴레 속에서 외면당한 자들이 노래하는 또 다른 조선의 역사.

불륜의 한국사   이은식 저 / 13,000원
베개 밑에서 찾아낸 뜻밖의 한국사! 역사 속에서 찾아낸 감춰졌던 애정 비사들의 실체가 낱낱이 드러난다.

불륜의 왕실사   이은식 저 / 14,000원
고려와 조선을 넘나들며 펼쳐지는 왕실 불륜사! 엄숙한 왕실의 장막 속에 감춰져 있던 욕망의 군상들이 적나라하게 그 모습을 드러낸다.

이야기 고려왕조실록 (상),(하)
한국인물사연구원 편저 / 각권 14,500원
고려사의 모든 것을 한눈에 살펴볼 수 있는 최고의 역사 해설서! 다양하고 풍부한 문헌 자료를 바탕으로 재미있고 쉽게 읽히는 새로운 고려 왕조의 역사가 펼쳐진다.

모정의 한국사   이은식 저 / 14,000원
위인들의 찬란한 생애 뒤에 말없이 존재했던 큰 그림자, 어머니! 진정한 영웅이었던 역사 속 어머니들이 들려주는 시대를 뛰어넘는 교훈과 감동을 만나본다.

우리가 몰랐던 한국사   이은식 저 / 16,000원
제한된 신분의 굴레 속에서도 자신의 삶을 숙명으로 받아들이지 않고 꿈을 이루기 위해 노력한 선현들의 진실된 이야기.

읽기 쉬운 고려왕 이야기
한국인물사연구원 편저 / 16,500원
쉽고 재미있게 읽히는 새로운 고려 왕조의 역사! 500여 년 동안 34명의 왕들이 지배했던 고려 왕조의 화려하고도 찬란한 기록.

원균 그리고 이순신   이은식 저 / 18,000원
417년 동안 짓밟혔던 원균의 억울함이 벗겨진다. 이순신의 거짓 장계에서 발단한 원균의 오명과 임진왜란을 둘러싼 오해의 역사를 드디어 밝힌다.

신라 천년사   한국인물사연구원 편저 / 13,000원
고구려와 백제를 멸망시킨 작은 나라 신라! 전설과도 같은 992년 신라의 역사를 혁거세 거간의 탄생 신화부터 제56대 마지막 왕조의 이야기까지 연대별로 풀어냈다.

풍수의 한국사   이은식 저 / 14,500원
풍수와 무관한 터는 없다. 인문학과 풍수학은 빛과 그림자와 같다. 각각의 터에서 태어난 역사적 인물들에 얽힌 사건을 통해 삶의 뿌리에 닿게 될 것이다.

지명이 품은 한국사   이은식 저 / 14,500원
국토의 심장부를 포함한 서울과 경기도의 역사가 담긴 지명의 어원 풀이. 1천여 년 역사의 현장이 도처에 남긴 독특한 고유 지명을 알아보자.

기생, 작품으로 말하다   이은식 저 / 14,500원
기생은 몸을 파는 노리개가 아니었다. 기생의 연원을 통해 그들의 역사를 돌아보고, 예술성 풍부한 기생들이 남긴 작품을 통해 인간 본연의 삶을 들여다본다.

여인, 시대를 품다   이은식 저 / 13,000원
제한된 시대 환경 속에서도 자신들의 재능과 삶의 열정을 포기하거나 방관하지 않았던 여인들. 조선 시대의 한비야 김금원과 조선 시대의 힐러리 클린턴 동정월을 비롯한 여인들이 우리들의 삶을 북돋아 줄 것이다.

미친 나비 날아가다   이은식 저 / 13,000원
정의를 꿈꾼 혁명가 홍경래와 방랑 시인 김삿갓 탄생기. 시대마다 반복되는 위정자들의 부패, 그 결과로 폭발하는 민중의 울분, 역사 속 수많은 인간 군상들이 현재의 우리를 되돌아보게 한다.